O FIM DA ESCURIDÃO

1ª edição [abril de 2012] 8 reimpressões [33 mil exemplares]
9ª reimpressão [maio de 2021] 2,5 mil exemplares
Copyright © 2012 Casa dos Espíritos Editora
Todos os direitos reservados

CASA DOS ESPÍRITOS EDITORA
Rua dos Aimorés, 3018, sala 904
Belo Horizonte, MG | 30140-073 | Brasil
Tel.: +55 (31) 3304-8300
editora@casadosespiritos.com.br
www.casadosespiritos.com.br

Edição, preparação e notas
LEONARDO MÖLLER

Projeto gráfico e editoração
ANDREI POLESSI

Foto do autor
DOUGLAS MOREIRA

Revisão
LAURA MARTINS

Impressão e acabamento
GRÁFICA VIENA

Os direitos autorais desta obra foram cedidos gratuitamente pelo médium Robson Pinheiro à Casa dos Espíritos Editora, que é parceira da Sociedade Espírita Everilda Batista, instituição de ação social e promoção humana, sem fins lucrativos.

Compre em vez de copiar. Cada real que você dá por um livro espírita viabiliza as obras sociais e a divulgação da doutrina, às quais são destinados os direitos autorais; possibilita mais qualidade na publicação de outras obras sobre o assunto; e paga aos livreiros por estocar e levar até você livros para seu crescimento cultural e espiritual. Além disso, contribui para a geração de empregos, impostos e, consequentemente, bem-estar social. Por outro lado, cada real que você dá pela fotocópia ou cópia eletrônica não autorizada de um livro financia um crime e ajuda a matar a produção intelectual.

Nesta obra, respeitou-se o Acordo Ortográfico da Língua Portuguesa (1990),
ratificado em 2008.

Robson Pinheiro
pelo espírito **Ângelo Inácio**

O FIM DA ESCURIDÃO

Reurbanizações extrafísicas

Série Crônicas da Terra, vol. 1

Da série CRÔNICAS DA TERRA
O fim da escuridão, vol. 1
Os nephilins, vol. 2
O agênere, vol. 3
Os abduzidos, vol. 4

A Casa dos Espíritos acredita na importância da edição ecologicamente consciente. Por isso mesmo, só utiliza papéis certificados pela Forest Stewardship Council® para impressão de suas obras. Essa certificação é a garantia de origem de uma matéria-prima florestal proveniente de manejo social, ambiental e economicamente adequado, resultando num papel produzido a partir de fontes responsáveis.

Dados Internacionais de Catalogação na Publicação [CIP]
Câmara Brasileira do Livro | São Paulo, SP | Brasil

Inácio, Ângelo (Espírito).
   O fim da escuridão: reurbanizações extrafísicas / pelo espírito Ângelo Inácio; [psicografado por] Robson Pinheiro – Contagem, MG: Casa dos Espíritos Editora, 2012. – Série Crônicas da Terra, 1.

Bibliografia
ISBN: 978-85-99818-21-3

1. Espiritismo 2. Psicografia
3. Romance espírita I. Pinheiro, Robson. II. Título. III. Série.

12-03512   CDD-133.9

Índices para catálogo sistemático:
1. Romance espírita: Espiritismo 133.9

"

A geração que desaparece levará consigo seus erros
e prejuízos; a geração que surge, retemperada em fonte
mais pura, imbuída de ideias mais sãs, imprimirá ao mundo
ascensional movimento, no sentido do progresso moral
que assinalará a nova fase da evolução humana.[1]
Allan Kardec

[1] KARDEC, Allan. *A gênese, os milagres e as predições segundo o espiritismo.* 1ª ed. esp. Rio de Janeiro: FEB, 2005. p. 526, cap. 18, item 20.

Sumário

Prefácio
O fim da escuridão, VIII
pelo espírito Ângelo Inácio

Capítulo 1
Os amigos da humanidade, 18

Capítulo 2
*O chamado – agentes da justiça
e da misericórdia*, 46

Capítulo 3
Reurbanizações, 72

Capítulo 4
Principados, 132

Capítulo 5
Ultimato, 160

Capítulo 6
Eu sou o número 1, 190

Capítulo 7
A hora do juízo geral, 232

Capítulo 8
Raul e Irmina – agentes de transformação, 254

Capítulo 9
Fogo higienizador, 286

Capítulo 10
As lágrimas do dragão, 334

Anexo
Cayce, o fenômeno profético e a liberdade, 356
por Leonardo Möller EDITOR
Publicar ou não?, 364
Previsões e datas: casamento difícil, 366
Espíritos também são médiuns: Cayce e "a voz", 374
Antes de Emmanuel, Chico Xavier, 379
Emmanuel, a FEB e a liberdade de expressão, 383

Referências bibliográficas, 398

PREFÁCIO

O fim da escuridão

pelo espírito Ângelo Inácio

As **reurbanizações** extrafísicas são patrocinadas por espíritos diretores da vida planetária, visando sanear os ambientes subcrustais, umbralinos ou os mais profundos quistos de sofrimento e de ação contrária à cosmoética, em meio às comunidades de seres que habitam o planeta. Sempre ocorreram na história do cosmos os chamados expurgos gerais, algo visto como plástica reparadora do cenário planetário, promovendo mudanças profundas nas dimensões onde se realizam, mas, até o presente momento, aconteciam de forma amadora, rudimentar e circunscrita. O objetivo é sanear, melhorar ou aprimorar o nível de vida das comunidades terrestres, seja na dimensão vizinha à Crosta ou no mundo físico propriamente dito. Agora, porém, chegado o momento de uma limpeza decisiva do globo terrestre, de caráter energético, mental e psíquico, a reurbanização geral do mundo extrafísico tem ocorrido mais intensamente, de forma mais acentuada, determinada, metódica, de modo a erradicar os focos e enquistamentos de matéria mental profundamente arraigados nas comunidades além-físicas, o que naturalmente gera repercussões no mundo dos encarnados.

As reurbanizações tendem a melhorar as comunidades das dimensões próximas à Crosta, como também depuram a matéria e as correntes mentais junto às comunidades humanas, mas não sem antes promover crises intensas nos dois lados da vida. Como resultado dessas intervenções na natureza etérica ou astral, as comunidades do mundo físico se beneficiam com o progresso irradiado dos elementos do mundo oculto em processo de renovação.

Bom exemplo é o trabalho que está sendo realizado em comunidades no Rio de Janeiro, assim como em outras áreas, de outras cidades. Embora empregando métodos próprios do mundo físico, repleto de limitações, e com sua política carente de intensa revisão e melhora, fato é que a pacificação[1] de diversas

---

[1] O autor se refere à instalação das UPPS (Unidades de Polícia Pacificadora) na cidade do Rio de Janeiro, processo que teve início em janeiro de 2008. Embora contestado em certos veículos da imprensa – a revis-

comunidades está intimamente ligada às obras realizadas na zona astral correspondente, da mesma forma que os marginais do plano físico estão profundamente associados aos seus manipuladores e parceiros do plano astral. Estes têm sido deslocados das comunidades além-físicas, onde formaram focos de degradação e degeneração da vida humana e espiritual.

A reorganização do espaço dimensional próximo à morada dos homens, se bem que numa dimensão diferente da matéria densa, é necessária para erradicar da atmosfera do planeta os focos infecciosos de energias densas, negativas, de natureza destrutiva. Tais focos ou cúmulos energéticos tendem a se adensar mais e mais e, com isso, agravar-se ao longo dos séculos, principalmente no período subsequente a crises sociais e intempestivas que acabam em guerras e outras calamidades provocadas pelo próprio homem.

Não pense meu leitor e amigo que uma reade-

---

ta *Time* chamou o esforço de maquiagem pré-olímpica –, o trabalho parece gerar efeitos positivos. (Cf. http://g1.globo.com/rio-de-janeiro/noticia/2011/11/pacificacao-leva-cariocas-e-turistas-favelas-e-faz-negocios-crescerem.html, matéria publicada em 26/11/2011; http://direito.folha.com.br/4/post/2011/12/para-entender-o-processo-de-pacificao-das-favelas-do-rio.html, publicada em 16/12/2011; e http://esporte.uol.com.br/rio-2016/ultimas-noticias/2011/09/06/time-chama-pacificacao-de-favelas-no-rio-de-maquiagem-pre-olimpica.jhtm, publicada em 6/9/2011. Acessados em 9/3/2012.)

quação de tamanhas proporções será concluída em apenas algumas décadas. Levando em conta certas ações desenvolvidas pelos guardiões desde a Primeira Guerra Mundial, e mais propriamente a partir dos instantes seguintes à Segunda Guerra Mundial, podemos entender perfeitamente que o terceiro milênio será de muito trabalho e reconstrução. Esse movimento envolverá desde o regime financeiro e de governo até os modelos de vida das grandes cidades e metrópoles representativas do mundo, passando por amplo processo de educação da população para a vida em comunidade, cultivando respeito ao ambiente, à natureza e ao próprio ser humano. Uma operação dessa magnitude não se realiza de um momento para outro. Estamos no início de um movimento mundial de reurbanização, relocamento, seleção e reeducação dos espíritos da Terra.

A promoção da reciclagem individual e coletiva, tanto nas comunidades extrafísicas quanto nas coletividades de encarnados, inevitavelmente promove, na Terra, fortes entrechoques reencarnatórios, se podemos assim dizer. Esses embates se devem à descida em massa de contingente de almas nem sempre preparadas para uma vida mais sadia, porém necessitadas desse abalo impetuoso que sofrem junto à sociedade, a fim de que, logo depois, sejam deportadas para outros ambientes propícios à sua evolução.

É natural que esse processo cause impactos mais ou menos violentos no panorama conhecido pelos encarnados, seja neste ou em qualquer globo onde se dá a reciclagem reencarnatória, que ocorre juntamente com o período de mudança do cenário físico e extrafísico. Um acontecimento como esse traz à luz fatos que vêm ocorrendo no planeta, independentemente das interpretações às vezes diversas que se dão a eles. As mudanças climáticas e as consequências mais ou menos daninhas que acarreta, as guerras climáticas promovidas por governos irresponsáveis e gananciosos, assim como os desastres de toda sorte, que têm assolado diversos recantos do planeta com notável frequência, além das profundas mudanças na estrutura econômica, social e até mesmo no panorama espiritual do mundo – todos esses fatores apontam definitivamente para a reurbanização que está em andamento na dimensão oculta e que provoca repercussões diretas no âmbito físico e social terreno.

Toda ação no ambiente extrafísico do planeta repercute no cenário físico e social do mundo. Portanto, quando há uma operação intensa de reciclagem ambiental em curso noutra dimensão, imediatamente se observam, como consequência, os esforços para reorganizar o espaço físico e social correspondente à área que foi beneficiada na dimensão astral. As benfeitorias realizadas nas regiões purgatoriais, umbralinas ou nos enquistamentos de energias densas se refletem nas ações do poder público, da sociedade civil e dos próprios cidadãos, que passam a promover benfeitorias sociais no mundo das formas. É verdade que, muitas vezes, a reorganização tanto do espaço quanto da política das sociedades e comunidades terrenas acarreta momentos drásticos, dolorosos e até prejudiciais, no que concerne aos aspectos da vida material. Isso se dá devido ao endurecimento secular das almas comprometidas e reencarnadas temporariamente no planeta, que não se transformam sem grandes impactos ou solavancos. Podemos considerar as revoltas sociais que concorrem para a mudança do panorama social como uma cirurgia traumática, mas necessária, a fim de depor os regimes totalitários e seus representantes e, em esfera mais ampla, extinguir o tipo de política que engendra o padrão atual de governos e governantes. Trata-se de uma cirurgia que, mais tarde, será completamente substituída por outros métodos mais brandos e eficazes.

Diante da necessidade de reciclagem dos ambientes extrafísicos, vê-se que o escopo dessas reurbanizações é a erradicação das coletividades de baixo nível evolutivo e de tumores de fluidos nocivos, a partir do estímulo vigoroso à melhoria e ao progresso dessas cidadelas. Assim sendo, conclui-se que a reciclagem dos valores que pautam o estilo de vida das comunidades da dimensão extrafísica é fator de grande importância para o sucesso da reurbanização.

A ação de seres mais experientes, advindos de outros mundos, é necessária no momento de transmigração planetária, pois eles, já tendo passado por experiências coletivas equivalentes, estão devidamente credenciados a auxiliar os guardiões e demais espíritos responsáveis em operação análoga no planeta Terra. Acostumados com as transferências populacionais entre mundos, à plástica reparadora neste ou naquele planeta ou à reorganização da cenografia cósmica, tais inteligências ofereceram-se para auxiliar os guardiões responsáveis pelos eventos de reurbanização na psicosfera terrena. Sem a necessidade de se mostrar à população reencarnada – e, assim, expor-se às interpretações pessoais, religiosas, esotéricas ou pseudoespiritualizadas –, evitam as reuniões dos habitantes do mundo, de quaisquer finalidades sejam, prestando sua contribuição exclusivamente junto aos espíritos diretores do planeta e seus prepostos.

Ante os trabalhos realizados com o objetivo de adiantar o processo seletivo, que culmina no expurgo das consciências malévolas e de ética cósmica duvidosa, eis que surge a urgência de reeducar as inteligências habituadas a determinado tipo social ou comportamento de risco espiritual. Não basta modificar a paisagem exterior do mundo astral; não bastam as tormentas físicas ou abalos sociais que chocam e levam a crise às comunidades de encarnados. Para que esses acontecimentos cumpram seu objetivo mais profundo e principal, é preciso que os habitantes das dimensões mais próximas à Crosta sejam conduzidos a um processo educativo tanto de sua forma de pensar e agir quanto de seus hábitos em geral.

Como resultado dessas reciclagens na dimensão extrafísica, ou paralelamente a elas, verifica-se no pensamento humano, e mesmo nas políticas nacionais, maior abertura para ações sociais e de erradicação da miséria, aumento de investimentos ou ao menos debates sobre educação e saúde, além de certa inclinação à mentalidade mais universalista e globalizada, disposta a ampliar fronteiras étnicas, religiosas, filosóficas e comunitárias. Em suma, ganham repercussão e se multiplicam iniciativas favoráveis ao progresso, na mais alta acepção espiritual do termo.

Observa-se que, após os eventos de reurbanização, que se fazem acompanhar por notável saneamento da atmosfera psíquica, milhares de espíritos advindos das furnas umbralinas tomam novos corpos e reencarnam. É evidente que tais seres reclamam esclarecimento, reeducação e ensinamentos éticos e morais a lhes influenciar, a fim de que se enquadrem na nova ordem que pretende se estabelecer, pouco a pouco, no mundo.

Como se pode ver, o sistema se alimenta segundo o fluxo que começa com a mudança na paisagem e na cultura extrafísicas, a qual gera efeitos sobre a sociedade terrena, que se torna, por sua vez, mais apta a receber os espíritos-alunos, estimulando-os em sua trajetória de renovação.

Constata-se, assim, a urgência de um verdadeiro movimento de atividades pró-educação do espírito –

que está, por sinal, em pleno andamento, orquestrado pelos Imortais do mundo oculto. Como instrumento basilar nessa orquestra, ou toda uma seção dentro dela, evidencia-se a importância do máximo investimento na organização do conhecimento e na difusão das ideias espíritas. Iniciativas do gênero podem atingir em cheio grande número de almas advindas da dimensão astral, em função da reorganização urbana e da depuração ali desencadeada, mas que está em curso, como se viu, de ambos os lados da vida.

Este livro não trata, portanto, da regeneração do mundo; antes, do trabalho intenso que está em andamento do lado de cá da vida a fim de preparar o planeta para os momentos de colheita e seleção das almas e dos filhos da Terra. É uma espécie de janela que pretende mostrar pequena parcela do que se desenrola nos bastidores da vida extrafísica, sob a regência dos guardiões superiores e dos espíritos patrocinadores da evolução do mundo.

Ângelo Inácio
Belo Horizonte, janeiro de 2012.

CAPÍTULO · I

OS AMIGOS DA HUMANIDADE

> Pois o Filho do homem virá na glória de seu Pai,
> com os seus anjos, e então recompensará
> a cada um segundo as suas obras.
> *Mateus 16:27*

> E por causa das suas dores, e por causa das suas chagas,
> blasfemaram contra o Deus do céu,
> e não se arrependeram das suas obras.
> *Apocalipse 16:11*

Lendo um jornal na sala de espera do Aeroporto Internacional John F. Kennedy, em Nova Iorque, um dos homens de confiança da CIA estava preocupado com o conteúdo do que lia, quando foi abordado por alguém que se sentou ao seu lado. Sem dar a entender que ocupava um cargo de relevância numa das organizações de segurança mais eficientes, porém mais questionadas da atualidade, o homem prestou atenção à abordagem do estranho, que curiosamente trazia à tona a mesma preocupação que lhe inspirou a matéria do jornal.

– Preocupo-me com os rumos que a situação do mundo tomou após os atentados de 11 de setembro – começou o estranho, na tentativa de entabular uma conversa com o agente, como se o homem da CIA fosse apenas mais um entre centenas dos que ali estavam. O homem não suspeitava com quem estava falando.

Visivelmente influenciado pelas notícias que lia e motivado pela abordagem que o estranho lhe fazia, deu vazão, sem o perceber, aos seus mais secretos pensamentos:

– Sinceramente, fico a me perguntar se aquele trágico dia de 2001 não tem um significado maior dentro da história do mundo, muito maior do que nossos governantes possam suspeitar. Parece-me – sentiu-se à vontade para se alongar um pouco mais, sem se expor – que os eventos climáticos, econômicos, sociais e políticos desencadeados após essa data fatídica sugerem algo muito mais grave do que suspeitamos! Talvez muitas coisas nem possam ser atribuídas a terrorismo internacional, o que virou mania nacional em nosso país...

– Pois é! Também me pego pensando nisso muitas vezes. Veja, por exemplo, como os jornais analisam o período posterior ao 11 de setembro. Dizem que os atentados terroristas em nosso país causaram grande impacto em diversas partes do mundo.

– Isso mesmo! Também faço essa relação. Para mim, tudo está ligado. Da queda do regime do talibã no Afeganistão, por exemplo, às reações da comunidade europeia, que projetou leis a fim de restringir a circulação dos nativos de países não signatários do acordo que criou o chamado espaço Schengen,[2] fato

[2] O Acordo de Schengen, assinado em 1985, é um tratado de livre circulação de pessoas entre países europeus signatários, que conta atual-

que de certa forma modificou o cenário das relações internacionais.

– Isso é uma realidade, mas fico a imaginar outros aspectos até mais abrangentes, como o que está acontecendo com nosso clima, com o aumento de terremotos, maremotos, *tsunamis* e outras catástrofes naturais ou não, que, a partir dos atentados daquele dia, têm afetado de maneira extraordinária a população não somente de nosso país, mas de todo o mundo. Não lhe parece que tem aumentado de maneira impressionante o número desses fenômenos climáticos e geológicos? Sem contar os eventos marcantes de natureza social, econômica ou política que vêm ocorrendo de maneira mais intensa e com maior frequência, transformando o panorama do planeta como um todo.

O agente da CIA respirou fundo e, depois de olhar o homem ao seu lado com mais interesse, prosseguiu externando seu pensamento:

– Fico pensando se por detrás de tais acontecimentos não existe algo de sobre-humano, de metafísico, ou mesmo alguma força da qual nem suspeitamos movendo os fios da vida, da sociedade e do

---

mente com 30 países, semelhante ao que já houve antes da Primeira Guerra Mundial. Foi incorporado às regras da União Europeia pelo Tratado de Amsterdam, de 1997, mas teve controles externos endurecidos pelo Tratado de Lisboa, em 2007. (Cf. http://pt.wikipedia.org/wiki/ Acordo_de_Schengen. Acessado em 9/3/2012.)

nosso planeta. Fico pensando...

Em meio ao burburinho de gente indo e vindo pelo saguão do aeroporto, ninguém e nenhum dos homens suspeitou que seres invisíveis também compartilhassem de seus pensamentos. Um movimento perceptível apenas aos sentidos extrafísicos, como leve bater de asas; sons incomuns e sussurros talvez pudessem ser ouvidos caso aqueles homens tivessem mais apuradas suas percepções psíquicas. Outros homens, outros seres humanos de uma civilização oculta, ombreavam com eles, muitas vezes inspirando-os, respirando quem sabe o mesmo hálito e imersos nas mesmas ondas mentais e emocionais que os en\-volviam. Aos olhos dos simples mortais, possivelmente até esses seres do invisível pudessem ser percebidos ali, junto a uma das inúmeras salas de embarque. No entanto, talvez os invisíveis fossem apenas pressentidos como sombras, fenômenos de efeito ótico ou fantasmas, que bem poderiam ser confundidos com a multidão que ora se acotovelava, se movimentava em todas as direções ou simplesmente estava ali numa breve pausa ente uma conexão e outra.

Eles estavam acompanhados em seus pensamentos, sem sequer o perceberem. Um som de asas se movimentando parece ter sido percebido pelo agente da inteligência americana, no mesmo instante em que um espírito deslizava pelos fluidos ambientes numa velocidade incrível para os padrões humanos. Era um dos guardiões de plantão naquele espaço público, responsável por manter ao máximo possível a ordem e disciplina no ambiente extrafísico de um dos oito terminais do JFK.

O outro homem, percebendo o interesse do agente, sem saber da posição que ocupava e nem mesmo do seu nome, resolveu apresentar-se:

– Desculpe-me a indelicadeza, mas não me apresentei. Meu nome é Hert, Robert Hert, e sou de Boston, MA. Tenho como destino final o Brasil, onde trabalho numa companhia de importação de produtos de tecnologia.

– Meu nome é Monroe, Silver Monroe, e sou apenas um homem comum; por acaso também estou viajando para a America do Sul, apenas como curioso pela cultura desse continente. Ah! E um estudioso da situação política atual – mentiu para Robert, pois não podia revelar-se por inteiro.

– Pois bem, meu amigo, por sua posição sobre o que falamos, concluo que também tem lá suas preocupações de que algo de anormal ou metafísico esteja ocorrendo no mundo atualmente.

– Fui educado na fé protestante desde os primeiros anos de vida e me especializei, mais tarde, em estudos das escrituras cristãs, dos ensinamentos do Corão e de outras escrituras consideradas sagradas por diversos povos. Meu interesse – falou Silver Monroe – é sobretudo conhecer a cultura de diversos povos e civilizações. Emprego meu tempo quase integralmente procurando compreender eventos históricos com abrangência mundial e faço uma análise comparada desses eventos, buscando entender o comportamento social e político da humanidade.

– Puxa! E eu que pensei que você fosse apenas um cara simples no meio da multidão. Não imaginei que estava conversando com alguém tão graduado!

– Não fale assim que me sinto incomodado, pois sou apenas um estudioso e nada mais. Talvez um tanto excêntrico com minhas manias e preferências de estudo; só isso.

Silver Monroe descreveu sua especialidade como se fosse um comportamento ou mera preferência por tais assuntos. Não precisava dizer ao novo amigo que seus interesses foram justamente o que o levou a ser contratado pela CIA, e então liderava mais de 20 agentes, que atuavam sob o seu comando em diversos países. Mesmo tentando disfarçar, prosseguiu no assunto, que dominava largamente:

– Acredito mesmo que muitos de nossos governantes já suspeitam que algo de extraordinário ocorre no cenário do mundo, na área política tanto quanto na econômica. Percebem, talvez mais por intuição do que por raciocínios concretos, que o mundo está vivendo uma era diferente sob todos os aspectos; que algo de metafísico ou espiritual está em ação e que forças sobre-humanas interferem na história da humanidade. Isso é algo que, ao menos em seus círculos mais íntimos, não podem mais negar.

– Imagino – pronunciou, concordando, o outro

homem. – Os acontecimentos do leste europeu e da Palestina, que parece estar assentada sobre um barril de pólvora que ameaça explodir a qualquer momento, entre outros eventos que ocorrem em outras partes do mundo, certamente já deram o que pensar aos diversos setores da inteligência norte-americana. Talvez, mesmo que queiram negar publicamente, saibam que estamos num momento grave de transição e... Sabe de uma coisa, meu amigo?

O homem da CIA olhou seu companheiro de maneira enigmática.

– Temo que o poder representado pelo nosso país já esteja vivendo seu declínio, o início de seu fim. Quem sabe estejamos vivenciando os primeiros momentos de derrocada dos valores que tanto dizemos defender e que, sinceramente, não vejo assim tão consolidados quanto nossa nação divulga para o mundo.

O assunto se tornava cada vez mais complexo e delicado para o homem da CIA. Ele entrevia uma vertente de conversa que poderia expô-lo cada vez mais, embora, ao mesmo tempo, tornava o assunto cada vez mais interessante para um livre-pensador. Mas será que ele era realmente livre-pensador ou apenas marionete nas mãos de outros homens poderosos e instituições do mundo oculto, dominadores da política e da economia? Sem dar tempo para que pensasse, Robert prosseguiu, deixando transparecer que ele também, Robert Hert, não era somente um simples empresário ou representante de empresas, conforme se apresentara. Ambos escondiam segredos que não julgavam apropriado revelar naquele primeiro momento de contato.

– Parece-me que o sistema de poder no mundo passa por profunda modificação em sua estrutura. Em meio à aparente revolta da natureza, temos de conviver com os abalos na economia global, que de modo algum está solidificada em suas bases. Ao contrário, tudo nunca esteve tão inseguro no âmbito econômico quanto agora, arrisco dizer. O que se divulga nos noticiários é apenas a ponta do *iceberg*, e contém uma mensagem para um endereço certo: as pessoas que se contentam apenas com as aparências e a superficialidade. Entretanto, qualquer um que se dedique ao estudo mais aprofundado saberá perceber o caos em que a economia se encontra em diversos países do mundo. Principalmente, após a China fazer-se protagonista no cenário político e econômico, com força total, penetrando em todos os países, em todos os redutos da economia e do comércio.

A conversa parecia haver se estendido por um campo mais amplo e delicado. Silver Monroe, por sua vez, complementou o raciocínio, o que lhe fazia muito mais próximo dos pensamentos de Robert do que imaginava.

– Lentamente, assistimos ao Dragão Vermelho se infiltrar nas nações mais poderosas, fazendo ruir, devagar, a economia dos grandes. Veja, por exemplo, a União Europeia, cujo símbolo principal são as estrelas sobre o fundo azul de sua bandeira. Como não associar a essa imagem certa mensagem codificada existente na Bíblia, que faz referência a um dragão vermelho que derruba a terça parte das estrelas do céu?[3] Algo a se pensar...

– Eu nunca havia visto a situação por este ângulo – tomou a palavra Robert, visivelmente impressionado com o pensamento do novo amigo. – Não havia pensado ainda em termos bíblicos ou escatológicos, mas creio que sua interpretação está sobremodo correta; não há como duvidar do papel da China neste momento histórico.

– Como estudioso – disfarçou mais uma vez o agente secreto do serviço de inteligência –, noto que vários apontamentos ditos sagrados trazem um código que merece pelo menos a atenção de alguns setores de nossa administração. Estudando o caso da China, por exemplo, vemos como os poderosos – que podem ser associados às estrelas do céu do Apocalipse,[4] incluindo nossa nação, que é parte do G8

---

[3] Cf. Ap 12:3-4. (Note-se que as citações de livros da Bíblia nas obras da Casa dos Espíritos obedecem às abreviaturas convencionais, constantes das páginas introdutórias da maioria das traduções disponíveis para o português. Quanto aos sinais de pontuação usados nessas citações, procurou-se observar a convenção das bíblias protestantes, que estabelece a separação entre capítulos e versículos com dois-pontos, e entre capítulos diferentes, com ponto-e-vírgula.)

[4] Idem.

– estão aos poucos sendo lançados por terra.

– Por falar em G8 – interferiu o outro –, parece-me que a Rússia faz parte desse grupo apenas para tratar de assuntos, digamos, mais triviais, pois é uma potência econômica menor, em comparação às outras. A Rússia, admitida no G7 como membro apenas em 1997, desempenha um papel mais representativo, e talvez esteja lá sobretudo por seu arsenal bélico e sua importância histórica estratégica. Na verdade, esse grupo já não representa as maiores economias do mundo, talvez apenas as nações mais industrializadas ou ricas.[5] O cenário mudou muito desde os anos de criação desse conselho, entre 1975 e 1976.

– Verdade, tenho de reconhecer! De qualquer maneira, a economia e a liderança dos países considerados mais ricos e desenvolvidos, que compõem o G7, têm sido abaladas dia após dia. É lamentável não perceberem como tudo isso corresponde ao que já foi predito, ao que está patente em certos escritos de caráter profético, muitas vezes menosprezados e tidos na conta de crendice popular. Estou convencido de que há um movimento mundial ocorrendo bem debaixo dos olhos dos homens que se consideram os mais sábios. Para mim, esse grupo das 7 nações mais influentes tem relação com as 7 cabeças da besta, que

---

[5] O G8 é composto por Estados Unidos, Japão, Alemanha, Reino Unido, França, Itália, Canadá e Rússia.

trazem 10 chifres, como prediz o livro da Revelação.[6] Os 10 chifres, segundo interpretei – veja bem, trata-se apenas de uma interpretação pessoal[7] –, correspondem às 10 regiões nas quais o planeta foi subdividido, em termos econômicos e militares, a fim de simplificar a abrangência dos tratados internacionais.[8]

"Veja, por exemplo, o que está ocorrendo no Brasil – continuou, com ênfase, o agente e novo amigo de Robert. – Tenho especial curiosidade por esse país, onde certos acontecimentos têm despertado a atenção de estudiosos do pensamento humano e, por que não dizer, também de setores da inteligência de alguns países."

Interrompendo Monroe, Robert perguntou visivelmente interessado:

– Não entendo o que quer dizer com relação ao Brasil. Seja mais explícito, por favor...

– Bem, ainda não tenho muitos dados estatísticos com que provar minha teoria, mas ela se baseia em observações que pude recolher a partir dos estu-

---

[6] Cf. Ap 12:3; 13:1; 17:3,7.

[7] Esta é uma visão do personagem, não refletindo necessariamente a visão do autor espiritual.

[8] As 10 regiões internacionais a que se refere o personagem são: 1) América do Norte e México, 2) Europa ocidental, 3) Japão, 4) Austrália e África do Sul, 5) Europa oriental e Rússia, 6) América Latina, 7) Norte da África e Oriente Médio, 8) África tropical, 9) Sul e Sudeste asiáticos, e 10) China. (Nota do autor espiritual.)

dos de outros analistas da atualidade, em particular do comportamento das nações e de seus habitantes. Como você vai com certa frequência ao Brasil e lá permanece boa parte do ano, já sabe como a política do país está cada vez mais comprometida, sendo manipulada particularmente por um ramo de religiosos que tem como objetivo assumir lentamente o poder no país. Veja como os evangélicos, notadamente os pentecostais e neopentecostais, tornam-se cada vez mais radicais em seus pronunciamentos, e pouco a pouco aumentam sua bancada no Congresso Nacional.

– Isso eu já havia observado, mas ainda não consegui fazer uma conexão importante, que justifique o estudo mais aprofundado do assunto.

– Pense bem no que está ocorrendo e faça um paralelo com a situação do mundo na Idade Média e, sobretudo, nos primeiros séculos da era cristã. O poder religioso gradativamente toma em suas mãos o poder político, aliando as questões de fé a todos os aspectos do poder mundano. É exatamente isso que ocorreu, no passado, com o catolicismo. Agora, os novos evangélicos progressivamente ampliam sua participação no poder, a que aspiram a olhos vistos. Embora seja um país promissor, a população, sem perceber, entrega o poder político àqueles que usam do nome de Jesus, a quem pretendem representar, com o objetivo de pôr a máquina pública a serviço de determinado grupo religioso. Nem imagino aonde isso poderá levar, mas com certeza esse fenômeno religioso-temporal já chama a atenção de certos estudiosos e instituições, particularmente em países como Grã-Bretanha, Estados Unidos e Alemanha, entre outros, que estão bastante interessados na situação política do Brasil. Acredito que o país esteja sendo observado e testado por outras nações, sem que seus governantes se apercebam.

Dando uma pausa para organizar melhor seus pensamentos, continuou:

– Vejo isso tudo como o cumprimento de outro ponto de uma mensagem cifrada a que os religiosos chamariam profecia. No mesmo livro da Bíblia, há algo que menciona que a segunda besta[9] assumiria o poder em toda a Terra, uma espécie de imagem da besta,[10] um falso profeta,[11] que levaria a Terra a uma época sem precedentes de perseguições, lutas e outros tipos de desafios.[12]

Entrementes...

Os três guardiões passaram sobre o centro espírita da capital e sobrevoaram a estrutura astral com formato de pirâmide que abrigava e englobava a estrutura física, propriamente dita. Seguiram em frente por

[9] Cf. Ap 13:11-18.

[10] Cf. Ap 13:15; 19:20.

[11] Cf. Ap 16:13; 19:20.

[12] Cf. Ap 16-17.

mais algum tempo e chegaram, em apenas alguns segundos, ao ponto onde se localizava importante base de apoio e observação. Deslizaram nos fluidos ambientes e, logo após, inclinaram-se à direita, descendo suavemente sobre o terreno, onde estavam plantados alguns arbustos. Pousaram sobre a construção singela, que abrigava um centro de irradiação de ideias renovadoras. Aterrissaram como paraquedistas, depois de fazerem uma curva descendente, precisamente sobre o local onde pretendiam fixar sua base de maneira definitiva. Nesse movimento, enquanto revoluteavam nos fluidos atmosféricos, puseram-se frente a frente com uma das bases mais importantes para os guardiões, situada no Planalto Central brasileiro, entre outras dispersas pelo continente sul-americano.

Enquanto se dirigiam até aquele local, sobrevoaram casas e outras construções, bairros e vizinhança, onde também havia pequenas frentes de trabalho. Eram núcleos em que os atalaias, entidades abnegadas sob o comando central dos guardiões, mantinham posição há mais de 30 anos, sondando o ambiente em derredor e demarcando o espaço vibratório que serviria, mais tarde, para a instalação de importante centro de apoio dos sentinelas do Cordeiro, entre os encarnados. Chegaram ao lugar que representava para eles, os poderosos guardiões, um entroncamento energético de suma relevância estratégica para os embates de ideias novas e, portanto, um quartel-

-general onde fixariam, por séculos, seus instrumentos poderosos e sua equipe altamente capacitada.

Quem pudesse vê-los descer sobre o local, aparentemente simples e sem importância, por certo os confundiria com exímios paraquedistas, porque desviavam de algumas árvores e pousavam silenciosamente sobre a grama. Nem todas as pessoas que ali trabalhavam sabiam integralmente o que ocorria no ambiente astral que permeava o entorno. Embora ali se realizasse uma ação bem definida, de natureza espiritual, tratava-se de um campo de batalha de ideias, um quartel-general das forças soberanas da vida em meio a um cenário desfavorável. Poucos mortais tinham consciência do que aquele posto representava para os lances do grande conflito[13] que se esboçava nos horizontes do planeta.

Jamar se posicionou no topo do pequeno prédio, como a observar o que ocorria em seu interior, entre os encarnados que ali militavam. Um dos guardiões procurou descontrair o ambiente, gracejando:

– Queria saber por que você e o comando central escolheram este lugar para uma de nossas bases.

---

[13] Eis uma referência clara ao Armagedom (Ap 16:16). A interpretação dos guardiões e do autor espiritual acerca dessa passagem está no livro imediatamente anterior a este, do espírito Ângelo Inácio, que é o volume final da trilogia *O reino das sombras* (PINHEIRO, Robson. Pelo espírito Ângelo Inácio. *A marca da besta*. Contagem: Casa dos Espíritos, 2010. p. 115-116, 138s).

– Talvez seja por causa da vista que o local oferece! – ironizou Jamar, entendendo o objetivo da pergunta do companheiro.

Depois de alguns segundos que pareciam uma eternidade, Jamar voltou a falar quase com gravidade, apontando para baixo, onde os encarnados se encontravam:

– Eles estão fazendo um trabalho e tanto por aqui. Estão numa espécie de batalha, de guerra espiritual, que talvez pudéssemos classificar como uma guerra no campo das ideias. E creio que nem eles mesmos sabem o alcance ou a abrangência do que realizam.

– É, mas me parece que estes nossos parceiros encarnados às vezes se perdem nos detalhes e deixam passar um tempo muito precioso com as questões emocionais que surgem entre eles.

– Também acho – falou o guardião da noite. – Mas não esqueça que estamos trabalhando com humanos como nós mesmos. Por isso, temos de inserir em nosso programa todas as possibilidades, inclusive a de nossos amigos falharem e tomarem um caminho alternativo.

Respirando fundo, o outro guardião falou:

– É, isso já ocorreu inúmeras vezes na história da humanidade. Será que agora essa situação se repetirá, Jamar?

– Temos de investir todo recurso que tivermos em nossos amigos; eles farão o que tem de ser feito.

Mais do que isso, somente Deus saberá...

Novamente assumindo um ar mais descontraído, e com um sorriso franco esboçado no rosto, Jamar comentou:

– Ainda podemos contar com a parceria deles, os nossos agentes encarnados, mas teremos de ser rápidos em nossas ações, pois o verdadeiro combate ainda está por vir. E será algo de proporções mais amplas, envolvendo o mundo, e não somente este local. Aproveite, amigo, e reforce a guarda em torno do rapaz que nos auxilia entre os encarnados. Ele administra este lugar, e precisamos evitar, ao máximo, interferências desnecessárias.

– Isso podemos fazer, guardião, mas quem o livrará dos ataques de raiva e nervosismo, que, muitas vezes, fazem com que o trabalho recue, em vez de avançar?

Batendo no ombro do amigo, o chefe dos guardiões respondeu, algo irônico:

– Façamos a nossa parte e deixemos por conta deles resolver aquilo que está em seu âmbito de ação. Não podemos fazer tudo. Cada um amadurece na época certa. E este é um fruto ainda novo, temporão. Não espere dos nossos amigos encarnados aquilo que ainda não estão preparados para oferecer.

– E quanto aos outros espíritos, os opositores do Cordeiro?

– De quais espíritos você fala, meu amigo? Existem tantos que se opõem à política do Cordeiro... –

falou Jamar, como se não soubesse.

– Ora, os senhores da escuridão, magos negros, *daimons*, chefes de legião e outros mais.

O guardião parecia querer trazer uma lista dos opositores da política divina.

– Tenho a impressão de que alguns deles se especializaram em mortes lentas, outros em levar as pessoas à loucura, e outros, ainda, em incutir medo e rancor por onde passam. Além, é claro, daqueles cuja ação é mais elaborada, que possuem inteligência mais desenvolvida.

Jamar, mais uma vez, respondeu como se não entendesse do assunto, a fim de sondar a opinião do guardião.

– O que você acha dos senhores da escuridão? – perguntou num repente.

– Estão se reunindo para fazer frente aos ditadores do abismo, os *daimons*. Parece-me, segundo nossos atalaias, que estão redesenhando o sistema de poder nas regiões inferiores.

– São corajosos nossos opositores. Ainda não perceberam a fúria que o número 1 dos dragões abriga. Veremos muito acontecer nessas regiões sombrias, tenha certeza. O mundo dos encarnados também precisa ficar atento, pois estamos em pleno andamento da grande batalha. Muita coisa ainda vai pegar fogo no cenário político e econômico do planeta, embora seja apenas como reflexo do que ocorre do lado de cá da vida, entre aqueles que disputam o poder no submundo. Enfim, tudo o que ocorre no plano extrafísico ocorre também no plano físico. "Assim como é em cima, é embaixo".[14]

A fala do guardião encerrou o assunto de modo repentino. Entre os demais, notava-se um clima de ligeira apreensão, dadas as implicações das projeções de Jamar para o futuro próximo.

Sem se deixar abalar por qualquer apreensão, como se tivesse plena segurança acerca dos próximos lances do grande conflito que se desenrolava no planeta Terra, tanto no plano mais denso quanto nos bastidores da vida, Jamar modificou sua fala, dando a entender que não poderiam parar, que haveriam de continuar sua labuta, agora, com novo alvo mental.

– Quero que Watab recorra já ao comando supremo e traga a autorização de Anton para que ele próprio, Watab, e mais alguns guardiões abram caminho entre as dimensões, a fim de que retornemos ao plano dos *daimons*. Desta vez, eles sabem antecipadamente que estamos sob as ordens de instâncias muito superiores, e devemos aproveitar que o número 1 está ainda abalado, a fim de adentrarmos seus domínios uma vez mais. Miguel deixou instruções bem claras sobre o que teremos de fazer em breve.

---

[14] O personagem faz referência à filosofia hermética – ou seja, de Hermes Trismegisto –, que se baseia em sete princípios. O segundo deles, o da correspondência, é sintetizado nas palavras citadas por Jamar (cf. www.misteriosantigos.com/hermetic.htm. Acessado em 13/4/2012).

"Quero que Irmina seja avisada, juntamente com Raul, pois preciso que eles criem algumas distrações em certos redutos, de modo que nossa investida não chame a atenção dos donos do poder daquelas regiões. Além do mais, conto com a irreverência e a dinâmica dessa dupla para nos auxiliar na readequação de alguns recantos do submundo. Pelo que conheço de ambos, acho que darão muita dor de cabeça a alguns guardiões que ainda não os conhecem bem."

Sorrindo e com o pensamento nos amigos encarnados, continuou, descontraído:

– Vamos precisar de um grupo numeroso de guardiões, de guerreiros, de modo que Irmina e Raul saiam ilesos dos lugares onde irão atuar. Porém, fique bem claro, não podemos ser percebidos enquanto agem os nossos dois viventes. Espero deles uma ação de longo alcance, que repercutirá em alguns redutos de poder distantes de onde atuarão. Tudo é parte de um plano, mas os dois devem acreditar que agem por conta própria; isso é capital. Será muito bom para ambos, e para nós também. Quero uma guarnição invisível o tempo todo perto deles, principalmente de Raul. Ele pode ser imprevisível e, ademais, precisa de apoio mais intenso. Não o quero por enquanto do lado de cá, como desencarnado. Temos algumas coisas a fazer ainda, e, para isso, ele precisa do corpo físico atual por algum tempo. Depois... só a Providência Divina conhece os detalhes.

O sentinela respirou bem fundo, num gesto um

tanto exagerado.

– Isso parece muito arriscado, meu senhor.

– E é! Mas precisamos nos acostumar, pois as circunstâncias têm ficado cada vez mais delicadas; e confiar, pois os acontecimentos nos planos superiores estão sendo conduzidos por quem sabe o que fazer e tem condições de fazê-lo. Enfim, é a hora da colheita.

"Aqui, em nossa base de apoio entre os encarnados, quero atenção redobrada. Parece-me que as emoções dos nossos amigos andam em ebulição. Teremos muita mudança por aqui até acertarmos os ponteiros."

– Eu mesmo irei buscar Irmina e Raul para conversar com eles e convocarei os mais experientes entre nossos guerreiros para que assumam uma posição de destaque. Tão logo a ordem superior seja emitida, nos recolheremos no aeróbus, a fim de repassar todas as etapas da investida, antes de descermos vibratoriamente às regiões ínferas. No entanto, confesso que ainda estou sob o impacto das lembranças dos últimos acontecimentos.[15]

– Não se preocupe, guardião – falou Jamar, sério. – Eu mesmo irei com vocês. Faço questão de participar desta empreitada. Quanto a Irmina e, especialmente, Raul, fique atento a ambos, eles ainda

---

[15] O personagem se refere às experiências narradas no livro imediatamente anterior a este, do espírito Ângelo Inácio, que é o volume final da trilogia *O reino das sombras* (cf. PINHEIRO. Ibidem).

não o conhecem e poderão surpreendê-lo – advertiu o guardião da noite num tom quase irônico. – Aliás, caso não fique atento, poderão influenciar sua participação na excursão que faremos. Acho que você terá muito trabalho pela frente.

– Só para que saiba – comentou o companheiro de Jamar, mais tranquilo após saber que o guardião da noite iria acompanhá-los –, já temos um grupo numeroso de guardiões especialistas que se ofereceram para compor qualquer nova expedição àquelas regiões. Contamos com mais de mil guardiões de prontidão. Acho que, intuitivamente, eles sabem que será necessária outra investida e, agora, de modo mais definido e definitivo.

Jamar aproveitou uma pequena pausa para pensar, revendo imagens em sua mente.

"Então, em pouco tempo, vamos reencontrar nossos opositores. Nossas frentes estarão devidamente guarnecidas, e quero me assegurar, sobretudo, de que nossos aliados no plano físico estejam protegidos. Redobremos nossa cobertura, pois com certeza sentirão o impacto dos acontecimentos.

"Imagino que o maioral já esteja informado ou saiba que algo mais amplo esteja sendo preparado pelas consciências superiores – um sorriso se esboçou no rosto de Jamar. – Por certo seus informantes já lhe devem ter levado notícias, mesmo que obtidas na leitura de publicações da superfície ou na escuta de conversas entre nossos aliados encarnados. Agora a única coisa a fazer é tocar o jogo; não podemos mais adiar nossas ações que determinarão o início do juízo."

E, voltando-se novamente para o guardião que o assessorava, disse-lhe:

– O juízo já começou, meu amigo. Agora é uma jogada por vez, e lance a lance avançaremos rumo ao desfecho do conflito dos séculos.

– Queria saber quais os planos do número 1 dos dragões neste exato momento; quais parceiros ele está arregimentando para abafar a grande crise que vive em seus domínios e com que estratégia pretende ocultá-la de seus pares.

– O *daimon* está aquartelado em uma de suas bases mais importantes, por enquanto. Mas não está sozinho, nem inativo. Ele age, pois é o mais capacitado e inteligente opositor da política divina em todo o planeta Terra.

"De qualquer forma, preciso ir, pois Anton deu ordem para reunir espíritos representantes da política, da religião e das artes, além de outros mais, desde que em suas experiências tenham desenvolvido habilidades úteis à grande separação do trigo do joio,[16] à seleção dos espíritos da Terra, que se encontra em andamento. Devo representá-lo perante a multidão, vinda de todas as nações, que se reúne como aliada da justiça divina nos momentos finais."

[16] Cf. Mt 13:24-30.

Falando assim, Jamar elevou-se na atmosfera como se fosse um guerreiro angélico, com suas irradiações reverberando no entorno e produzindo reflexos de cores e sons inimagináveis pelos mortais comuns. Antes que sumisse da vista do sentinela, outros espíritos se juntaram ao guardião da noite, formando uma comitiva que demandou outro ponto da dimensão extrafísica, onde se daria aquela importante reunião no mundo astral, entre representantes de culturas e países diferentes.

CAPÍTULO 2

O CHAMADO

AGENTES DA JUSTIÇA E DA MISERICÓRDIA

> ❝
>
> Um rio de fogo manava e saía de diante dele.
> Milhares de milhares o serviam, e milhões de milhões
> estavam diante dele. Assentou-se o tribunal,
> e abriram-se os livros.
>
> *Daniel 7:10*

> ❝
>
> Virão do Oriente e do Ocidente, e do Norte e do Sul,
> e tomarão lugares à mesa no reino de Deus.
>
> *Lucas 13:29*

O **ambiente era simples.** Era, na verdade, um espaço dimensional estruturado na matéria extrafísica, que, por falta de terminologia mais adequada e moderna, chamamos de antimatéria.[1] Fui convidado por Jamar a participar do evento, a fim de mais tarde relatar os acontecimentos aos companheiros da dimensão física, por meio da mediunidade. Foi ao perceber os espíritos ali presentes que me senti, de repente, como um penetra numa reunião importante. Não fosse o convite de Jamar e de outros amigos espirituais, minha presença ali não teria cabimento.

Da dimensão física, chegava uma imensidão de

---

[1] *Antimatéria*, aqui, não se refere ao conceito que a física define, mas, como o autor esclarece, trata-se de um recurso linguístico para aludir à matéria extrafísica.

agentes desdobrados, de colaboradores dos diretores evolutivos da humanidade, de várias latitudes do planeta, conduzidos fora do corpo por emissários da espiritualidade. Jamais imaginei que haveria tantos candidatos a colaborador entre os encarnados. Havia representantes das diversas religiões e também aqueles que se diziam ateus ou agnósticos, mas que em espírito continuavam colaborando com os alicerces de uma nova civilização, sob o patrocínio da política divina.

Naquela assembleia, diferenças religiosas, étnicas e culturais não significavam obstáculo à cooperação; a diversidade era vista como riqueza inerente à espécie humana, não como problema. Ninguém estava ali para discutir como o mundo acabaria, muito menos para provar que a sua perspectiva sobre as questões espirituais era mais correta ou acertada que as demais. Não! Chegavam encarnados em desdobramento, provenientes de culturas, países e filosofias religiosas as mais diversas, apenas obedecendo ao convite do Alto. Todos respondiam ao chamado para participar de um momento especial na história do mundo. Algo de proporções bem mais amplas que os acanhados pontos de vista ou as opiniões religiosas e políticas que normalmente se antagonizam no mundo físico. Embora ainda não soubessem exatamente para que se reuniam, deduziam a natureza da convocação: algo maior, de vital importância.

De um lado do ambiente espiritual estavam os

representantes encarnados da justiça e da misericórdia divinas. Do outro, os desencarnados, que com-
pareceram, também, como representantes do diretor
espiritual da humanidade, conhecido, no Ocidente,
com o nome de Jesus.

Vinham espíritos representantes das religiões,
da política, das artes em geral e da música em particular. Notei que havia ali diversos espíritos que, na
Terra, entre os adeptos religiosos, eram considerados
santos ou espíritos sublimes; à minha percepção, pareciam simples humanos, trajando a indumentária a
que estavam acostumados quando encarnados. Des-
filavam desde artistas da música pop e do *rock'n'roll*
até alguns sambistas brasileiros, famosos por sua
contribuição no cenário nacional ou internacional,
passando por inúmeros músicos de diferentes culturas. Observei religiosos igualmente célebres entre
os encarnados, de mãos dadas ou abraçados com espíritos mais simples ou desconhecidos. Presenciei
aqueles considerados de estirpe mais alta, presentes
na galeria de mentores espirituais forjada pelos religiosos espíritas, lado a lado com um roqueiro ou
um simples desconhecido. Reconheci o espírito de
conhecido apresentador da televisão brasileira ombro a ombro com um cientista que desencarnou no
cumprimento de seus deveres. Percebi um dos pa-
pas mais estimados pelos católicos depor sua tiara
e seu manto diante de uma mulher simples, vestida
de sári, e pedir-lhe a bênção ao beijar-lhe as mãos.

Nessa assembleia não havia lugar para posições sociais, clericais ou religiosas; não havia espaço para as pretensões de uma espiritualidade caricata e inatingível. Afinal, todos eram humanos, estivessem desdobrados ou desencarnados; apenas espíritos comuns reunidos com o mesmo objetivo: responder ao chamado divino.

Procurei um lugar para me acomodar, de modo que tivesse uma visão mais ampla de todo o ambiente, mas não tinha imaginado que a multidão que se reunia era tão numerosa. Quando percebi que ali havia espíritos de todas as procedências religiosas, culturais e sociais, com tendências políticas aparentemente discordantes entre si, os quais se identificavam com ideologias ou correntes de pensamento distintas e até antagônicas, foi então que me dei conta de uma verdade impressionante. É que os agentes da soberana justiça estão inseridos nos mais variados contextos da vida planetária. E, embora quando na carne dificilmente alguém imagine, fato é que, em todos os departamentos da vida, assim como em todas as religiões do mundo, encontram-se emissários do Pai agindo no silêncio, dando sua contribuição para a melhoria da humanidade da forma que lhes compete e no limite que lhes é possível.

Comovi-me ao ver os guardiões planetários sobrevoando a plateia de seres extrafísicos e de seres encarnados desdobrados, trazendo em sua companhia mais e mais espíritos advindos da dimensão física, tanto quanto das dimensões superiores àquela onde nos encontrávamos temporariamente. Era uma visão soberba e, ao mesmo tempo, arrancava lágrimas da mais pura emoção. Deixei-me levar por esses pensamentos quando senti uma mão tocando-me de leve, como se fosse um toque sutil de um anjo ou de alguma ave que pousasse em meu ombro, de maneira furtiva e silenciosa.

– Ângelo, meu querido – abordou-me com voz carinhosa a entidade de porte pequenino. – Que bom que você pretende relatar este acontecimento para nossos irmãos lá de baixo, da Crosta. Cristo precisa de você, meu filho, e o que vai acontecer aqui hoje é algo pelo qual esperamos há 2 mil anos; é o ultimo chamado, a hora da colheita. Nossos irmãos da Terra precisam estar atentos para a importância da hora que vive nosso mundo. A mensagem do Nazareno não é apenas uma pregação de palavras consoladoras; sua mensagem é também de justiça. Quem sabe os religiosos possam conscientizar-se de que precisamos nos unir, a despeito das aparentes diferenças de credo, em torno do objetivo maior, que é ajudar o mundo nesta hora de transição. Tenha isso em mente ao escrever, meu filho. Somos todos espíritos em aprendizado, e aqui não existe quem seja mais importante do que o outro. Somos apenas filhos de Deus, nada mais.

O espírito nem ao menos esperou que eu respirasse, pois havia ficado quase sem fôlego diante de

Teresa. Ela afastou-se mansamente, portando um sorriso enigmático, e das bordas de seu sári névoas discretas de luz irradiavam, como se fossem poeira de ouro ou de algum material cintilante. Mas nada disso evidenciava a grandeza de sua alma, que, para seres como eu, revela uma compreensão bem mais ampla da vida.

Quando vi a grande personalidade de Calcutá direcionando-se ao lugar na plateia onde estavam espíritos considerados os mais comuns de todos – e, muitas vezes, por parte de alguns teóricos ou adeptos religiosos, indignos de ali estarem –, tive a certeza mais uma vez de que eu escolhera o lado certo. Isto é, o lado da política divina, o lado do Cordeiro, que não veio para os santos, mas para os pecadores;[2] não veio para os salvos, mas para os perdidos;[3] nem tampouco veio para aqueles que se consideram melhores que os demais, mais puros e espiritualizados que a massa de simples mortais. Teresa assentou-se junto ao

---

[2] Cf. Mt 9:12-13; Lc 5:31-32; 15:7,10. "Os sãos não necessitam de médico, mas, sim, os doentes. Eu não vim chamar os justos, mas, sim, os pecadores" (Mc 2:17. In: BÍBLIA de referência Thompson. Edição contemporânea de Almeida. Tradução de João Ferreira de Almeida. São Paulo: Vida, 1995). No que diz respeito à tradução bíblica escolhida pela Casa dos Espíritos, vale a fonte citada nesta nota, que prevalecerá ao longo do livro, salvo quando indicação em contrário. A bibliografia fornece dados completos de todas as traduções consultadas.

[3] Cf. Mt 15:24; 18:11; Lc 15:4; 19:10.

grande roqueiro Cazuza, e ao lado do espírito Freddie Mercury, como a dizer-me secretamente que Cristo, na linguagem dela, fazia questão de chamar quem ele bem entendesse; não aqueles que estavam prontos, mas qualquer um que quisesse usar seus talentos e habilidades para trabalhar por um mundo melhor. Vi-os rindo gostosamente, cumprimentando-se como velhos amigos. Era ao mesmo tempo belo e impressionante constatar como não havia juízo ou atitude discriminatória com relação ao estilo de vida e de trabalho que o outro realizou quando encarnado.

Vi João Paulo II, o admirado papa do final do século XX, conversando boamente e num tom de júbilo com um espírito de cultura muçulmana e de braços dados com outros dois que identifiquei como os espíritos Lennon e Harrison, dois dos componentes dos antigos Beatles. A princípio não entendi o aparente paradoxo espiritual ou o contraste apresentado naquele ajuntamento de almas. Foi quando Jamar se aproximou, falando-me mais ao coração que à razão, se assim posso dizer:

– O chamado que recebemos não está circunscrito aos espíritos considerados puros, santos ou superiores. Veio a ordem do Alto, e nós apenas cumprimos aquilo que recebemos como incumbência: convocar todo espírito que disponha, de alguma forma, de condições de irradiar seu pensamento, que detenha carisma e que exerça habilidades capazes de arrebatar multidões, atraindo, com isso, quem anda na escuridão. A convocação se estende principalmente àqueles que, tendo experimentado caminhos tortuosos e possivelmente desnecessários, hoje estejam conscientes da necessidade de despertar a enorme população fixada nos abismos.

E, numa leve referência ao Evangelho, que me pareceu intencional, acrescentou:

– São todos chamados,[4] até mesmo antigos verdugos e obsessores que queiram contribuir para a hora da colheita final.

Percebendo meu espanto diante da massa de espíritos em condições vibratórias tão diferentes entre si, o que de modo algum os impedia de estarem ali coesos, aglutinados em torno de um objetivo único, Jamar arrematou:

– Esta reunião de seres das duas dimensões da vida lembra uma conferência que ouvi certa vez, Ângelo, na qual o espírito mais esclarecido repetiu uma frase que consta no livro do Apocalipse: "Depois destas coisas olhei, e vi uma grande multidão, que ninguém podia contar, de todas as nações, tribos, povos e línguas, que estavam em pé diante do trono e perante o Cordeiro".[5]

Jamar olhou para mim e esboçou um sorriso,

---

[4] "O banquete, na verdade, está preparado, mas os convidados não eram dignos. Ide às encruzilhadas e convidai para as bodas *a todos os que encontrardes*" (Mt 22:8-9. Grifo nosso). Cf. Mt 22:2-13.

[5] Ap 7:9.

sem perder o ar de guerreiro e a atenção sobre tudo o que ocorria no ambiente espiritual a nossa volta. Era como se quisesse chamar minha atenção, delicadamente, pois o texto bíblico citado não mencionava que a grande multidão perante Deus e o Cordeiro era composta por almas redimidas; tratava-se apenas de uma grande multidão, e nada mais.

Antes que eu pudesse me expressar, Jamar apontou para o que se passava ali, logo antes do pronunciamento que todos aguardávamos. E o que presenciei fortaleceu ainda mais as impressões anteriores, pondo em xeque meu conceito de espiritualidade, elaborado principalmente na compreensão acanhada e reducionista que eu apreendera de alguns encarnados religiosos. Um espírito de aparência feminina se posicionou à frente de todos, conclamando a multidão a se preparar para receber o emissário do Alto. Por meio da música – ou seja, da beleza e da arte –, buscaríamos estabelecer uma conexão mais estreita com Deus, alcançando um estado emocional e vibracional o mais favorável possível. E a música que foi apresentada não era tão diferente da que ouvi na Terra.[6] Não era uma música suave, meditativa,

[6] Muitos espíritas tendem a pensar que, se a assembleia congrega espíritos superiores, necessariamente se dá em dimensão verdadeiramente superior, espiritual. A descrição ao longo deste capítulo claramente quer demonstrar que nem sempre é assim. Sob essa ótica é que se deve examinar a afirmação do autor quanto à exibição musical. É célebre a

com ritmo e melodia que remetessem à religiosidade e à introspecção, conforme as concepções ou os padrões vigentes em boa parte das religiões mundanas.

Emocionei-me diante dos espíritos que se apresentaram. Como num palco de grandes proporções, interpretavam canções e composições nos estilos os mais diversos, desde *blues*, *jazz* e *rock* até música latina e gospel, passando por peças de música oriental e erudita, entre outras expressões consideradas por mim um tanto exóticas, devido à minha formação cultural ocidental. Instrumentistas e cantores, alguns desencarnados e outros ainda de posse do corpo, porém desdobrados, alternavam-se no palco ao som de rica variedade de instrumentos musicais: guitarras elétricas, órgãos, pianos, acordeons,

---

passagem da codificação espírita em que, questionados sobre a eventual sensibilidade à música, os espíritos respondem: "Aludes à música terrena? Que é ela comparada à música celeste? A esta harmonia de que nada na Terra vos pode dar ideia? Uma está para a outra como o canto do selvagem para uma doce melodia" (KARDEC, Allan. *O livro dos espíritos*. 1ª ed. esp. Rio de Janeiro: FEB, 2005. p. 207, item 251). Porém, a mesma resposta prossegue, e traz a seguinte ressalva: "Não obstante, Espíritos vulgares podem experimentar certo prazer em ouvir a vossa música, por lhes não ser dado ainda compreenderem outra mais sublime" (idem). E *vulgares*, aqui, não é sinônimo de *inferiores* ou *maus*, como alguém poderia entender, mas simplesmente *comuns*. Afinal, quantos estão aptos a apreciar o que é *celeste*, isto é, o que *nada na Terra pode dar ideia*?

baterias e aparatos de percussão, contrabaixos, violinos e violoncelos, saxofones e trompetes, além de muitos outros, desconhecidos para mim. Tiravam notas e sinfonias, arrebatavam a multidão de espíritos com o ritmo e a harmonia, o *swing* e a inspiração que lhes eram próprios. Era um verdadeiro festival, aberto, contemporâneo e multicultural; uma celebração à música, à arte e à beleza que fizeram com que muitos daqueles espíritos se tornassem conhecidos nas duas dimensões da vida. Vi alguns religiosos desencarnados balançando os pés e curtindo cada apresentação, sem o resquício do preconceito e o fantasma da intolerância. Creio, sinceramente, que alguém de mais alto queria dar uma lição de como todos poderíamos contribuir, cada um ali presente, com a habilidade, o dom e aquilo que de mais precioso cada qual podia oferecer.

Após as apresentações da música que nos arrebatou o espírito, da saudosa lembrança que evocou em nossas memórias, foi sugerido por Jamar e dois outros espíritos que nos colocássemos em sintonia com as forças soberanas da vida, por meio da oração. Num momento de êxtase espiritual, uma luz intensa pareceu se condensar diante de todos os presentes, que formavam aquela "grande multidão (...) de todas as nações, tribos, povos e línguas",[7] reunida ali em virtude do convite dos espíritos diretores do

[7] Ap 7:9.

planeta. Jamar posicionou-se a meu lado, dando-me sustentação energética e emocional para ouvir a mensagem que o representante superior estava prestes a verbalizar.

Tão logo o jato de luz se firmou diante de nossos olhos, espalhou-se velozmente por todo o ambiente, invadindo ou penetrando cada ser. De repente, a aparência de todos tornara-se ligeiramente translúcida, adquirindo uma característica até então despercebida por mim. Todos os espíritos foram efetivamente tocados e perpassados pela luz que denotava a presença do ser superior. Em meu corpo espiritual e na intimidade de minha alma ficou gravada de maneira perene aquela aparição ou, se posso assim me expressar, a materialização daquela entidade sublime.

Diante de tão surpreendente manifestação, fiquei a imaginar se não estava ali, diante de nós, o príncipe dos exércitos celestes, o próprio Miguel,[8] representando os diretores do governo oculto do mundo. Se Jamar conhecia a identidade do espírito, guardou-a somente para si, pois permaneceu calado.

A luz se espalhou num ambiente tão vasto que dificilmente eu poderia mensurar, uma vez que a multidão de espíritos reunidos realmente parecia

---

[8] "Nesse tempo se levantará Miguel, o grande príncipe que protege os filhos do teu povo, e haverá um tempo de angústia, qual nunca houve, desde que houve nação até àquele tempo. Mas nesse tempo livrar-se-á teu povo, todo aquele que se achar escrito no livro" (Dn 12:1). Cf. Ap 12:7.

não ter fim. Um milhão? Alguns milhões de seres? Jamais conseguiria dizer, pois tinha a impressão de que não paravam de chegar espíritos, provenientes de todas as dimensões próximas da Terra, a fim de ouvir o pronunciamento do emissário celeste. Em meio à música de todos os povos, de todas as latitudes do planeta, a entidade emitia uma luz que não nos ofuscava, porém nos penetrava o âmago do espírito. A emoção subiu a um patamar como eu jamais tinha visto. Em meio ao júbilo, lágrimas desciam de quase todos os olhos, e ninguém conseguia parar de fitar a luz das luzes, o Imortal que se fez presente.

Esse vulto aos poucos adquiriu uma forma humana apreciável aos nossos sentidos espirituais, a qual foi se estruturando em meio à claridade. Não consegui identificar traços de uma fisionomia conhecida. Tratava-se de uma forma vaporosa que lembrava traços humanos, mas se diluía em meio ao fenômeno luminoso, comparável somente à aparição do espírito Miguel em outros recantos, em outras dimensões, quando estávamos nos domínios dos *daimons*.[9]

Olhei para alguns ali presentes. Ao menos de onde eu observava ou minha percepção alcançava, vi que muitos deles também se "diluíam", compartilhando aquele fulgor de alguma maneira, embora conservando o aspecto humano conhecido, ou seja,

---

[9] Cf. PINHEIRO. *A marca da besta*. Op. cit. p. 599-609.

a identidade de cada um era preservada em meio ao fenômeno que nos atingia a todos. Era como se outras luzes menos brilhantes se manifestassem dentro daquela luz maior. E nós, os espíritos comuns, não nos sentíamos violentados ou ofuscados com aquele brilho maior ou com os demais, menores, que irradiavam de espíritos, até aquele momento, confundidos na multidão. Pelo contrário, sentíamo-nos parte daquele generoso resplendor que nos envolvia e nos acolhia.

De repente, dando maior atenção aos detalhes, notei que cada um da grande multidão, incluindo Jamar e eu, éramos também luzes e cintilávamos, cada qual em tonalidade e intensidade próprias. Concluí que talvez essa fosse a segunda lição que a entidade iluminada quisesse dar a todos nós: cada qual era uma luz, todos brilhavam a sua maneira e na intensidade que lhes era peculiar, mas brilhavam. Não consegui deter as lágrimas mais uma vez quando senti Jamar também chorar e abraçar-me. Estávamos todos ali – inclusive muitos de nossos parceiros ainda encarnados, muitos de nossos colaboradores – para ouvir, simplesmente ouvir a grande mensagem.

Ante as emoções que emanavam de toda a multidão de seres de todas as aparências e procedências, escutamos atentamente a voz, que mais parecia ressoar dentro de cada um de nós, em nossas mentes:

– Irmãos de humanidade, sentimo-nos honrados por havermos sido convidados pelo Cordeiro de

Deus, o qual nos reuniu sob sua paternal autoridade e proteção.

"O governo supremo do mundo,[10] representando o divino Cordeiro, chama a todos que tenham despertado para a realidade do espírito, a fim de se reunirem para a hora da limpeza etérica e astral do planeta Terra. Não chamamos apenas aqueles que se consideram bons, religiosos ou, tampouco, santificados. O chamado é para todos que possam se comprometer com a limpeza espiritual do mundo terrestre.[11] As legiões de Cristo não trabalham segundo as interpretações humanas do Evangelho, mas segundo o

---

[10] Bastante plausível é inferir que a figura bíblica dos 24 anciãos reflete o modo como o apóstolo João percebe o governo supremo do mundo em suas visões. Eles aparecem diversas vezes no *Apocalipse* (cf. Ap 4:4,10; 5:5-6,8,11,14; 7:11,13; 11:16; 14:3; 19:4). Assim pensa o espírito Estêvão: "João obviamente está diante de um encontro dos dirigentes espirituais dos destinos da humanidade" (PINHEIRO, Robson. Pelo espírito Estêvão. *Apocalipse:* uma interpretação espírita das profecias. 5ª ed. rev. Contagem: Casa dos Espíritos, 2005. p. 71).

[11] "E, saindo os servos pelos caminhos, ajuntaram todos quantos encontraram, *tanto maus como bons*, e a sala do banquete se encheu de convidados. Mas quando o rei entrou para ver os convidados, notou ali um homem que não estava trajado com vestes de núpcias" (Mt 22:10-11. Grifo nosso). Este último em seguida é expulso (cf. Mt 22:12-13), abonando a interpretação de que "despertar [verdadeiramente] para a realidade do espírito", segundo as palavras do emissário do Alto, talvez seja o único pré-requisito necessário para ser admitido na "sala do banquete".

programa evolutivo estabelecido pelo administrador espiritual da humanidade. Sob essa ótica, congregamos aqui aqueles homens de boa vontade, e não os santificados, somente. O chamado do Senhor é para a grande multidão de povos e para aqueles que queiram ser instrumentos da suprema vontade.

"A Terra adentra um período de sensíveis transformações, que incidirão sobre todos os níveis de cada uma de suas dimensões. O mundo astral contíguo ao plano terrestre precisa ser higienizado, a fim de abrir campo para as balizas de uma nova civilização, mas também visando receber as almas que virão em grande escala, do plano físico, devido às grandes comoções, que ocorrerão gradativamente.

"Há décadas o governo oculto determinou que sejam extirpados os redutos de sofrimento e os antros de fuligem e expiação do ambiente psíquico do planeta. A higienização já começou, a princípio timidamente; agora, porém, precisamos de todos vocês para esquadrinhar as dimensões próximas à morada humana, a fim de resgatar aqueles que apresentam condições para tal. Precisamos da ajuda de todas as consciências e inteligências que tenham condições de agir de maneira consciente e tenham carisma para arrebatar as multidões que ainda permanecem nas regiões inferiores do mundo. Usem suas habilidades, a força de suas palavras, de seus exemplos e de todos os dons desenvolvidos ao longo de suas experiências evolutivas. Todos são convidados a ser colaboradores na limpeza energética, etérica e astral do mundo.

"Ao mesmo tempo, consciências comprometidas com a justiça sideral serão os representantes diretos dos dirigentes espirituais do mundo para intervir, com autoridade, nos redutos de poder e nos reinos invisíveis aos olhos humanos que não estejam em sintonia com o momento evolutivo da Terra."

Após breve pausa, como a nos dar tempo para digerir o conteúdo de sua fala, o emissário do Alto continuou.

– Não esperem que os anjos venham à Terra para fazer a seleção das almas. Vocês serão os anjos, vocês são os escolhidos;[12] os homens novos e mais conscientes serão os instrumentos da justiça e da misericórdia divinas. O livro considerado sagrado pelas religiões cristãs relata que "Ele enviará os seus anjos, e ajuntará os seus escolhidos dos quatro ventos, da extremidade da terra até à extremidade do céu".[13] Deus ajuda os homens com outros que lhes são semelhantes. Portanto, a Terra clama pelo auxílio de todos que aqui estão, que responderam ao chamado superior. Pois muitos, que dizem seguir as pegadas do Mestre no mundo e são considerados seus seguidores modernos, recusaram-se a dividir com aqueles consi-

[12] É ao final da mesma parábola do festim de bodas que Jesus pronuncia a célebre frase: "Pois muitos são chamados, mas poucos escolhidos" (Mt 22:14).

[13] Mc 13:27.

derados menos preparados e menos santificados a honra de serem instrumentos nesta hora que encerra uma etapa da história do mundo.

"De qualquer forma, conscientizem-se de que todo avanço ou toda ação no ambiente espiritual do planeta repercute vibratoriamente no plano físico. E o mundo passará, então, por uma verdadeira transformação, uma revolução e revisão de valores em todas as áreas. Sociedades serão sacudidas pela necessidade de rever os valores e a forma de agir. Governantes serão testados ao limite de sua capacidade para que possam ser catalogados de maneira definitiva, junto com a população que os elegeu ou que governam, como habitantes do mundo terrestre ou de outros mundos da imensidade.

"Como podem ver, meus irmãos, a hora da separação do trigo e do joio[14] é chegada, e o juízo[15] que investigará e determinará o tipo psíquico que habitará o planeta Terra nos próximos milênios, assim como aquele tipo que será expatriado, está em pleno andamento. Vocês são os trabalhadores arregimentados como o braço direito da administração sideral neste momento final.

[14] Cf. Mt 13:24-30.

[15] "E foram julgados cada um segundo as suas obras" (Ap 20:13). "O livro profético é claro (...). Não se fala em religião, mas em realização. Cada qual é recompensado de acordo com suas realizações espirituais" (PINHEIRO. *Apocalipse*. Op. cit. p. 231).

"Deixem para depois suas lágrimas. Abandonem a culpa que, por tanto tempo, tem perseguido suas mentes e consciências e trabalhem como auxiliares do Cordeiro. À medida que trabalharem nessas regiões inferiores, auxiliando na higiene espiritual do mundo, serão socorridos em seus próprios desafios. O trabalho nesta hora sublime de transformações planetárias será muito mais produtivo e com resultados íntimos muito mais intensos e duradouros. Portanto, aproveitem o chamado divino para se resolverem *durante a caminhada*, e não esperando se converterem em anjos ou 'almas de moral ilibada' para então trabalhar. Não esqueçam que o Cordeiro preferiu caminhar e chamar para segui-lo os pecadores, os doentes e oprimidos, os ignorantes e aqueles que foram considerados indignos.[16]

"Vocês são a multidão dos convidados a representar o bem maior. Nós, os que trabalhamos nos bastidores dos acontecimentos mundiais, no invisível, contamos com cada um de vocês, com a habilidade que possuem, como instrumentos nossos na batalha final."

A palavra do emissário superior pareceu reverberar no íntimo de cada um ali presente. Mais ainda do que as poucas palavras que pronunciou, as ima-

---

16 "Veio o Filho do homem, que come e bebe, e dizeis: Eis aí um comilão e bebedor de vinho, amigo dos cobradores de impostos e dos pecadores" (Lc 7:34). Cf. Mt 9:11,13; Lc 15:1.

gens que foram projetadas em nossas mentes nos fizeram ver a necessidade de nos juntarmos, de aproveitarmos cada habilidade e aptidão e colocarmo-nos, mais do que nunca, a serviço da administração planetária, do Cordeiro, nesta hora especial de transformações. Depois que a entidade se calou, as projeções mentais emitidas pelo venerável espírito surtiram ainda maior efeito sobre a assembleia.

Nós, os espíritos comuns, percebemos sons e paisagens, imagens que não conseguiríamos descrever, enquanto outros espíritos, dotados de maior habilidade psíquica, percebiam um teor diferente e mais amplo na mensagem do representante superior. A mim pareceu terem ocorrido duas comunicações simultâneas, dadas pelo mesmo ser. Uma destinada à multidão de seres que foi concitada a contribuir no momento de higienização extrafísica, e outra comunicação não verbal, telepática, endereçada aos demais seres que também o ouviam, porém eram capazes de maior percepção mental. Era uma característica do ser imortal comunicar-se com cada qual dentro da faixa mental que lhe é peculiar, não apenas se fazendo compreender pela multidão heterogênea,[17] mas proporcionando condições para que suas palavras e impressões calassem fundo na alma de todos.

O fenômeno me inspirou ainda mais a pensar na

---

[17] "Porque cada um os ouvia falar na sua própria língua" (At 2:6). Cf. At 2:1-13.

identidade do espírito, quando Jamar foi chamado a assumir a frente, representando os guardiões superiores, ao passo que o ser, mergulhado em pura luz mental, desvanecia-se ante nossos olhos, deixando--nos imersos numa onda de pensamentos de elevada vibração.

Jamar, visivelmente emocionado, tomou a palavra perante a assembleia:

– Caríssimos, agora precisamos nos reunir em grupos distintos, conforme as habilidades em comum, a fim de que mais detalhes possam ser transmitidos pelos guardiões superiores. Todos aqui presentes se identificam com suas últimas experiências desenvolvidas na Terra e, no caso dos encarnados em desdobramento, guardam relação com o círculo de atividades a que se ligam no cotidiano. Sendo assim, vamos nos separar em grupos de afinidade, à medida que nossos amigos guardiões os nomearem. Dessa forma, quem desempenhou atividades na política fará parte de um só grupo; músicos, cantores, compositores se reunirão conforme sua habilidade, assim como ocorrerá com os demais artistas. Religiosos, cientistas, médicos, médiuns e pesquisadores – todos agrupados de maneira apropriada, pois assim receberemos detalhes sobre as tarefas que nos aguardam com mais eficácia.

A princípio pensei que haveria grande confusão com a distribuição dos espíritos de acordo com as experiências de cada um, além do que seria algo demorado, dado o número impressionante de seres ali presentes. Para minha surpresa, no entanto – e quem sabe devido à vibração da notável entidade, que ainda repercutia no ambiente –, todos foram logo se achegando uns aos outros com o máximo de harmonia e tranquilidade, sem nada que lembrasse agitação ou balbúrdia. Os guardiões, que apareceram de todos os lados, conduziam a massa, formando os grupos e levando-os cada qual a um ambiente distinto. Enfim, eu me vi entre aqueles pesquisadores, escritores e jornalistas do Além e do aquém, que seriam recrutados para trabalhar com as novas ideias no mundo em transformação.

CAPÍTULO 3

REURBANIZAÇÕES

"

Uma coisa que vos parecerá estranhável, mas que
por isso não deixa de ser rigorosa verdade, é que o mundo
dos Espíritos, mundo que vos rodeia, experimenta
o contrachoque de todas as comoções que abalam o mundo
dos encarnados. Digo mesmo que *aquele toma parte ativa
nessas comoções*. Nada tem isto de surpreendente, para
quem sabe que os Espíritos fazem corpo com
a Humanidade: que eles saem dela e a ela têm de voltar,
sendo, pois, natural se interessem pelos movimentos
que se operam entre os homens.
Doutor Barry (espírito)[1]

[1] KARDEC. *A gênese...* Op. cit. p. 517-518, cap. 18, item 9
(pelo espírito Doutor Barry). Grifo nosso.

Ao final de alguns minutos, e ainda comovidos pela repercussão vibratória da entidade comunicante, reunimo-nos num espaço muito amplo. A mente de todos permanecia profundamente influenciada pelas imagens mentais que eram projetadas e mantidas por uma força superior. O lugar se assemelhava a um centro de convenções de tal proporção como eu jamais vira na Terra, antes de desencarnar. Jamar não mais foi visto naquele ambiente, e Anton, o guardião de ordem superior, assumiu a frente de todos para tirar as dúvidas que naturalmente faziam parte de nosso grupo de seres em treinamento para auxiliar na transição geral do planeta.

Os olhos de Anton pareciam fitar algo que não conseguíamos ver. Embora o grande número de almas, o silêncio era algo comum no ambiente. Erguendo a voz, o guardião pôs-se à disposição para dirimir dúvidas de escritores, pesquisadores, jornalistas e médiuns desencarnados e encarnados. Com minha curiosidade acentuada e talvez pela amizade com ele, adquirida noutras experiências, fui o primeiro a me manifestar.

– Anton, será que poderia nos falar sobre o preparo dos espíritos, notadamente os guardiões, para enfrentar o período chamado de reurbanização extrafísica da atmosfera psíquica terrena? Tenho curiosidade com relação a isso, pois, pelo que tenho estudado em nossa universidade, este é um acontecimento inédito na história recente do nosso planeta. Como os guardiões adquiriram experiência com esse tipo de trabalho, se não há registro preciso de que já tenha ocorrido algo similar em nosso mundo?

Parece que involuntariamente eu havia indicado o rumo que tomaria a conversa.

Nos momentos seguintes, fiquei admirado com a experiência de Anton e a desenvoltura ao responder as perguntas que se sucederam umas às outras. Projetando o conteúdo de seu pensamento no ambiente acima de nós, numa espécie de imagem holográfica, Anton falou com bastante tranquilidade:

– Desde o período histórico que antecedeu a Primeira Guerra Mundial, mais precisamente logo após o advento das ideias espíritas, na segunda metade do século XIX, os guardiões vêm buscando o melhor ambiente, considerando-se as vibrações do planeta, que possa servir de laboratório experimental para as reurbanizações que ocorreriam, posteriormente, em âmbito global.[2] Dessa forma, após consultarmos os diretores espirituais do planeta e juntos fazermos as devidas observações e pesquisas, ficou acertado que o continente europeu seria esse grande laboratório de almas, onde os guardiões superiores poderiam aprender, desenvolver seu conhecimento e implementar um programa de higienização e reurbanização extrafísica, em menor escala. Já no final do século XIX era claro para os espíritos diretores do globo que a Europa seria palco de graves acontecimentos, e foi para ali que convergiram nossas observações, apontando para a realização de um ensaio, um projeto-piloto do processo que, mais tarde, seria realiza-

---

[2] A importância do momento histórico que coincide com a revelação espírita e com uma espécie de invasão de espiritualidade, quando movimentos e manifestações espiritualistas se sucederam pelo mundo, a partir de meados do séc. XIX, merece análise do espírito Alex Zarthú. Ele explica por que o período é um marco na história espiritual do planeta, segundo a profecia bíblica (cf. Dn 8:13-14; 9:25): "Contando-se a partir dessa data [da ordem para restaurar os muros de Jerusalém, em 457 a.C.], os 2.300 dias-anos nos levam até o ano de 1843, e daí à segunda metade do século XIX, quando as vozes dos céus, através da mediunidade, começaram a despertar a humanidade para a realidade espiritual" (PINHEIRO, Robson. Pelo espírito Alex Zarthú. *Gestação da Terra*: da criação aos dias atuais: uma visão espiritual da história humana. Casa dos Espíritos, 2022. p. 321. 2ª ed. Belo Horizonte).

do em escala global.

"A Europa, após as duas grandes guerras do século xx, foi o primeiro continente na história recente do mundo a passar por reurbanizações profundas. Eis que os preparativos para tal readequação foram postos em ação tão logo o ambiente psíquico do Velho Mundo apresentou saturação mental suficientemente complexa para merecer ação mais drástica e higienizadora. Realizou-se uma espécie de mapeamento das zonas mais ínferas da psicosfera europeia, a fim de que os guardiões pudessem auxiliar na remoção das cargas tóxicas, na limpeza extrafísica dos antros de dor e sofrimento existentes no ambiente umbralino correspondente, então marcado profundamente pelo duro panorama pós-guerra. Aquele continente serviu como laboratório para os espíritos se prepararem para a reurbanização geral, que, a partir desta nossa assembleia, estabelece-se de modo mais intenso, em esfera global, como já anunciou o emissário do Alto."

A resposta de Anton foi tão precisa e detalhada já nesta primeira pergunta que resolvi não deixar margem para outro espírito, adiantando-me, estimulado por sua resposta.

– Mas qual foi exatamente o momento em que começaram as experiências de reurbanização e como ela afetou o mundo dos viventes, dos encarnados?

Sei que outros espíritos também queriam perguntar, pois muitos levantaram a mão, embora o silêncio permanecesse entre a multidão. Anton não se fez de rogado, provavelmente lançando mão de alguma dose de compreensão diante de minha curiosidade. Prosseguiu sem titubear:

– Quando o ambiente espiritual europeu começou a ser reurbanizado? Foi exatamente logo após a lamentável Segunda Guerra Mundial. Aquele momento grave da história exigiu que não mais adiássemos o processo de higienização extrafísica, a fim de albergar a massa numerosa de seres que abandonavam os corpos físicos de forma repentina, e em grandes lotes.

"Na verdade, as mortes nos campos de batalha, decorrentes dos combates propriamente ditos, e o vasto contingente que pereceu em toda parte onde a mão do terror alcançou acabaram por causar, também, outro fenômeno. Foi necessário lidar não apenas com o volume de espíritos desencarnados subitamente, mas igualmente com a liberação de uma cota monumental de ectoplasma, carregada de dor e sofrimento em níveis verdadeiramente impressionantes. Considerem o quadro da ocasião: o plano extrafísico se viu inundado por uma dose sem precedentes daquela poderosa energia de natureza animal, em curto espaço de tempo, despejada com máxima saturação de emoções como ultraje, horror e revolta. Isso trouxe gravíssimas consequências às comunidades extrafísicas, como era de se esperar. Por isso, os guardiões superiores decidiram por executar a reurbanização tão logo possível, antes mesmo do fim dos combates e da rendição dos derrotados. Era urgente dispersar a carga tóxica emitida pelos espíritos que aportavam em nossa dimensão trazendo as criações mentais de seu psiquismo em profundo desequilíbrio, aliada à imensa quantidade de ectoplasma acumulada e exsudada no furacão da guerra.

"Enfim, nosso trabalho começou timidamente nos primeiros anos da década de 1940, intensificou-se após as rendições de 1945, porém foi somente nos meados da década de 1970 que as ações de reurbanização do velho continente tiveram seu apogeu."

E respirando profundamente, enquanto as imagens dos guardiões em todo o continente eram exibidas em torno de nós, Anton prosseguiu:

— Como tivemos de fazer uma limpeza profunda nos ambientes subcrustais, esvaziando redutos de dor, antros nos quais se reuniam espíritos em estados lamentáveis e laboratórios onde se levavam a cabo experiências desumanas, o mundo físico logo sentiu a repercussão desse processo. Os espíritos encaminhados para reencarnar após permanência relativamente curta na erraticidade traziam, impregnados no próprio perispírito, os elementos extrafísicos dos ambientes de insalubridade energética e espiritual onde viviam. Logo que amadureceram em novos corpos físicos, materializou-se no panorama mundial o liberalismo sexual dos anos 1960 a 1970, e, na década seguinte, devido a esses mesmos fato-

80

res associados a outros de ordem moral, a Terra conheceu o HIV, que surgiu como consequência direta do esvaziamento das furnas umbralinas. Corpos espirituais impregnados de variedades de vírus, larvas e bactérias advindas do astral inferior ocasionaram o desenvolvimento de novas enfermidades naqueles corpos físicos aos quais se associavam na nova encarnação, antes pouco conhecidas pelo homem terreno. Esse é apenas um entre muitos eventos que não passam de repercussão do processo de reurbanização e higienização dos ambientes astralinos, vista em corpos físicos, na sociedade e em outros segmentos da vida humana no mundo.

Um espírito, agora se adiantando a mim, indagou Anton, embarcando no tema que desenvolvi:

– Sabemos que não é fácil, nem mesmo para os espíritos superiores, agir em ambientes tão materializados como aqueles encontrados nas regiões inferiores. Diante de uma mudança tão intensa no plano astral da Europa, dos desafios de reurbanizar as cidadelas e redutos infelizes, qual foi o combustível ou o tipo de fluido utilizado pelos guardiões para dinamizar essas mudanças tão radicais na aparência e na estrutura desses locais, onde antes havia concentração de seres em sofrimento ou seres voltados para o mal?

As imagens que se passavam em torno de nós modificaram-se totalmente. Anton projetava agora as modificações mais estruturais dos planos adjacentes à Crosta e o trabalho pormenorizado dos guardiões sobre os elementos imponderáveis da natureza. Eram imagens belíssimas, talvez provenientes da memória espiritual do guardião.

– Quando tivemos de enfrentar o ambiente insalubre das regiões infelizes e modificar-lhe tanto a estrutura etérica quanto a astral, à época utilizamos o combustível que tínhamos em maior quantidade, ou seja, aproveitamos a tremenda cota de ectoplasma disponível. Empregamos o recurso energético exsudado pelos próprios encarnados e recém-desencarnados, transformado e canalizado adequadamente, como elemento de modificação da paisagem e da atmosfera espiritual, das construções e das criações fluídicas encontradas nas regiões mais densas do astral.

"Não poderíamos desperdiçar a quantidade abundante de ectoplasma e de energia psíquica, mental e emocional despejada por aqueles que abandonavam a vestimenta física. Caso a deixássemos no plano astral ou etérico, sem interferir, muito provavelmente seria usada por cientistas e magos negros, voltando-a contra a própria humanidade. Mesmo diante de toda essa ação, não conseguimos extinguir completamente o material denominado *energia consciencial*, que é a união dos componentes ectoplásmicos com o produto do psiquismo humano; assim, nem tudo foi aproveitado para uso superior. No entanto, a maior parte, tanto da energia consciencial quanto do ectoplasma dos espíritos recém-desencarnados, foi usada pelos guardiões, aproveitada durante a higienização em larga escala no mundo extrafísico.

"A título de exemplo, o célebre vale dos suicidas, que ganhou notoriedade nas páginas de romances espíritas,[3] foi totalmente reformulado, higienizado e reurbanizado. No lugar do vale de sofrimento e expurgo, construíram-se hospitais, postos de socorro, escolas de educação do espírito e outras tantas instituições, onde hoje são acolhidos, abrigados, reeducados e instruídos aqueles que atentaram contra a própria vida. Ou seja, o chamado umbral ou plano astral está esvaziando-se e sendo gradualmente reurbanizado, a fim de abrigar comunidades mais esclarecidas, evoluídas e progressistas."

A resposta de Anton deu o que pensar. Se na própria Terra, onde vivem os encarnados, há inúmeras iniciativas de progresso – as favelas são urbanizadas, redutos onde se reúnem marginais e dependentes químicos são revitalizados e remodelados, construindo-se ali escolas, moradias, espaços culturais e outros tipos de instituições de ajuda comunitária –, que dizer então do plano extrafísico? Afinal, trata-se de uma dimensão em que contamos com elementos riquíssimos, com o poder do pensamento e da vontade para movimentar a matéria de propriedades mais ou menos maleáveis, além de diversos recursos tecnológicos capazes de modificar a paisagem

---

[3] Cf. "O Vale dos Suicidas". In: PEREIRA, Yvonne. *Memórias de um suicida*. 7ª ed. Rio de Janeiro: FEB, 2009. p. 19-37, cap. 1.

nem sempre animadora dos planos inferiores. Ante a exposição do guardião superior, lembrei-me dos comentários de Allan Kardec em *O livro dos médiuns*, quando fala do laboratório do mundo invisível.[4]

Outro espírito chamou a atenção perguntando, em sintonia com o tema tão palpitante:

– Os guardiões, nessa época de transição do continente Europeu, trabalharam sozinhos ou tiveram alguma ajuda, formando parceria com outros espíritos? Pergunto isso por considerar a tarefa de reurbanização tão desafiadora que não vejo possibilidade de serem feitas tantas transformações sem contar com ajuda externa.

Novamente modificou-se a projeção mental em torno de nós e vimos diversas luzes vindo de fora do planeta, bem como da sua superfície, partindo na direção de outras luzes, que representavam os guardiões. Apontando algo na projeção, Anton explicou:

– Nada se faz sozinho no universo. Se a própria Terra tem de passar por transformações tão profundas, nada melhor do que firmar parcerias com seus próprios habitantes encarnados que estejam num estágio evolutivo de mediana qualidade. Desse modo,

---

[4] "Os objetos que o Espírito forma têm existência temporária, subordinada à sua vontade, ou a uma necessidade que ele experimenta" ("Do laboratório do mundo invisível". In: KARDEC, Allan. *O livro dos médiuns ou guia dos médiuns e evocadores*. 1ª ed. esp. Rio de Janeiro: FEB, 2005. p. 198, item 129).

entre tantas parcerias que estabelecemos a fim de promover a reurbanização do continente europeu e, ao mesmo tempo, exercitar-nos para a reurbanização em escala planetária, chamamos os amigos encarnados a colaborar, por meio do desdobramento.[5]

"Recrutamos naquela ocasião espíritos que julgamos terem mais condições de nos auxiliar, como ocorre neste exato momento, porém agora numa escala bem maior. É claro que, como agora, tivemos de selecionar o tipo psíquico que iria trabalhar conosco. De modo geral, quem quer que estivesse envolvido com disputas religiosas, intentando provar que seu ponto de vista sobre a vida espiritual era mais acurado que o dos demais, excluía-se a si próprio da tarefa. É como o Evangelho relata, numa parábola em que são convidados os estropiados, os pobres, os famintos e aqueles que estavam nas ruas para o festim das bodas.[6] Tivemos de contar não com os que se consideravam mais indicados ou merecedores, nem com os que se julgavam mais preparados ou capazes – até

---

[5] Está em Kardec a fundamentação da *mediunidade sonambúlica* ou *sonambulismo*, expressão com a qual a codificação espírita denomina o fenômeno atualmente conhecido como *desdobramento* ou *projeção da consciência* (cf. "Da emancipação da alma". In: KARDEC. *O livro dos espíritos*. Op. cit. p. 274-303, itens 400-455).

[6] "Então o dono da casa, indignado [pela escusa dos primeiros convidados], disse ao seu servo: Sai depressa pelas ruas e bairros da cidade, e *traze aqui os pobres, os aleijados, os cegos e os mancos*. Disse o servo:

porque esses se esquivaram –, mas com aqueles que não temiam trabalhar, que tomaram do arado para arar a terra, pois a tarefa era por demais desafiadora.

"A maioria dos espíritos que nos auxiliaram nas tarefas de higienização e reurbanização da Europa, tanto os encarnados, em desdobramento, como os desencarnados, era composta por aqueles que denominamos portador de efeitos de contato, de carisma ou de magnetismo, aptidões desenvolvidas em outras experiências reencarnatórias. Era gente capaz de mobilizar seu carisma e influenciar a turba de almas perturbadas, em sofrimento nas regiões infelizes. Lançando mão do tônus magnético e do carisma de que dispunham, trabalhariam influenciando grande número de espíritos fixados no umbral europeu – naquele momento histórico, os mais necessitados de uma intervenção espiritual intensa, qual cirurgia dolorosa –, no intuito de acomodá-los em novos ambientes culturais, em novos corpos físicos que assumiriam ao redor do mundo. Afinal, após tanta dor e amargura, vinha a calhar uma mudança de ares, de contexto cultural e espiritual.

"Precisávamos que esses nossos parceiros já tivessem desenvolvido razoável senso de responsabilidade para com a humanidade e também com as co-

---

Senhor, está feito como mandaste, mas ainda há lugar. Então disse o senhor ao servo: Sai pelos caminhos e *valados e força-os a entrar*, para que a minha casa se encha" (Lc 14:21-23. Grifos nossos).

munidades em sofrimento, que na ocasião estavam, prioritariamente, em 'solo' europeu. Como não se tratava de efetivar uma conversão religiosa dos espíritos umbralinos, mas de despertar sua consciência espiritual, vimo-nos forçados a deixar de lado boa parte dos adeptos religiosos, sobretudo entre encarnados. Presos às disputas por um lugar no céu, antes de mais nada pretendiam fazer adeptos e prosélitos, o que nos levou a buscar pessoas que, uma vez desdobradas, conservassem a consciência relativamente madura e voltada para as questões de âmbito mundial. Nós as encontramos entre aqueles que se dedicavam a tarefas humanitárias, movidos mais pelo sentimento de solidariedade do que por um vínculo religioso. E, como é comum acontecer, a maioria não se lembrava, ao regressar ao corpo físico, das atividades com que se envolveu enquanto desdobrada, na dimensão do espírito. Mas isso era o que menos importava para nós, guardiões."

Os esclarecimentos trazidos por Anton nos mostraram o motivo de o chamado ser endereçado a todos os homens de boa vontade. Após sua explicação, compreendi as razões que levavam a justiça sideral a reunir tantos espíritos, de procedências tão distintas e de diversas formações culturais, a fim de cooperar no serviço de seleção, higienização e reurbanização de todo o planeta, e não mais de um continente, apenas. Era preciso enfrentar determinado desafio, em particular. Não havia como espíritos de formação cultural ocidental, por exemplo, atuar, influenciar e movimentar recursos na realidade astral de características orientais. Faltam elementos de conexão, de sintonia; faltam identificação e familiaridade. Isso ilustra por que a convocação do administrador planetário se dirigia a todos os seres, de todas as latitudes, e não somente aos que se afeiçoam à interpretação do Evangelho segundo a tradição ocidental, como o cristão médio talvez estivesse inclinado a acreditar. Essa é a razão pela qual vi comparecerem à reunião representantes "de todas as nações, tribos, povos e línguas",[7] como declarou o livro profético. Meus pensamentos voavam, agora que compreendia a sabedoria do ser extrafísico que nos convocou para o trabalho.

Anton, dando prosseguimento ao seu pensamento, continuou:

– Durante o ápice do processo, por mais de 10 anos consecutivos, noite após noite e dia após dia, de ambos os hemisférios partiam seres encarnados e desencarnados dotados de razoável amadurecimento para a tarefa. Formavam verdadeira legião de trabalhadores, volitando, como voluntários, por dias, meses e anos em sequência, sem interrupção, dedicando as habilidades ao trabalho. Como parceiros, os encarnados em desdobramento colocavam-se a serviço dos comandos de guardiões, sendo adestrados

[7] Ap 7:9.

para suportar o impacto vibratório das regiões inferiores, travando contato com as formas-pensamento altamente tóxicas, e muitas vezes destrutivas, geradas nos dois lados da vida. Forjaram o caráter e a resistência nesse contato diuturno, dia a dia, ano a ano, e tornaram-se colaboradores efetivos, embora invisíveis aos olhos comuns, no extraordinário processo de modificação do panorama extrafísico terrestre.

"O trabalho hercúleo que tínhamos pela frente só foi possível, em grande medida, graças ao auxílio de milhares de seres encarnados em desdobramento, que foram nossos aliados – muitos dos quais, muitos mesmo, nem sequer eram religiosos, tampouco espiritualistas ou espíritas. Aliás, quando retomavam o corpo físico, em vigília, grande parte nem ao menos acreditava em espíritos ou tinha qualquer noção da vida espiritual. Fora do corpo, no entanto, eram nossos verdadeiros aliados, parceiros de imenso valor, aos quais somos eternamente gratos. Mesmo passados todos esses anos após o encerramento daquela etapa de reurbanização astral do continente europeu, esses seres continuam conosco, alguns já desencarnados e outros ainda no mundo físico, mas trabalhando, desta vez no processo maior de separação dos peixes bons e ruins da alegoria bíblica,[8] ou

---

[8] "O reino dos céus é semelhante a uma rede lançada ao mar, a qual apanha toda espécie de peixes. Estando ela cheia, puxam-na para a praia e, assentando-se, escolhem os bons para os cestos; os ruins, po-

seja, na higienização geral do mundo."

Outro espírito, agora ligado às tarefas da mediunidade, desdobrado em nosso plano indagou ao guardião:

– Pode-se afirmar que o período de reurbanização extrafísica da Europa já foi concluído? Ou o Velho Mundo deverá ser submetido novamente a outro processo semelhante, junto com o restante do globo?

Sem pestanejar, Anton respondeu a pergunta, expondo o assunto de forma notável:

– A reurbanização levada a cabo na Europa a partir da década de 1940 e, mais intensamente, nos anos 1960 e 1970 foi um trabalho necessário, porém circunscrito ou limitado, motivado essencialmente pela carga tóxica acumulada após as grandes guerras. A verdade é que, naquela época, ensaiávamos, remediávamos uma situação específica, por assim dizer. Agora, no tempo determinado pela Providência, todos, absolutamente todos os recantos da Terra passarão pela higienização de forma mais ampla e acentuada. E mais: isso se dará em todos os níveis dimensionais, sem exceção, coisa que não ocorreu à época da experiência europeia. Outra diferença desta nova oportunidade é o tratamento dispensado aos espíritos que ainda não atingiram certo patamar de maturidade espiritual: eles serão transferidos para

rém, lançam fora. Assim será na consumação do século. Virão os anjos e separarão os maus dentre os justos" (Mt 13:47-49).

esferas próximas à Terra, onde aguardarão o chamado julgamento, isto é, a identificação energética para serem deportados a outros orbes.[9]

E respirando fundo, mostrando as imagens mentais do que queria dizer, o guardião prosseguiu, com ênfase:

— Mas não pensem que o evento que denominamos seleção, higienização ou expurgo planetário ocorrerá em apenas alguns anos; não é assim que se processa. O tempo exato em que se consumará o degredo só o Pai o conhece.[10] Recebemos, apenas, ordens superiores para trabalhar, e ainda temos muito a fazer. O processo de identificação e seleção ocorre primeiro no plano extrafísico, entre os espíritos não reencarnantes, ou seja, aqueles que já se definiram

---

[9] "Tendo que reinar na Terra o bem, necessário é sejam dela excluídos os Espíritos endurecidos no mal e que possam acarretar-lhe perturbações. Deus permitiu que eles aí permanecessem o tempo de que precisavam para se melhorarem; mas, chegado o momento em que, pelo progresso moral de seus habitantes, o globo terráqueo tem de ascender na hierarquia dos mundos, interdito será ele, como morada, a encarnados e desencarnados que não hajam aproveitado os ensinamentos que uns e outros se achavam em condições de aí receber. Serão exilados para mundos inferiores (...). Essa separação, a que Jesus presidirá, é que se acha figurada por estas palavras sobre o juízo final [cf. Mt 25:31-34,41]" (KARDEC. *A génese...* Op. cit. p. 504-505, cap. 17, item 63).

[10] "Porém, a respeito daquele dia e hora ninguém sabe, nem os anjos do céu, nem o Filho, mas unicamente o Pai" (Mt 24:36).

espiritualmente e que não mais poderão reencarnar no planeta Terra. É claro que este trabalho exaustivo, realizado por guardiões experientes, não é algo que se resolva num passe de mágica.

"Para começar, deve-se identificar o perfil ou tipo psíquico de cada espírito envolvido, levando-se em conta vibração, sentimentos, aptidões e necessidades de aprendizado. Somente essa etapa é tarefa que pode se estender por dezenas de anos, uma vez que há uma expressiva quantidade de seres que desde já se encontram na psicosfera próxima da Terra, em ambiente espiritual compatível com seu estado íntimo, psíquico, aguardando seu destino. Depois, durante os eventos que serão desencadeados na esfera física, será hora de identificar, na massa de recém-desencarnados, quais terão condições de permanecer no orbe terreno. Igualmente, devem ser selecionados de acordo com as necessidades de aprendizado tanto da comunidade terrestre quanto dos próprios envolvidos. A partir dessa etapa, serão encaminhados a locais do planeta onde se farão mais úteis, nos primeiros momentos de reorganização da civilização.

"Concomitantemente, e mesmo após a conclusão desse processo, os encarnados que permanecerem no mundo terão as consciências desafiadas, com valores e ideais postos à prova, independentemente de religião, filosofia ou estágio consciencial a que chegaram.

"Enquanto isso, é como dizem as Escrituras: 'o povo vivia comendo e bebendo, casando-se e dando-se em casamento',[11] ou seja, a vida transcorre com o máximo de naturalidade, ao passo que, nos bastidores, intensa movimentação está em andamento, visando aos preparativos para a era nova que se instalará."

A fala de Anton parecia esclarecer muitas dúvidas, para as quais ainda não haviam sido elaboradas as devidas perguntas. E, como nosso grupo permaneceu em silêncio por algum tempo, o guardião continuou a desenvolver seu pensamento:

– Podemos ter uma ideia do que ocorrerá em escala mundial apenas observando o que aconteceu nas reurbanizações da Europa no século xx. Primeiramente, o candidato à relocação era direcionado à comunidade extrafísica do continente onde deveria renascer, a fim de estabelecer contato com a cultura e o modo de vida do país que lhe havia sido designado. Antes dessa etapa, porém, havia uma fase preparatória. Muitas comunidades socorristas foram erguidas naquela época, visando abrigar o alto número de espíritos submetidos à relocação, isto é, transferidos do ambiente espiritual que lhes era familiar; no caso, o europeu. Somente depois de um período nessas comunidades é que efetivamente eram con-

---

[11] Mt 24:38 (BÍBLIA de referência Thompson. Nova Versão Internacional (NVI). São Paulo: Vida, 1995).

duzidos e imersos em novo contexto social, físico e energético, cuja escolha se dava segundo o critério de *grupos cármicos semelhantes*, como se pode dizer. Sendo assim, é importante notar que os casos não foram analisados separadamente, um a um, uma vez que os indivíduos evoluem, aprendem e estagiam em grupos de semelhança evolutiva aos quais damos o nome de *grupos-carma*.

"Também nesse aspecto podemos vislumbrar o que ocorrerá em âmbito mundial, a partir do que se deu à época. A Providência Divina não localizará os espíritos a serem degredados da Terra num único ambiente astral ou planetário, sem levar em conta as necessidades de aprendizado individuais. É claro que, juntamente com a justiça, a misericórdia de Deus preside este projeto global. A seleção realizada pelos guardiões visa exatamente identificar os grupos-carma e as respectivas necessidades de aprendizado, para então transportá-los cada qual ao ambiente apropriado, onde haverá circunstâncias favoráveis ao aprendizado. Enfim, o tratamento é adequado ao estado íntimo de cada espírito, porém dentro do grupo de afinidades correspondente."

Enquanto as imagens eram projetadas em nosso entorno, Anton parecia inflar-se ao falar desses eventos, e o fazia de maneira tão clara que, para nós, era como se o guardião se transfigurasse a cada etapa do pronunciamento.

– No Velho Mundo – prosseguiu –, classificamos

alguns grupos-alvo como prioritários para o relocamento noutros continentes e, por conseguinte, noutros ambientes espirituais. Entre eles, os que engessaram a consciência nas atitudes e nos comportamentos antiéticos foram os principais candidatos à readaptação num contexto social, cultural e espiritual diferente. Entretanto, não podemos ignorar que esse relocamento, apesar de ter sido uma oportunidade para esses espíritos se reeducarem ou refazerem a história de vida, foi também um risco inevitável para as comunidades dos países que os receberam. Eis que, consumada a transferência socioespiritual e energética, vimos renascer os antigos verdugos do povo europeu, então como guerrilheiros, ditadores e seus aliados, que marcaram a vida dos continentes para onde o processo de reurbanização os levou. Esse fato determinou que tais espíritos, agora renitentes, não mais reencarnariam na Terra, pois não foi a primeira vez que faliram a ponto de arrastar multidões ao sofrimento e à dor. Antigos reis e tiranos, detentores do poder até a Primeira Guerra, assim como políticos daquele contexto neocolonial, que contribuíram decisivamente para a culminância nos sangrentos conflitos mundiais, uma vez renascidos noutros locais do planeta apenas ressuscitaram antigos métodos e regimes, na forma tanto da guerrilha e do terrorismo quanto das ditaduras mais desumanas que o mundo contemporâneo conheceu, como as que assolaram a América Latina no século XX.

Eram muitas informações, algumas como jamais tínhamos visto ou ouvido. Na verdade, a visão mais ampla do que ocorreu na Europa, com a descrição feita por Anton – que revelava o pano de fundo espiritual preponderante dos acontecimentos –, clareou para nós uma série de dúvidas a respeito do que ocorrera na história recente, além de esboçar o que estava prestes a manifestar-se num âmbito maior, em proporções mundiais. Sinceramente, eu nunca tinha ouvido nada que chegasse perto do nível de detalhamento e na dimensão que Anton nos transmitia; uma análise tão ampla e rica. Somente naquele momento entendi o verdadeiro significado e a magnitude do chamado dos espíritos superiores, as inúmeras e profundas implicações dos acontecimentos anunciados, assim como pude compreender a presença de almas tão comprometidas com o bem da humanidade naquela reunião da qual participávamos.

Vimos desfilar diante de nossos olhos espirituais os momentos intensos que o guardião descrevera. As imagens não poderiam ser mais precisas nem mais coloridas, mostrando, em perspectiva tridimensional, todos os elementos envolvidos. E, como eu já disse, não sei precisar o que maior efeito produziu em nossas mentes, se as palavras de Anton ou as imagens projetadas. Sem contar que havia duas fontes ou tipos de imagem: aquelas à nossa volta e as que eram transmitidas por via telepática, de mente a mente, e que por isso mesmo se fixavam em nossa memória espiritual. Era como se participássemos de um curso completo e intensivo sobre reurbanização e relocamento extrafísico. Não havia como esquecer o que ouvíamos, víamos e sentíamos.

Em meio ao turbilhão de pensamentos, um amigo encarnado e parceiro nosso em atividades diversas resolveu perguntar, tirando-me das reflexões:

– Esse trabalho desenvolvido por vocês na Europa, sendo a primeira vez que ocorria na história recente do nosso mundo, foi supervisionado por alguém mais experiente ou simplesmente os guardiões foram aprendendo sozinhos, conforme a necessidade?

Parecia que o assunto proposto na interrogação de nosso amigo requeria certa cautela na exposição. Anton assumiu uma postura diferente, embora respondesse com a mesma boa vontade e transparência de sempre.

– Na verdade, meus amigos, fomos todos auxiliados diretamente por espíritos de outros mundos, os chamados extraterrestres.[12] No intuito de colaborar, estavam a postos outras comunidades, de orbes da mesma família sideral à qual pertence a Terra. A

---

[12] "Na casa de meu Pai há muitas moradas" (Jo 14:2). "A casa do Pai é o Universo. As diferentes moradas são os mundos que circulam no espaço infinito e oferecem, aos Espíritos que neles encarnam, moradas correspondentes ao adiantamento dos mesmos Espíritos" (KARDEC, Allan. *O Evangelho segundo o espiritismo*. 1ª ed. esp. Rio de Janeiro: FEB, 2005. p. 83-84, item 2).

melhor maneira que encontraram para nos ajudar foi desempenhando o papel de professores, por assim dizer, uma vez que já enfrentaram situações semelhantes em seus mundos de origem. Em razão disso, detinham experiência com os processos de reurbanização. Ainda hoje os guardiões superiores contam com o apoio de diversas comunidades extrafísicas de outros planetas em nossa base principal. Eles compartilham experiências e amparam-nos nos desafios enfrentados com a seleção, identificação e reunião dos grupos cármicos semelhantes. Sem essa benéfica intervenção, teríamos muito mais trabalho e por muitos séculos a mais do que o necessário.

"Vale recordar os relatos bíblicos acerca dos 24 anciãos que se reuniam diante do trono do Cordeiro e foram analisar os espíritos ou almas dos que viveram na Terra.[13] Esses seres dos outros mundos, que nos auxiliaram no processo de seleção na Europa e continuam a nos ajudar agora, em um âmbito global, são os anciãos, os mais antigos ou mais experientes nesse processo que ora vivemos em nosso mundo.[14]

"Muitos desses seres do espaço, peritos nas técnicas de transmigração entre mundos tanto quanto nas patologias dos corpos energéticos – perispirituais e mentais –, constituem-se em verdadeiros

---

[13] Cf. Ap 4:4-10; 5:11.

[14] O espírito Estêvão apresenta interpretação semelhante a esta, desenvolvendo-lhe os pormenores (PINHEIRO. *Apocalipse*. Op. cit. p. 69-76).

parceiros para nós, guardiões, ao desempenharmos o papel que nos cabe naquilo que classificamos como amadurecimento energético do planeta. No tocante às patologias dos corpos espirituais degenerados ou em processo de degeneração, característicos daquelas almas largamente comprometidas, que serão deportadas, é notável, então, o conhecimento pormenorizado que esses representantes de outros mundos detêm. Sabem tanto a respeito porque já passaram pelo mesmo momento evolutivo em suas comunidades planetárias, e é isso que os credencia a prestar tão importante auxílio, atuando como parceiros conscientes e competentes perante nossa necessidade de capacitarmo-nos a participar mais e mais ativamente do juízo geral[15] que está em andamento."

Anton encerrou o assunto da ajuda alienígena sem dar mais tempo a perguntas a respeito. Com efeito, não ignorava quanto esse tema levantava os ânimos e poderia nos afastar do objetivo da discussão. Assim sendo, prosseguiu como antes, conferin-

---

[15] "Segundo essa interpretação [espírita], não é exata a qualificação de *juízo final*, pois que os Espíritos passam por análogas fieiras a cada renovação dos mundos por eles habitados, até que atinjam certo grau de perfeição. Não há, portanto, *juízo final* propriamente dito, mas *juízos gerais* em todas as épocas de renovação parcial ou total da população dos mundos, por efeito das quais se operam as grandes emigrações e imigrações de Espíritos" (KARDEC. *A gênese...* Op. cit. p. 507, cap. 17, item 67).

do maior brilho à sua fala ao abordar o assunto principal, que mais de perto se relacionava ao motivo de nossa reunião.

– Uma coisa devemos ter em mente durante os trabalhos intensos que aguardam a todos: o destino que terão os espíritos selecionados pela Providência Divina, e quais dentre eles serão mais especialmente o alvo de nosso trabalho. Quando determinado espírito sofre o processo de relocamento, e por impositivo da lei é forçado a deixar o ambiente espiritual que lhe é familiar, visando à fixação reeducativa em lugar que lhe é estranho, eis que haverá basicamente três destinações principais a lhe apresentar.

"Primeiramente, poderá ser levado ao renascimento compulsório, o que se dará tão logo possível. É o que sucedeu com os habitantes do continente europeu à época do mencionado ensaio de reurbanização, durante o século XX. Grande parte renasceu nas Américas do Sul e Central, outros foram conduzidos a certos países da África e da Ásia, embora a este continente em proporção menor, e particularmente na Índia. De todo modo, a maioria reencarnou na África e na América do Sul. São casos em que se requer imersão *imediata* em novos corpos físicos, e, portanto, não há como o espírito escolher qual grupo comporá sua nova família espiritual. Afinal, trata-se de uma reencarnação programada de acordo com as necessidades de aprendizado e reeducação, e completamente administrada pela lei, devido ao grande número de equívocos cometidos no passado e registrados em suas consciências. Processos desse gênero são somente *supervisionados* pelos guardiões e espíritos familiares, uma vez que não nos é dado interferir na equidade da lei, que leva cada um a experimentar os resultados das próprias escolhas.[16]

"Em segundo lugar, o sistema educacional extrafísico é o destino dos espíritos relocados. Nessa hipótese, os espíritos submetidos a esta medida são encaminhados a cidades, colônias ou comunidades astrais no próprio planeta, em dimensões que lhe sejam compatíveis. Também houve indicações assim

---

[16] É largamente difundido entre adeptos do espiritismo o conceito de que os espíritos, regra geral, escolhem "o gênero das provações" a que serão submetidos em sua própria reencarnação (cf. KARDEC. *O livro dos espíritos*. Op. cit. p. 216-226, itens 258-273). Entretanto, é bastante comum que se deixe de atentar para as ressalvas subsequentes a essa revelação, feitas pela falange do espírito Verdade nas respostas que dão a Allan Kardec. Questionada sobre como conferir poder de escolha a quem é imaturo, diz: "Deus lhe supre [ao homem] a inexperiência, traçando-lhe o caminho que deve seguir, como fazeis com a criancinha. Deixa-o, porém, pouco a pouco, à medida que o seu livre-arbítrio se desenvolve, senhor de proceder à escolha" (ibidem, p. 219, item 262). Adiante, o texto é mais incisivo: "Todavia, [Deus] *pode impor certa existência a um Espírito*, quando este, pela sua inferioridade ou má vontade, não se mostra apto a compreender o que lhe seria mais útil, e quando vê que tal existência servirá para a purificação e o progresso do Espírito" (idem, item 262A. Grifo nosso).

entre os espíritos advindos da Europa, após as guerras mundiais, a fim de que procedessem à revisão dos ideais e valores que abraçaram, e do próprio caráter, em última análise. Somente depois dessa etapa é que puderam renascer no planeta Terra, nos casos em que isso ainda era possível.

"Processo semelhante se verifica com os espíritos que hão de ser retirados do ambiente espiritual do nosso mundo, partindo para outros orbes. Como é de se imaginar, não renascerão automaticamente, sem antes passarem por algum movimento que objetiva a mínima adaptação ao panorama psíquico, emocional e espiritual das comunidades aonde serão levados. É essa a terceira alternativa, isto é, a mudança de endereço planetário, conhecida também como transmigração planetária.[17]

"Convém levar em consideração algo de vital

[17] "Predita foi a transformação da Humanidade (...). Essa transformação se verificará por meio da encarnação de Espíritos melhores, que constituirão na Terra uma geração nova. Então, os Espíritos dos maus, que a morte vai ceifando dia a dia, e todos os que tentem deter a marcha das coisas *serão daí excluídos*, pois que viriam a estar deslocados entre os homens de bem, cuja felicidade perturbariam. *Irão para mundos novos, menos adiantados*, desempenhar missões penosas, trabalhando pelo seu próprio adiantamento, ao mesmo tempo que trabalharão pelo de seus irmãos ainda mais atrasados. Neste banimento de Espíritos da Terra transformada, não percebeis a sublime alegoria do Paraíso perdido (...)?" (Ibidem, p. 580, item 1019. Pelo espírito São Luís. Grifos nossos).

importância. Se a solução para certos espíritos é o degredo do orbe e a consequente relocação noutras comunidades do universo, é porque já passaram por todas as etapas prévias a esta medida e esgotaram a totalidade dos recursos reeducativos e reencarnatórios possíveis no ambiente terrestre.[18] Talvez o expatriamento soe como providência drástica, mas não é, em nenhuma hipótese, descabida ou fruto de destempero. Já o dissemos antes: a justiça divina não é jamais dissociada da misericórdia. Em termos gerais, só serão expatriados ou sofrerão a transmigração aqueles que passaram por absolutamente todos os níveis de tentativa de reintegração no mundo original. É preciso registrar, porém, que também serão expatriados alguns benfeitores que pediram para acompanhar os renitentes, visando auxiliar os grupos cármicos – conforme explicamos, compostos por indivíduos com necessidades parecidas.

"Essas almas que esgotaram os recursos da escola terrestre renascerão compulsoriamente em mundos onde as comunidades de espíritos primitivos cultivem valores semelhantes, senão iguais aos dos grupos de seres relocados, inclusive com as perturbações e posturas antiéticas que lhes são peculiares. E essa é uma questão natural, imposta não como pu-

---

[18] "Deus sabe esperar, não apressa a expiação" (ibidem, p. 219, item 262A). Cf. "Parábola do credor incompassivo" ou "Parábola do servo impiedoso" (Mt 18:23-35).

nição, mas como elemento organizador do sistema de vida de cada mundo. A Terra, como acontece em qualquer lugar, suporta abrigar somente os espíritos situados dentro de determinada faixa de aprendizado, que é oferecida pelo próprio planeta. Atingido o limite máximo de tentativas, ocorre o expatriamento dos seres de comportamento contrário à ética cósmica, que passarão a viver noutras terras, noutras habitações, afinadas à sua natureza e às patologias espirituais que lhes acometem."

E arrematando sua fala, com tantos elementos novos em que pensarmos, Anton deu por encerrado aquele momento de esclarecimento:

– Não podemos esquecer que a justiça divina, através de seus representantes, não reloca inteligências extrafísicas indistintamente. Por isso o processo seletivo, que demora tanto tempo. Observam-se a realidade energética e o nível de entendimento e amadurecimento dos seres em transmigração. Mediante essa avaliação do que chamamos *grau evolutivo*, elege-se o contexto sociocultural para onde serão levados, a fim de evitar situações que lhes embaracem o aprendizado e a reeducação. O chamado juízo, que pode ser entendido como análise do perfil energético e consciencial de cada ser, evita impactos que possam sabotar a nova experiência social e espiritual. Em suma, há um estudo sociológico e antropológico com finalidade educacional e regenerativa, de modo que o grupo cármico de indivíduos seja conduzido exatamente para o local onde exista maior afinidade com seu tipo psíquico-emotivo--energético.

Anton não poderia ser mais claro. E, diante do silêncio da plateia, pude entender que nenhum de nós jamais havia refletido com tanta profundidade e tantos elementos sobre este tema tão importante, urgente, que seria o alvo de nossas atividades a partir de então.

Além do nosso grupo, diversos outros se reuniam em ambientes próximos. Visivelmente interessado, de imediato procurei outro recanto, outro espaço em nossa dimensão onde eu ainda pudesse ouvir algo acerca do que era tratado e comunicado aos demais. Queria especialmente assistir às discussões de certos religiosos, pessoas que na Terra transformaram suas vidas em sinônimo de serviço à humanidade, e ali se misturavam aos espíritos os mais comuns.

Eram espíritos humanos, entre os quais não ouvi vocabulário empolado, tampouco palavras arcaicas ou extravagantes; enfim, não percebi nada que indicasse complicação, mas simplicidade. Em nenhum deles notei qualquer resquício do jargão característico de alguns médiuns ou sacerdotes contemporâneos, de fala comumente afetada e propositalmente distante da linguagem dita mundana. Nem sequer aquela expressão excessivamente mansa e suave, acompanhada pelo discurso pausado em demasia, sobretudo quando se dizem incorporados ou querem mostrar uma humildade que é falsa. Afinal, como exibir ou ostentar humildade sem ser, desde saída, incoerente? Enfim, encontrei naqueles espíritos admiráveis apenas o lado humano, sem os acessórios com os quais muitos médiuns os cobrem e sem a pretendida superioridade ou angelitude imputada a eles por seus intérpretes, que frequentemente tentam pintá-los com atributos que nem eles mesmos advogam para si. Felizmente, os conceitos de espiritualidade do lado de cá são efetivamente diferentes daqueles que religiões e religiosos do planeta com frequência compartilham, achando que revelam elevação espiritual.

Vi Alziro Zarur, visivelmente interessado no futuro das obras sociais e beneméritas do mundo, ao lado de Teresa de Calcutá e Joseph Gleber, que discutiam calorosamente sobre o que ouviam do emissário que ali também se fez presente de alguma forma, transmitindo um conteúdo diferente daquele que ouvimos no ambiente maior. Eurípedes Barsanulfo, junto de Léon Denis e Bezerra de Menezes, pensavam a difusão das ideias espíritas, dentro e fora dos círculos espiritistas. Chico Xavier e Allan Kardec – dois dos maiores representantes do espírito Verdade –, conversavam sobre o futuro da mensagem de renovação espiritual no mundo, na companhia de gente como Irmã Dulce, Menininha do Gantois, W. W. da Matta e Silva, Gandhi, Tolstói, Victor Hugo, Annie Besant, Helena Blavatsky, Gabriel Delanne, Marta Figner e outros mais, considerados luminares do pensamento espiritual da humanidade. Próximo a eles, pude conhecer as médiuns que auxiliaram Kardec na recepção das mensagens dos espíritos, além de uma das irmãs Fox. Uma das coisas mais impressionantes, senão mais instigantes naquele ambiente era a diversidade de seres que se uniam pelo bem da humanidade, sem qualquer traço de indelicadeza ou desrespeito – atitudes comuns, na Terra, entre aqueles que abraçam ideias ou filosofias distintas. Reuniam-se ali pessoas comuns, desprovidas das auréolas de santidade e pureza que os homens lhes conferiam, sem nenhuma cerimônia e muito menos *status* de celebridade, santo ou personalidade venerável.

Infelizmente, não consegui acompanhar todas as questões propostas naquele ambiente, pouco distante de onde anteriormente escutamos o guardião Anton. Desta vez, estava à frente da assembleia de espíritos uma emissária de regiões superiores transfigurada na aparência de criança e vestida com trajes que lembravam indumentárias budistas. Ela punha-se a responder perguntas daquela plateia tão diversa da nossa, mas que também se reunia para falar sobre o destino da humanidade. Busquei anotar minuciosamente o que era dito, embora tivesse chegado num momento já perto do final do diálogo. Naquele auditório de espíritos comprometidos com a mensagem cristã, ela constituía o elo entre a plateia e o representante mais alto da hierarquia superior que antes se manifestara entre nós.

Entre tantas perguntas formuladas, das quais captei ainda alguns trechos, um dos espíritos estudiosos da mensagem espírita indagou sobre a natureza do novo mundo, o famigerado mundo primitivo, para onde serão deportados os terrestres que não mais encontrem identidade com o momento evolutivo do planeta. A resposta foi digna de nota:

– O chamado mundo primitivo não é apenas um planeta, senão vários, conforme temos notícia em nossa dimensão – respondeu o espírito transfigurado em criança. – Algumas moradas estão reservadas aos filhos da Terra que irão recomeçar sua trajetória entre as estrelas da imensidade. Na verdade, a classificação de mundo primitivo[19] não guarda relação direta com a natureza boa ou má de seus habitantes. Esses planetas para onde serão transferidos os humanos do planeta Terra representam um novo lar,

---

[19] "Embora se não possa fazer, dos diversos mundos, uma classificação absoluta, pode-se contudo (...) dividi-los, de modo geral, como segue: mundos primitivos, destinados às primeiras encarnações da alma humana; *mundos de expiação e provas, onde domina o mal*; mundos de regeneração, nos quais as almas que ainda têm o que expiar haurem novas forças (...); mundos ditosos, onde o bem sobrepuja o mal; mundos celestes ou divinos, habitações de Espíritos depurados, onde exclusivamente reina o bem. A Terra pertence à categoria dos mundos de expiação e provas" (KARDEC. *O Evangelho...* Op. cit. p. 85, cap. 3, item 4. Grifo nosso).

uma nova oportunidade de trabalho para quem não mede esforços ao lidar com os problemas humanos, assim como um belo campo de aprimoramento intelectual e moral para aqueles que, lá, assumirão papel de referência perante os irmãos de humanidade. Ou seja, serão planetas exultantes de vida, de trabalho, de desafios sublimes, de campo experimental para a inteligência, a alma e o coração humanos. Não consideremos o expurgo algo ruim ou mesmo punição divina; sobretudo o consideremos abençoada ocasião de lutas. Por certo será interpretado por muitos como castigo, principalmente entre os futuros degredados, mas, entre as almas mais esclarecidas, deve ser visto como oportunidade de elevação e ajuda humanitária.

Assim que a entidade terminou sua fala, observei que dois espíritos que estavam no meio da multidão se aproximaram um do outro. Eram Teresa de Calcutá e Joseph Gleber. Olharam-se, como a conhecer em profundidade os pensamentos um do outro, quando Teresa envolveu com seu braço o de Joseph Gleber, num gesto típico de amizade. Espíritos diferentes, de formação cultural diferente, com trabalhos aparentemente em campos também diferentes, mas unidos pelo amor à humanidade. Teresa tomou a palavra, dirigindo-se à emissária superior:

– Queria fazer um pedido especial à nossa mãe Maria de Nazaré – disse Teresa, visivelmente emocionada, enquanto muitos espíritos ao redor olhavam em sua direção, inclusive eu.

– Fale, minha querida filha – disse a entidade criança, iluminando-se toda, com uma luz até então não percebida por mim.

– Sinto que na Terra ficarão almas mais comprometidas com o bem da humanidade que a habitará por longo período; seres já esclarecidos e fiéis aos ideais de Cristo, embora os imensos desafios que enfrentarão para a reconstrução da civilização. Por isso peço, com o amor que me inspira nossa mãe santíssima, que me conceda a oportunidade de ser a primeira a ser levada para o mundo primitivo. Sou uma mulher acostumada com os desafios de meus irmãos mais sofredores, e onde encontrarei maior sofrimento e mais pessoas necessitadas do que entre os deportados? Para mim, será uma honra estar em algum desses mundos, revestida do corpo que a Providência me proporcionar, a fim de receber em meus braços aqueles que sofrem e os oprimidos pelas culpas e remorsos. Disponho-me, como mensageira da escuridão, a acolher aqueles que estarão nas trevas da alma, precisando de apoio, orientação; de um abraço amigo. Enxugarei as lágrimas dos que se acham vencidos, dos que ainda estagiarão na angústia, nos séculos vindouros. Serei para eles a mãe que os abrigará ao colo; intercederei por eles em oração em meio aos pântanos, aos desafios, ajudando-os a cessar o pranto e incentivando-os ao recomeço e à continuidade das tarefas que os aguardam. Não sei viver entre os bons; não sei me portar conforme se espera dos mais evolvidos. Sou apenas uma mulher, um lápis qualquer que almeja ser usado para rabiscar, no papel rasgado das almas humanas, a palavra *amor*. Enfim, quero ser instrumento de Cristo junto aos seus convidados para as outras moradas da casa de nosso Pai.

Antes que a multidão surpresa demonstrasse a emoção que havia contaminado a todos, Joseph Gleber tomou a palavra, emendando a rogativa dirigida ao mensageiro espiritual:

– A mim me cabe cuidar de meus irmãos que precisarão de apoio para sarar suas feridas. Ofereço-me e peço, com todas as forças de minha alma, àquela que representa perante a humanidade a misericórdia divina, emoldurada na forma de mãe, que me conceda a honra de servir no novo mundo, de ser transferido para o novo lar dos homens desterrados, dos filhos de Eva, para ali ajudar os sofredores, curando suas feridas e administrando a medicina espiritual entre os que padecem. Na Terra, permanecerão almas experimentadas e lúcidas entre aqueles de boa vontade, que saberão reconstruir a civilização e as bases de um mundo melhor. Eu me sentirei mais feliz em meio àqueles desafios, entre as sombras dos mundos que servirão de escola abençoada e se constituirão em campo de labor para os degredados. Permita-me a mãe dos desvalidos que eu seja ali um instrumento para aplacar a dor, enquanto meu espírito aprenderá, no novo mundo chamado primitivo, as noções de amor e fraternidade que, segundo minha consciência limitada interpreta, só encontrarei junto a meus irmãos em sofrimento. Saberei intermediar os recursos da Providência Divina para curar as almas em aflição, os espíritos prisioneiros da culpa e as consciências carentes da luz da ciência espiritual, a fim de que despertem para uma nova postura diante da vida. Em resumo, poderei me sentir mais útil entre os que sofrem, uma vez que eu mesmo me vejo profundamente endividado, reclamando ambiente de trabalho mais adequado às minhas necessidades de aprender a amar e servir.

Profundo silêncio se fez em face das duas rogativas, que não foram ignoradas pela emissária de aspecto infantil. Grande número de espíritos ali presentes se surpreendeu com os pedidos de Teresa e Joseph Gleber, e lágrimas desceram dos olhos de muitos, enquanto o silêncio só foi rompido quando uma voz, em meio à luz que descia do alto, fez-se perceptível nas mentes de cada um. Parecia a mesma entidade veneranda que mais cedo se materializara diante da grande multidão, trazendo a proposta do Alto:

– Meus amigos, meus companheiros de trabalho, assim que fizeram suas súplicas, saiu a ordem. Venho aqui em nome da misericórdia daquela que representa na Terra a bondade em forma de mãe. Venho em nome do coração amoroso que recebeu em seu seio o representante das estrelas, Cristo Jesus, nosso Senhor. O pedido de vocês foi aceito e serão meus companheiros pessoais, pois eu mesmo irei também, como representante da justiça divina, conduzir os milhões de espíritos para o novo lar, a nova morada espiritual. Durante os milênios que aguardam as novas experiências dessa parcela da humanidade, vocês serão como estrelas guias na noite dos desafios e obstáculos a serem vencidos nos mundos da imensidade. Maria aceitou a oferta sincera de suas almas.

Sem delonga, a luz sideral diluiu-se uma vez mais, deixando para sempre impressas em nossa memória espiritual as reverberações luminosas da presença elevada daquele que, de acordo com minha interpretação, era nada menos do que Miguel, o príncipe dos exércitos celestes.[20]

Eu não conseguia conter a emoção, assim como centenas de outros espíritos. Não sei por quanto tempo a multidão permaneceu ali, mas eu me retirei, sem mais prestar atenção ao que era perguntado ou respondido. Dirigi-me a outro ambiente, enxugando as lágrimas diante da coragem e da generosidade de Joseph Gleber e de Teresa. Não havia mais o que falar, pois a atitude de ambos falava muito mais alto e calava muito mais fundo do que qualquer discurso.

Tão logo passei a outro ambiente, encontrei políticos, artistas e indivíduos com influência nos meios

[20] Cf. Dn 12:1; Ap 12:7.

de comunicação, com representantes de todas as mídias atualmente exploradas no planeta. Havia também agentes de diversos serviços de inteligência e agências governamentais, tanto encarnados desdobrados quanto espíritos que, na última reencarnação, desempenharam funções semelhantes. Aquele auditório parecia congregar a maior fatia da grande multidão reunida no primeiro momento da nossa conferência. Entre os grupos que eu visitara e ouvira conversas e perguntas, muito embora parcialmente, não vi nenhum outro com número tão elevado de integrantes.

Fui recebido ali por Jamar, que me informou que o conteúdo das discussões dos diversos grupos estaria à disposição posteriormente, na íntegra, para quem se interessasse. Tudo era gravado nas matrizes etéricas e astrais e constituiria material importante para estudo e referência em futuros trabalhos. Mesmo assim, novamente lamentei não ter podido acompanhar todos os pormenores do diálogo travado ali, com a maior das turmas. Pensei então na notícia que Jamar havia me dado, acerca da gravação, e tranquilizei-me, decidindo estudá-las oportunamente.

A surpresa ficou por conta da personalidade que ali se dirigia a todos. Eu aguardava um espírito considerado superior dirigindo a palavra, contudo encontrei nada mais, nada menos que o velho conhecido Edgar Cayce falando à plateia "de todas as nações, tribos, povos e línguas".[21] De fato, aquele momento do grande chamado era realmente surpreendente, pois colocava em xeque todos as nossas concepções de espiritualidade, de elevação e evolução espiritual, jogando por terra os conceitos que aprendemos quando encarnados. Tudo desafiava noções estabelecidas pelos religiosos e pelas religiões.

Cayce[22] falava ardorosamente, como que impulsionado por uma força superior, como um médium de espíritos que, mesmo para nós, estavam invisíveis.

– Desde há algum tempo que uma voz se tem manifestado em minha mente, falando-me e induzindo-me a ver e ouvir aquilo que nem sempre é agradável, mas também outras coisas e situações que refletem um futuro promissor. Minha mente pairou entre o tempo e o espaço, e o que vi me espantou.[23]

---

[21] Ap 7:9.

[22] Cf. PINHEIRO. *A marca da besta*. Op. cit. p. 124-125.

[23] É interessante a descrição sumária do fenômeno profético que o espírito Cayce dá até este ponto, desde que toma a palavra. Acerca desse tópico – e sobretudo em razão da controvérsia inerente ao fenômeno, bem como aos fatos preditos pelo personagem nas páginas seguintes –, julgamos por bem incluir um artigo ao final do livro, como anexo, uma vez que, embora de curta extensão frente à complexidade do tema, uma nota não o comportaria. O objetivo é lançar ideias e estimular o debate e a reflexão, em vez de analisar a fundo o assunto, que se mantém cercado de tabus mesmo em círculos espíritas e permanece pouco estudado, especialmente no âmbito prático. Além de carecermos de

Foi-me pedido que compartilhasse aqui alguns fatos, de maneira a servirem de guia e orientação para aqueles espíritos que queiram se inteirar dos eventos que determinarão o nascimento de uma humanidade nova; o surgimento de uma civilização com novos paradigmas, fundada sobre novas bases; um mundo transformado por acontecimentos cuja inspiração provém de forças sobre-humanas.

"O panorama mundial está tão instável e preocupante que inspira cuidados àqueles que exercem momentaneamente o poder, na condução dos povos. A estabilidade econômica já não existe, e aquilo que hoje se diz superado consiste apenas num subterfúgio utilizado para acalmar os ânimos da massa e do sistema. Lentamente, emergem aqui e ali os sinais de que os países mais promissores e desenvolvidos têm perdido controle sobre os gastos e a saúde financeira tanto quanto sobre a administração pública. Instalou-se um clima de insegurança entre os poderosos.

"Em minhas visões, presenciei o gigante mundial, o novo império dos césares, sendo abatido de diversas formas e em ocasiões diferentes. A derrocada da grande águia é algo esperado. O que primeiro

propriedade para tal aprofundamento e porque ele foge ao escopo desta obra, de mais a mais Kardec o fez de maneira notável, lançando as bases teóricas da filosofia espírita sobre predições no principal texto que fundamenta nosso artigo ("Teoria da presciência". In: KARDEC. *A gênese...* Op. cit. p. 452-467, cap. 16).

vi foi a nação abatida moralmente, e a liderança que detém sendo questionada por todos, enquanto surgem outros polos de força e novas estruturas de poder no mundo. O povo se revoltará contra o imperialismo e a política econômica tradicionais, à medida que gradativamente se alastra a insatisfação. Muitos se fortalecerão para enfrentar o governo, os banqueiros e os donos do capital com revoltas cada vez mais declaradas.

"Os Estados Unidos serão vencidos por golpes e através de eventos diferentes, pois reencontrarão antigos inimigos, que os enfrentarão com estratégias inteligentes, preparadas para estremecer profundamente suas pretensões de superioridade sobre os povos do planeta.

"A moral anglo-americana será fortemente abalada por meio do fracasso de seu sistema financeiro e econômico. Em breve, virão à tona os fatores de risco e a situação verdadeira, que está encoberta há décadas, sendo manipulada pelo governo, pelas forças armadas e por certos grupos que controlam a imprensa. Não tardará a ser exposta a vergonha que há tanto tempo os dirigentes têm se esforçado por esconder do mundo, mostrando somente aquilo que foi editado e maquiado a fim de revelar apenas a face progressista e inspirar segurança na população.

"O mundo deixou-se levar pela aparência de progresso, segurança e *status* que o gigante do norte manipulou e ofereceu aos meios de comunicação. A maioria desconhece os fatores extremos que dominam a sociedade norte-americana e o risco real com o qual esta convive desde algumas décadas. O que é mostrado ao mundo são cidades maravilhosas, uma política estável e uma aparência de poderio militar e pujança econômica capazes de se autossustentar. Junto a isso, difunde-se a imagem de vários países como nações subdesenvolvidas, responsáveis por práticas terroristas e modo de vida antidemocrático, conforme apraz ao governo e às agências de inteligência daquele povo. E o mundo compra essa ideia enlatada e vendida pelo americanismo.

"No entanto, diante da era nova que se avizinha, será para sempre abalada a confiança mundial no domínio e na representatividade dessa nação. O mundo conhecerá, em breve, outra configuração de poder.

"Assim como no submundo astral a disputa pelo mando alcança níveis inimagináveis, exibindo a derrocada de líderes milenarmente conhecidos e revelando novos focos de poder, que se reúnem para enfrentar os decaídos e degenerados seres das sombras, no panorama físico as coisas não são diferentes.

"Primeiro a derrocada moral, com elementos da ordem financeira vindo à tona de forma gradual. Depois, a entrada em cena do grande dragão vermelho, que arrastará as estrelas[24] da economia mundial consigo, até solapar os fundamentos da economia mun-

[24] Cf. Ap 12:3-4.

dial. Nova frente de poder está em ascensão. A economia e o comércio internacionais estão sob ataque maciço, sofrendo abalos de maneira progressiva. A China avança devagar no palco dos acontecimentos, levando sua mão de obra, especializando-se em quase tudo e em nada, simultaneamente. Ao mesmo tempo, aparece com força de negociação nas principais esferas do poder, e passa a agir nos países que se consideram mais civilizados e seguros nos princípios e no sistema que defendem. Mediante o abalo da velha Europa e seu sistema econômico, pouco a pouco a cauda do dragão arrastará a economia mundial para outra configuração, obrigando os líderes das finanças a refazer seu sistema falido, sob a pressão dos fatos, das guerras e da política monetária internacional em colapso. O mundo ainda não despertou para o significado nem tem dado os devidos créditos à economia e ao sistema do grande dragão vermelho.

"O povo não passará incólume a esses acontecimentos. Revoluções em vários países, revoltas armadas e declaradas da população sofrida, que rejeita o sacrifício enquanto seus governantes vivem na pompa, na opulência, sem abrir mão dos privilégios ou da fatia ilegal de aquisições realizadas à custa de dor e sofrimento da maioria. Velhas nações, antigos detentores do poder e da realeza, terão de amargar, agora, sacrifícios imensos, na tentativa de evitar a completa derrocada política, que oferece sério risco à situação político-econômica internacional.

"Aquilo que ocorre no céu afeta a vida na Terra; o que é ligado ou desligado no céu, repercute na Terra.[25] Todas as situações que se desenrolam num âmbito mais amplo, ainda que por vezes longe dos olhares da sociedade como um todo – em meio aos dominadores, aos homens de negócio e às famílias que dominam o dinheiro, os mercados e as bolsas de valores –, acarretarão desafios cada vez mais severos e causticantes para o povo e as instituições. Nada, ninguém, nenhuma instituição do mundo atual escapará ao desafio de simplificar para sobreviver.

"Por outro lado, todo esse quadro complexo também representa uma oportunidade para os habitantes da Terra, que deverão se adaptar e simplificar seu modo de vida. Será imperativo assumir a crise em que se verão mergulhados, e assim modificar seus hábitos, tais como os gastos irresponsáveis e o

---

[25] "Digo-lhes a verdade: Tudo o que vocês ligarem na terra *terá sido* ligado no céu, e tudo o que vocês desligarem na terra *terá sido* desligado no céu" (Mt 18:18. NVI. Grifo nosso). Interessa notar que diversas traduções trazem o versículo afirmando o funcionamento em ordem contrária, como em: "(...) tudo o que ligardes na terra, será ligado no céu, e tudo o que desligardes na terra, será desligado no céu". Os espíritos, contudo, reiteram que é aquela versão que retrata a realidade de maneira mais fiel, pois que, em concordância com a filosofia espírita, é no *reino dos céus* ou no plano extrafísico que os acontecimentos são desencadeados, e nele está a chave para entender as repercussões sobre a dimensão material.

emprego indevido da força do dinheiro e da negociação. Em meio a desafios cada vez mais intensos, o povo aprenderá a buscar mais qualidade e saberá que ela não depende da quantidade, do fausto ou do desperdício.

"O abuso e os excessos da forma de vida globalizada, do luxo desmedido, que surge ora aqui, ora ali, e é alimentado pelo dispêndio cada vez maior a que todos febrilmente se lançam, em breve sofrerá um golpe mortal. O capitalismo ocidental cederá diante da avalanche de problemas que a economia enfrentará.

"Novamente o mundo verá, por pouco tempo, o surgimento de guerreiros e dominadores de outrora, que estão entre os viventes já neste momento, aguardando a hora de se expressarem. Já vivem entre os encarnados os espíritos que serão agentes de profundas transformações na política e na economia mundiais – e não me refiro apenas ao lado bom e progressista. Entretanto, antes que haja a conscientização, haverá o excesso que conduzirá a uma guerra diferente de todas que a humanidade já conheceu. O mundo entrará em uma grande crise antes de melhorar.[26]

"Um novo tipo de guerra se esboça, com novas armas. A internet e o ciberespaço constituirão novo campo de batalha. O clima, mais e mais manipulado pelos cientistas a serviço de certas nações, será feito arma, utilizada contra países emergentes e po-

---

[26] Cf. Dn 12:11; Mt 24:15-29; Ap 12:9,12.

vos que apresentarem qualquer risco para aqueles que, então, ainda se considerarão poderosos. Porém, a arma climática sairá de controle, e voltará contra aqueles que pretendem manejá-la.[27]

"Mesmo com tudo isso, os sinais do fim deste sistema de vida cheio de corrupção não serão os eventos atmosféricos, climáticos ou geológicos. Muito mais se verá nas reações sociais, no colapso econômico-financeiro, no vaivém dos protestos e revoluções populares. Em resumo, eventos de natureza social, extremamente impactantes e merecedores de atenção, serão tão comuns quanto aqueles de ordem física, cada vez mais frequentes."

As palavras de Cayce pareciam repercutir de maneira ímpar nos espíritos ali presentes. Experientes na política, quando encarnados foram governantes ou responsáveis pela condução de vários povos; ouviam com sentido interesse as palavras de Edgard Cayce.

– A China terá um brilho passageiro no cenário do mundo. Mas, como um mal necessário, será a arma a derrubar do trono o império dos césares, ao passo que, nos bastidores da política e da economia, sem que o percebam a tempo, induzirá à formação de novo cenário no continente europeu. As estrelas da União Europeia serão abaladas, destronadas,

---

[27] "Logo depois da aflição daqueles dias, o sol escurecerá, a lua não dará a sua luz, as estrelas cairão do firmamento e os corpos celestes serão abalados" (Mt 24:29).

tanto pelos excessos de representantes, governos e cidadãos quanto, de modo mais lento, pelo avanço da China no mercado internacional. Estrelas cairão do céu à terra.[28] Não somente os astros serão abalados, como também as nações europeias,[29] que deverão aprender a administrar seus recursos financeiros com mais sabedoria e sem exploração.

"Os reinados serão sacudidos por ondas e mais ondas de crises e escândalos no campo político e econômico. Os grandes no poder terão sua coroa derrubada e assumirão a condição de nações frágeis, embora queiram viver sob a aparência das antigas potências que um dia foram. Enquanto isso, o povo será sacudido pelo vendaval que começa nos cofres públicos e nos gabinetes dos governos. Países como Itália, França, Portugal, Espanha, e até mesmo a soberana Inglaterra, conhecerão a recessão e as medidas extremas, com o intuito de conter a derrocada financeira e as consequências sociais das ações de seus governos. Nesses países, o povo se levantará aos brados, gritando pelos direitos e pela necessidade de sobrevivência com qualidade mínima. Grandes monumentos serão derrubados, e patrimônios públicos, deliberadamente destruídos, em meio a revoltas que virão de tempos em tempos. Embora doloroso, esse

---

[28] Cf. Mc 13:25; Ap 6:13.

[29] "Haverá sinais no sol, na lua e nas estrelas. Na terra as nações ficarão angustiadas e perplexas pelo bramido do mar e das ondas" (Lc 21:25).

processo será necessário para acordar governos e governantes, testificando que o povo não aceita mais a corrupção, nem mesmo aquela que é velada e que, aos poucos, vem à luz para conhecimento da população e vergonha dos poderosos. A Alemanha também encontrará seu revés pelo carma plantado, que requererá uma colheita compatível com os tributos de dor espalhados pelo mundo.

"Tudo isso atenderá a vários objetivos. Entre eles, a crise que se avizinha será o instrumento que propiciará a reavaliação de alguns aspectos, tais como a forma de administrar os bens públicos e como a população deve aprender a selecionar mais seriamente seus governantes, além de trazer à luz as obras escusas daqueles que abusam do poder e do comando dos povos. Então, o momento social e econômico mais desafiador da modernidade será a mola-mestra a impulsionar o desejo da multidão, gradativamente, para uma tomada de consciência mais ampla no que concerne aos seus representantes e à forma de administrar os patrimônios nacionais.

"Crises sociais impulsionarão o povo a agir, derrubando ditadores, governos e regimes totalitários e anti-humanitários. Guerras civis, greves e motins varrerão muitos países, principalmete na Europa e na América do Norte, expressando a indignação e a revolta popular contra os abusos financeiros e as medidas extremas tomadas pelos governos.

"Será um teste mais intenso para a população,

que de maneira alguma é isenta de responsabilidades nesse processo que ora vive e que culminará numa situação econômica mais drástica. O povo precisa aprender a simplificar o modo de vida, pois, em breve, diante de outros desafios de caráter mais abrangente e global, sobreviverá nessa transição apenas quem puder viver com mais simplicidade. O supérfluo logo se mostrará como um peso enorme, do qual muitos lutarão para se livrar, pois o mundo que se inaugura exigirá de cada membro da nova civilização um modo de vida mais tranquilo, sem excessos, embora com qualidade."

Novamente Cayce prendeu a atenção dos espíritos ali presentes com seu verbo inflamado. Vaticinava sobre o destino próximo do mundo e de algumas situações em particular, fatos já esperados por muitos, mas que, talvez, somente Cayce tinha a coragem de expor de maneira tão enfática e com tamanha veemência. Ele prosseguia:

– Ante os abalos das nações do mundo, o poder representado pela rainha das nações será para sempre solapado em seus fundamentos. Nova Iorque jamais se recuperará dos golpes certeiros que irão derrubá-la de suas pretensões de rainha das cidades perante as nações.[30] A Babilônia moderna será destruída completamente, e aqueles que se enredaram em seu comércio, em sua pompa e chafurda-

[30] Cf. Ap 18:7.

ram no brilho de seu ouro, representado pela bolsa de valores e seu sistema financeiro, cairão como a estrela de absinto[31] cai figurativamente sobre a cidade da luxúria[32] e do pecado. Como vaticina o livro das revelações: "Veio um dos sete anjos que tinham as sete taças, e me disse: Vem, mostrar-te-ei a condenação da grande prostituta que está assentada sobre muitas águas. Com ela se prostituíram os reis da terra, e os que habitam na terra se embebedaram com o vinho da sua prostituição. E na sua testa estava escrito: Mistério, a grande Babilônia, a mãe das prostituições e das abominações da terra. A mulher que viste é a grande cidade que reina sobre os reis da terra".[33]

"Dois chifres da besta[34] já foram abatidos, e, em breve, o poder restante lhe será tirado, a força que a alimenta e reside no ouro, no ouro negro, nos emblemas de poder e nas poderosas casas dos Rothschild e Rockfeller, juntamente com os poderosos Bilderbergs.[35] Todos encontrão repentina destruição; não mais dominará a Babilônia moderna, a rainha

[31] Cf. Ap 8:11.

[32] Cf. Ap 18:3,7,9.

[33] Ap 17:1-2,5,18.

[34] Cf. Ap 13:11. É uma referência ao atentado das torres gêmeas, ocorrido em 11/9/2001, conforme Cayce explica anteriormente (cf. PINHEIRO. *A marca da besta*. Op. cit. p. 130-134).

[35] Cf. Ibidem, p. 387-388, 462 passim.

perante as nações.[36]

"Após o abatimento moral, a perda da credibilidade será a arma que golpeará a rainha da economia mundial. Suas pretensões de poder serão abaladas e sua queda atingirá em cheio a estrutura política da Casa Branca,[37] de forma que a autoridade do país dos césares será para sempre afetada, e seu pretendido poderio, questionado definitivamente, enquanto a configuração de poder do mundo se modificará. A estrutura e a organização do poder serão reconfigurados, dando surgimento a outros focos políticos e econômicos no mundo, os quais não poderão ser ignorados por mais tempo."

Mudando ligeiramente o tema de suas observações e comentários, Edgard Cayce deu novo rumo à sua fala:

– Ao mesmo tempo em que a economia e a política entram em crise sem precedentes, surge lentamente no mundo, entre os que se dizem cristãos, um fundamentalismo religioso[38] que só poderá ser

---

[36] Cf. Ap 18:15-16,23.

[37] Sede do governo federal dos Estados Unidos da América, na cidade de Washigton, DC.

[38] Cf. Mt 24:5,11,23-27. Essas e as demais passagens proféticas do Evangelho citadas por Cayce em seu discurso, bem como a quase totalidade das profecias de Jesus mencionadas ao longo deste livro, mereceram do Codificador análise à luz da filosofia espírita. Embora breve, o texto produzido por ele revela com precisão o ponto de vista do espiritismo

comparado ao que ocorreu no passado com a Igreja de Roma. Muitos representantes das ideias cristãs se aliarão à política e formarão uma nova frente de poder, que levará muitos a perder a fé.[39] Roma será abalada por diversos golpes. Primeiro, moralmente, e depois, literalmente, a Igreja verá suas pretensões serem submetidas ao julgamento do povo e dos próprios fiéis. Escândalos cada vez mais intensos, e alguns inesperados, obrigarão a Igreja a rever sua política e a forma de agir em relação a seus incontáveis representantes espalhados pelo mundo. O trono do papado mudará de lugar, e o país mais católico do mundo receberá, de braços abertos, o soberano pontífice, quando o caos físico e moral se abater sobre as sete colinas da cidade eterna.

Senti que as palavras do orador tinham como função conscientizar aqueles espíritos ali presentes de que teríamos muito trabalho pela frente, a fim de reconstruir tudo aquilo que, de alguma maneira, representava para nós uma oportunidade de recomeço. Muito trabalho, conforme Cayce enfatizou nas demais

acerca das questões escatológicas, interpretando muitos trechos carregados de alegorias e fortes imagens (KARDEC. *A gênese...* Op. cit. p. 497-507, cap. 17, itens 47-67).

[39] "E, por se multiplicar a iniquidade, o amor de quase todos esfriará". "Pois surgirão falsos cristos e falsos profetas, e farão tão grandes sinais e prodígios que, se possível fora, enganariam até os escolhidos" (Mt 24:12,24).

palavras que trouxe para a multidão de seres ávidos pelas informações preciosas, que não maquiavam a situação mundial.

Logo mais, ao encerrar seu pronunciamento, vi Cayce quase em êxtase, considerando o entusiasmo com que declamava as palavras proféticas do Apocalipse. Certamente, rememorava seus tempos de protestante aplicado,[40] com a fé vivaz e o profundo sentimento de louvor à figura do Cordeiro, os quais ele deixava transparecer, embevecendo a plateia, que agora certamente dava ao texto profético outra conotação. O médium Cayce – possivelmente inspirado por aquela voz a que se referira ao tomar a palavra, embora tal fato me fosse imperceptível aos sentidos espirituais – anunciava com alegria e convicção o futuro da Terra, passado o que o evangelista denominou "o princípio das dores":[41]

– "Então vi um novo céu e uma nova terra, pois já o primeiro céu e a primeira terra passaram (...). Deus enxugará de seus olhos toda lágrima. Não haverá mais morte, nem pranto, nem clamor, nem dor, pois já as primeiras coisas são passadas. E o que esta-

---

[40] Edgar Cayce (1877-1945) foi membro atuante da igreja protestante dos Discípulos de Cristo, que atualmente conta centenas de milhares de membros nos EUA. Ele nasceu no estado do Kentucky, situado na região de origem da congregação (cf. en.wikipedia.org/wiki/Edgar_Cayce. Acessado em 28/3/2012).

[41] Mt 24:8.

va assentado no trono [o Cordeiro] disse: *Faço novas todas as coisas. E disse-me [ao apóstolo João]: Escreve, pois estas palavras são verdadeiras e fiéis. Disse-me mais: Está cumprido. Eu sou o Alfa e o Ômega, o princípio e o fim. A quem tiver sede, de graça lhe darei da fonte da água da vida. Quem vencer herdará todas as coisas, e eu serei seu Deus, e ele será meu filho*".[42]

"Passados os dramas – explicava o espírito-médium –, o parto cósmico dará finalmente à luz a nova morada terrena, descrita como a Nova Jerusalém: 'A cidade não necessita nem do sol, nem da lua, para que nela resplandeçam, pois a glória de Deus a ilumina, e o Cordeiro é a sua lâmpada. As nações andarão à sua luz, e os reis da terra trarão para ela a sua glória e honra. As suas portas não se fecharão de dia, e noite ali não haverá. E a ela trarão a glória e a honra das nações'."[43]

E, tomado de emoção, Cayce arrebatou:

– É com Jesus Cristo que devemos prosseguir seguros, pois é ele, o governador espiritual, quem adverte e promete: "Quem é injusto, faça injustiça ainda; quem está sujo, suje-se ainda; quem é justo, faça justiça ainda; e quem é santo, santifique-se ainda. *Eis que cedo venho! A minha recompensa está co-*

[42] Ap 21:1,4-7. Os grifos constam do original e correspondem às palavras atribuídas ao Cordeiro pelo autor do livro, João Evangelista.

[43] Ap 21:23-26.

migo, para dar a cada um segundo a sua obra."[44]

Saí de mansinho do ambiente, com a mente fervilhando de ideias, pensamentos novos e reflexões sobre aquilo que estava por vir ou, quem sabe, sobre o significado histórico do que estava já em andamento nos diversos departamentos do planeta Terra.

[44] Ap 22:11-12. Idem.

CAPÍTULO 4

PRINCIPADOS

"

Mas uma mudança tão radical como a que se está
elaborando não pode realizar-se sem comoções.
Há, inevitavelmente, luta de ideias.
Desse conflito forçosamente se originarão passageiras
perturbações, até que o terreno se ache aplanado
e restabelecido o equilíbrio. É, pois, da luta das ideias que
surgirão os graves acontecimentos preditos
e não de cataclismos ou catástrofes puramente materiais.
Os cataclismos gerais foram consequência do estado
de formação da Terra. *Hoje, não são mais as entranhas
do planeta que se agitam: são as da Humanidade.*[1]

[1] KARDEC. *A gênese...* Op. cit. p. 514, cap. 18, item 7.

Dois mil anos depois de Cristo; mais de 150 anos após as legiões do espírito Verdade começarem uma invasão organizada ao ambiente de morada dos homens da Terra... Logo em seguida ao golpe colossal desferido contra o império dos dragões[2] – os soberanos e

---

[2] "'Tão logo foi promulgada a ordem do Altíssimo, vim e aqui estou para intervir em nome da justiça soberana. Vosso tempo é chegado e vosso limite foi ultrapassado ao afrontardes os representantes do Cordeiro. Por isso fostes pesados na balança e achados em falta, e vosso reino, a partir de agora, fica dividido (Cf. Dn 5:25-28), de forma que tudo o que fizerdes para unir-vos será em vão, até que o supremo juiz determine o término de vossa trajetória neste mundo. Levarei comigo um dos vossos maiorais [o número 2 em comando], a fim de que veja por si mesmo os domínios do Eterno. Terá a bênção de poder vislumbrar o reino do Cordeiro de Deus'. (...) Miguel, que, segundo se apresentara,

ditadores nas regiões inferiores –, as diversas facções de poder no abismo se levantaram contra o domínio cruel dos poderosos *daimons*.

Os antigos magos negros, seres lendários que combateram nos tempos longínquos da Atlântida; os científicos, ou cientistas das sombras, mais recentes no panorama extrafísico do submundo, bem como alguns destacamentos entre os espectros, a polícia sombria dos *daimons*, e também entre os sombras, que constituíam a elite da guarda dos magos – membros desses quatro grupos resolveram insurgir-se contra o poder superior dos *daimons*, os dragões, aproveitando a derrocada esmagadora do segundo comando de vibrações, ou número 2, e o consequente abalo moral do poderio do maioral.

A notícia de que o poder dos soberanos do abismo foi dividido fez com que diversas corporações se reunissem e alinhassem forças para formar seu próprio sistema político nos bastidores da vida. A novidade envolvendo a intervenção dos representantes do Cordeiro espalhou-se como um relâmpago, com rapidez estonteante. O poder do famigerado número 1 ficou para sempre abalado, diante da força soberana de Miguel, o príncipe dos exércitos celestes.[3]

era o príncipe dos exércitos celestiais, ou seja, das regiões superiores da vida planetária" (PINHEIRO. *A marca da besta*. Op. cit. p. 606-607).

[3] Cf. Dn 12:1; Ap 12:7.

Também ficou patente para os povos do abismo[4] que a regeneração do mundo chamado Terra principiara, e de maneira indisfarçável, com a precipitação de forças descomunais sobre eles, as quais não poderiam de modo algum ser ignoradas.

Foi nesse clima de insurreição, povoado de revoltas declaradas contra um reino ora dividido, que surgiu aquela coalizão de forças. Uma nova configuração do poder se formava nas regiões ínferas. Tudo sob as vistas do maioral dos maiorais, o número 1, que observava seu poder ser afrontado, seu império ser cindido e seus súditos se rebelarem, engendrando novas associações de interesse, com pretensões autárquicas.

No plano físico, entre os encarnados, algo similar ocorria com as nações. Novo arranjo político, econômico e social lentamente ganhava corpo, em correspondência aos eventos da arena extrafísica.

Alianças de velhos comparsas dos dragões gradualmente tomaram forma, ao longo do período que se seguiu à interferência impetuosa dos guardiões superiores na dimensão conhecida como "prisões eternas".[5]

---

[4] "Ele prendeu o dragão (...). Lançou-o no *abismo*" (Ap 20:2-3. Grifo nosso).

[5] "E aos anjos que não guardaram o seu principado, mas deixaram a sua própria habitação, ele os tem reservado em *prisões eternas*, na escuridão, para o juízo do grande dia" (Jd 1:6. Grifo nosso). Cf. 1Pe 3:19;

O número 1 e maioral entre os eleitos, ou *daimons*, viu-se entre usar a força dos espectros contra os rebeldes de seu antigo império ou manipular cada um dos novos príncipes do poder usando táticas que dominava com maestria, muito embora perdesse, assim, parcela considerável do alcance que sua política férrea detivera.

Numa reunião realizada às pressas, com o intuito de manter a autonomia do conselho dos dragões e tentar suprir a falta do número 2 – excelente especialista e estrategista experiente, que fora praticamente abduzido por Miguel para o reino de Cristo[6] –, o número 1 e os outros cinco que restaram de seu concílio tenebroso[7] decidiram por tolerar as novas alianças de poder. Era como se concedessem ou reconhecessem a autonomia política dos magos ne-

2Pe 2:4; Ap 20:7.

[6] "Um rugido forte, de agonia, foi a última coisa que ouvimos do poderoso dragão, que ora capitulava (...). Uma forma fulgurante foi apenas o que conseguimos divisar, à medida que o *daimon* era absorvido pela luz indescritível de Miguel (...), [cuja] voz falou ainda mais: 'Assim que vosso representante tiver visto e ouvido aquilo que ainda não é permitido aos ouvidos e olhos humanos perceberem, ele retornará com a marca das fulgurações do reino indelével em sua alma'." (PINHEIRO. *A marca da besta*. Op. cit. p. 607.)

[7] "O seleto grupo de maiorais, a elite do abismo, composta apenas *por sete membros* – os representantes máximos dos dragões" (Ibidem. p. 187. Grifo nosso).

gros, científicos e demais dominadores que resolveram, inadvertidamente, rebelar-se contra o comando central dos *daimons*. O poder dos *daimons* passou a ser mais representativo que absoluto; adeus ao totalitarismo. Segundo vaticinara o príncipe dos exércitos do Cristo, o reino dos dragões fora dividido e seu poder jamais seria o mesmo entre os chamados seres do abismo. Começara a ruir a estrutura de forças do mais astuto de todos os *daimons*. Um mundo novo ameaçava surgir e uma revolução ora se esboçava, rompendo milênios de dominação e autoritarismo do ditador do submundo.

Dois mil anos depois do grande evento que marcou a história da humanidade terrena é que o planeta estava maduro para os tempos da grande colheita. E, após a revolta dos povos do abismo contra o poder diretor que os oprimia desde eras remotas, o grande dragão número 1 viu-se encurralado. Esteve na iminência de mostrar-se ou revelar sua identidade aos outros *daimons,* que também ameaçaram insurgir-se, formando cada qual um sistema independente de forças, em confronto direto com a autoridade do maioral, que teve seu *status* abalado de maneira irremediável. A despeito de tudo isso, a inteligência dele era soberana naqueles domínios do invisível. Ninguém entre os maiorais poderia competir com o número 1 em força, inteligência e sagacidade. Talvez essa seja a razão por que escolhera a imagem da serpente como emblema pessoal.

O maioral viu-se diante de dilema similar ao que enfrentara em tantas ocasiões, ao dirigir uma ofensiva do exército de espectros e chefes de legião. Desta vez, porém, combatia novas ramificações de poder, que se ergueram a partir do momento em que os dragões foram expostos, e sua fama e férula, questionadas, devido à intervenção suprema. O maioral deu ordens expressas para que os espectros que ainda lhe eram fiéis se reunissem num ambiente específico da dimensão à qual se restringiam. Muito embora a rebelião daqueles que ambicionavam fundar um poder paralelo, a quantidade de entidades vampiras ainda era respeitável; perfaziam um número impressionante. Sem dúvida, impunham medo a qualquer outro sistema de poder oposto ao dos maiorais.

Essa situação determinou uma crise sem precedentes entre os que chamavam a si mesmos de eleitos. Era o primeiro grande conflito desde que haviam sido acorrentados às zonas ínferas, e teve início logo após o prenúncio do fim,[8] anunciado pelos guardiões.

Um guardião observava as telas óticas da base incrustada numa região bem próxima ao local onde os dragões foram detidos por imposição das leis divinas.

Ali, após os últimos eventos, que marcaram a

---

[8] Cf. Mt 25:31-32; 1Co 4:5; 2Tm 4:1; Jd 1:14-15; Ap 20:11-15.

derrocada dos poderes da escuridão e deflagraram a grande crise entre os povos do abismo, ergueram-se bases de apoio e torres de observação, com o objetivo de mapear com mais precisão as atividades no decadente império dos *daimons*. Também se pretendiam registrar os novos lances, que denunciavam a revolta dos diversos setores da vida extrafísica – magos negros, científicos, sombras, espectros e outros mais – que ousaram se rebelar, no derradeiro instante, contra a tirania dos dragões, aproveitando o fracasso vergonhoso que lhes fora impingido por Miguel, o príncipe celeste.

O guardião vestia-se com indumentária apropriada ao trabalho naquelas regiões inóspitas da dimensão sombria.

A imagem de um dos chefes da segurança planetária diretamente ligado ao trabalho de Anton, o chefe maior dos guardiões, apareceu tremeluzindo no ambiente, numa espécie de projeção mental. Em meio ao barulho infernal das lavas no interior do planeta, do ribombar de energias na dimensão mais densa que se conhecia, a voz do chefe de segurança energética era ouvida pelo guardião de plantão.

Talvez qualquer outro espírito tivesse de se concentrar muito para ouvir as palavras da entidade de categoria superior em meio ao tormento das forças da natureza, mas não aquele guardião, um especialista da guarnição de Jamar, o guardião da noite.

O rastro energético do sentinela demarcava o

local onde trabalhava, de tal maneira que reluzia no ambiente feito aura discreta a delimitar o lugar por onde precisava locomover-se para executar sua tarefa. Sua especialidade talvez pudesse ser mais bem definida como engenheiro de vibrações, algo que não tinha paralelo na Terra, no mundo dos encarnados. Ao longo de mais de 70 anos de estudo nas centrais dos guardiões, ele especializara-se em localizar alvos dos opositores do sistema do Cordeiro através de projeções do seu corpo mental. Ele literalmente saía dos limites do seu corpo perispiritual enquanto sua mente tateava cada quadrante do ambiente focalizado, fazendo medições, cujo resultado cruzava com os registros da base dos guardiões e, assim, detectava o local exato onde determinado núcleo dos opositores estava incrustado. Mas existiam limitações para a realização de sua tarefa: dependia, em larga medida, da densidade do ambiente, da matéria extrafísica e das emanações magnéticas dos seres que militavam em tais núcleos ou fortificações e laboratórios.

A voz ecoou ali onde se encontrava o guardião, que ouvia instruções pronunciadas pelo espírito que, naquele momento, acessava um mecanismo de comunicação para se dirigir ao especialista de plantão na região limítrofe ao mundo dos *daimons*.

– Não estranhe receber ordens que colocam você e sua equipe em contato direto com certos lugares considerados quase sagrados pelos *daimons*. Temos informações muito precisas sobre o chamado

Museu das Almas. Trata-se de uma espécie de prisão onde os poderosos *daimons* têm mantido cativos, desde milênios, representantes de todas as civilizações da história terrena.

– Detectamos por aqui um tipo específico de radiação ou algo que se assemelha a um rastro eletromagnético, que por certo é emanado de um dos muitos redutos dos dragões – falou o especialista de plantão. – Com efeito, esta dimensão guarda ainda muitos segredos, e creio mesmo que nunca iremos conhecer plenamente este mundo no qual os espíritos em prisão ergueram sua morada.

Novamente a voz projetada no ambiente falou:

– Temos muito interesse em conhecer os espécimes, se é que podemos nos referir assim a eles, aprisionados pelo maioral. Depois da partida do número 2 e após os guardiões Jamar e Anton apresentarem seus relatórios, obtivemos permissão para acessar alguns recantos do mundo proibido dos dragões. Mas somente o príncipe dos exércitos, Miguel em pessoa, é quem podia nos conceder autoridade de mergulharmos mais nessa dimensão e tentarmos, liberar os capturados.

O espírito, que falava de mais longe, e cuja imagem e voz eram projetadas no ambiente, participava também do círculo mais estreito de confiança de Anton e Jamar, ambos defensores dos interesses da humanidade e da política divina do Cordeiro.

Continuando, a inteligência extrafísica disse:

– Temos grande interesse em estudar o passado remoto da humanidade. E teremos ocasião oportuníssima mediante a possibilidade de libertarmos os seres aprisionados há milênios nesse Museu das Almas, que retém atores de todas as sociedades que existiram no planeta, desde épocas imemoriais. Não há como evitar certa ansiedade e curiosidade em conhecer esses seres.

– Também gostaria de saber como o maioral fez para conservar esses espíritos por tão longo tempo – acrescentou o especialista em vibrações. – Que técnica e aparato usou para preservá-los da decomposição das matrizes do perispírito e que força sobre-humana empregou para manter tantos exemplares de tantas épocas e lugares. De qualquer forma, meu amigo, neste momento já trabalhamos no intuito de acessar o reduto do maioral.

– Contudo, você terá um desafio muito maior, guardião.

– Maior ainda do que penetrar as entranhas dessa dimensão?

– Exatamente. Desta vez, teremos de pedir autorização aos próprios *daimons*. Nosso objetivo não é somente conhecer ou pesquisar; pretendemos obter a parceria dos *daimons* para o processo de esvaziamento das regiões inferiores. A missão consiste em convencê-los de que eles próprios podem contribuir para o acesso a níveis mais profundos, que dominam e somente eles conhecem. Afinal, como é uma dimensão obscura, por assim dizer, e em grande parte ignorada por nós, precisamos de quem tem não apenas familiaridade com ela, mas também saiba controlar as forças hiperfísicas atuantes nesse mundo.

– Então, realmente teremos um desafio, e dos grandes!

– Pois bem. Será que você está desanimado com a empreitada? Porventura o admirável guardião recuará diante desse desafio?

– De maneira alguma – respondeu o especialista. – Estou disposto a trabalhar quanto puder para a higienização dessas regiões ignotas e insalubres.

Depois de uma ligeira pausa, a voz ecoou novamente, fazendo uma observação importante:

– Uma movimentação sem precedentes se desenrola nos ambientes próximos ao planeta. Espíritos superiores, especialistas em reconstrução extrafísica, têm chegado de várias paragens a fim de auxiliar na higienização e no esvaziamento das regiões inferiores da Terra. Devemos nos empenhar ao máximo para convencer os *daimons* a cooperar, pois somente eles conhecem a fundo as entranhas e cada recanto do mundo mais inferior. Isso também fará com que o futuro deles, nalgum orbe da imensidade, seja contemplado pela misericórdia divina. Ajudando-nos, eles próprios serão tremendamente beneficiados, pois nenhum de nós ignora que nem mesmo um copo d'água doado ficará sem recompensa.[9]

A voz silenciou de repente, dando tempo para o especialista pensar um pouco mais sobre o significado das palavras ouvidas. Assim, após alguns minutos de reflexão, o representante da segurança planetária no mundo dos *daimons* externou seu pensamento:

– Então, o pedido de ajuda aos *daimons* tem um significado muito maior do que simplesmente recebermos deles o mapa de localização de todos os quistos de sofrimento umbralinos. Creio que entendi o que se pretende. Talvez, persuadindo-os a colaborar, eles próprios sejam ajudados. Mesmo sem que suspeitem ou ainda que desconheçam as leis do reino de Cristo, os dragões podem amealhar algum mérito, nos momentos de intenso trabalho que nos aguardam – isto é, caso resolvam nos auxiliar ou, ao menos, dar-nos permissão para adentrar seus domínios de forma mais incisiva, franqueando-nos acesso às regiões mais recônditas e inóspitas do abismo.

– Isso mesmo, amigo. Mãos à obra! Reúna os outros especialistas de plantão e repasse a eles o teor de nossa conversa. Enquanto falamos, transmito aos arquivos de sua base todos os planos que posso compartilhar, até o momento. Terá nosso apoio integral, e, se for necessário, nossos superiores estarão eles

---

[9] "E quem der a beber *ainda que seja um copo d'água fria* a um destes pequeninos, por ser meu discípulo, em verdade vos digo que de modo algum perderá o seu galardão" (Mt 10:42. Grifo nosso).

próprios com vocês, em alguns dos momentos que julgarem oportuno.

– Isso é bom! Certamente nos sentiremos mais amparados.

O espírito que falava no sistema de comunicação extremamente sofisticado era um cientista de primeiro time conhecido como Albert.

Enquanto isso...

Ivan era um espírito muito importante na hierarquia dos soberanos. Embora não fosse um chefe de legião, era um respeitado especialista, um atento e capacitado estrategista. Não poderia jamais ser considerado um obsessor comum. Talvez até mesmo a palavra *obsessor* fosse inadequada para designá-lo, pois estava longe de expressar a situação e a posição espiritual que ocupava entre os representantes do poder dos *daimons*.

Não se deixava melindrar com eventuais palavras duras e arrogantes que lhe eram dirigidas por seus poucos superiores. Também não se deixava levar pelas atitudes até costumeiras – que considerava inapropriadas e via como atestado de falta de inteligência e capacidade –, quando, diante dele, espíritos que ocupavam posição inferior na hierarquia das sombras prostravam-se em atitudes de veneração, adoração ou temor. Tinha a consciência muito clara a respeito da própria competência e da sua realidade. Não se deixava submeter aos caprichos que frequentemente observava nos chefes de legião e em outros espíritos acostumados e afeiçoados aos exageros.

Era alto, magro. Vestia-se com o máximo de elegância e sobriedade, sem as extravagâncias dos seres horripilantes da escuridão. Se um mortal o visse o teria na conta de um *gentleman*, refinado, detentor de muita educação e polidez. Fazia-se respeitar e até admirar, em todos os sentidos, tanto por seus superiores como pelos que lhe prestavam serviço.

Mas a aparência era enganosa. Não refletia, de forma alguma, a hediondez de suas intenções, de seu caráter. Era um verniz usado como recurso hipnótico para atender às finalidades de manipulação, de forma a cumprir qualquer objetivo sórdido que lhe movesse. Este era Ivan, o especialista. Ele tinha plena consciência de que era assim, e empregava seu magnetismo de maneira que todas as suas características concorressem para o sucesso de seus propósitos, aos quais se devotava com obstinação invejável.

Suportava os insultos de chefes de legião e ignorava-os, decididamente. Os "chefões" acreditavam mesmo que o possuíam, que eram donos dele. Contudo, a situação talvez fosse bem diferente. Davam-lhe todo tipo de atribuição e com isso pretendiam submetê-lo e diminuí-lo, enquanto ele, Ivan Achenovitch, repassava as tarefas aos seus subordinados, com quem mantinha uma relação de parceria. Os resultados, naturalmente, eram usurpados pelos chefes de legião, que julgavam dominá-lo. Pretendiam tomar-lhe os louros, a glória e, ao mesmo tempo, transferir a ele a responsabilidade por toda falha na execução dos planos. Apenas pretendiam. Ocorre que o especialista não deixava rastro de suas ações. Jamais fora visto pelos chefes de legião atuando diretamente no campo de batalha, expondo-se da maneira esperada, muito embora as ordens dadas a ele se cumprissem, sempre nos mínimos detalhes. E os chefes do poder jamais desconfiavam que não era ele próprio, Ivan Achenovitch, quem fazia os serviços a ele confiados. Estes eram transferidos a seus subordinados, aos quais o especialista convencia, elegantemente, a fazer o trabalho rasteiro, porém necessário, levando a efeito as determinações do chamado Estado-Maior.

Ivan sabia muito bem como envolver os seres teoricamente superiores a ele na hierarquia das trevas. E convivia muito bem com isso. Na verdade, tudo fazia parte de uma guerra, do grande conflito que se passava nos bastidores da vida, cujos fios eram tecidos pelos *daimons*, os poderosos dragões. Diante destes, sim, ele se considerava numa posição mais baixa ou assim se fazia notar e parecer. Esse jogo de poder, de forças, era parte do plano dos dragões, e ele, o especialista, desempenhava seu papel neste grande teatro, em que muitos espíritos apenas eram fantoches sob o comando do número 1.

Para o restante dos emissários dos dragões, o que representava, afinal, um pequeno grupo de seres humanos que se arvoravam em divulgadores de uma mensagem espiritualista? Que valor poderia ter um agrupamento de gente sem muita experiência, diante de tantos outros existentes no planeta? Que significado teria para os *daimons* a mensagem difundida por esse bando de viventes que mal sabiam lidar com os próprios problemas? Que implicações os atos dessas pessoas poderiam ter? Ah! Mas esse lugar e essa gente importavam sim, e muito. Principalmente agora, que estavam à beira de um evento de grande repercussão para o submundo.

Outros espíritos considerados mais importantes do que ele haviam zombado e rido desse grupo de viventes tanto quanto dele, Ivan, que fora indicado para observar aquela gente: o próprio número 1 o havia escolhido para ficar de prontidão e registrar a movimentação dos agentes da justiça divina encarnados.

Aquele local era com certeza um ponto de equilíbrio das forças soberanas e dos poderosos guardiões, isso não havia como negar. Mas como é que os superiores escolheram pessoas fracas, com tantas limitações, até mesmo do ponto de vista financeiro, a fim de que os representassem no mundo dos vivos? E como podiam confiar naqueles sujeitos cheios de defeitos, vivendo desafios tão intensos, para serem os atalaias de uma mensagem relevante?

Os *daimons* haviam deixado claras as pretensões de que Ivan poderia vir a ser um dos seus chefes estrategistas mais importantes, caso fizesse seu trabalho de modo satisfatório, e ainda mais se ele superasse as expectativas de seus senhores. Agora, contava com a preferência de um dos *daimons* – e, por conseguinte, a inveja dos demais espíritos, inclusive de alguns dos chefes.

Em pouco tempo, havia conseguido muita coisa interessante. Encontrou ressonância na mente de um dos trabalhadores daquele lugar. Usara-o sem maiores obstáculos, para interferir nos planos dos viventes. Não fizera nenhum esforço. Apenas queria saber qual o nível de resistência espiritual do pequeno grupo. Conseguira desestruturar uma parte importante do trabalho da agremiação de humanos. Somente para averiguação. Insuflou alguns pensamentos na mente do rapaz, que, sem grandes esforços, desenvolveu as atitudes pretendidas por ele. Descobriu, assim, que nem todos, ali, estavam ligados aos projetos dos temíveis guardiões. Havia falhas nas fileiras inimigas. De forma semelhante, lançou mão de um artifício para influenciar outro vivente com atuação destacada no grupo. Para tanto, explorou sua própria maneira de ser, suas manias e crenças. E logo conseguiu fazê-lo desviar a atenção do foco, do que deveria ser alvo de suas ações.

Diante de tal facilidade com os viventes, não saberia dizer ao certo por que esse grupo representava algo tão caro para os *daimons*. Eles eram influenciáveis – por demais influenciáveis para serem temidos. Não fora necessário empregar grandes esforços, e logo, logo responderam ao seu pensamento com extrema naturalidade. E mais ainda: notara que haviam deixado de lado, sem o perceberem, o contato com os orientadores espirituais. Há muito que não interagiam com os dirigentes de seu trabalho. Então, perguntava-se mais uma vez: que ameaça representava esse bando de pessoas que mal sabia o perigo que corria? Por qual motivo os *daimons* o enviaram para aquele ponto remoto do globo, se, aparentemente, o pequeno agrupamento era relapso, esquecia o essencial atinente às tarefas e perdia precioso tempo distraindo-se do alvo, que os deveria motivar? Sinceramente, não entendia, mas acreditava na sabedoria dos *daimons*. Por isso, procurava não externar suas inquietacões. Aliás, disfarçava-as perfeitamente diante de seus compatriotas.

Apesar de tudo, notou um perigo ali. O pequeno grupo da base de apoio dos guardiões costumava orar. Vez ou outra, eles se reuniam em oração, e esse gesto simples opunha forte resistência ao trabalho dos *daimons* por meio de Ivan.

Assim que chegou ao local, fora percebido por alguns guardiões, que não se importaram com sua presença nem o impediram de observar. Também fora reconhecido por alguns espíritos inferiores, que estavam a postos nas redondezas. Dada sua posição, ali ele fora reconhecido e proclamado chefe dos seres inferiores que para lá se dirigiram, em algum momento, acampando ao redor da base dos guardiões em meio aos viventes. Curioso era notar que os próprios guardiões pareciam não se inquietar com a presença dos espíritos infelizes, talvez porque não representassem perigo algum. Seria possível?

Seja como for, parece que tudo ocorreu por causa da presença de Ivan. Mesmo sendo considerado insignificante por alguns dos chefões, de qualquer forma ele era um representante dos dragões. Gozava de certo prestígio entre os *daimons*, embora procurasse não deixar transparecer tal fato, pois sabia que, entre os de sua estirpe, ganância, inveja e disputa por poder eram a regra. Eis por que não queria chamar a atenção. Mas chamou. Sem o perceber. Talvez mesmo em virtude de sua tentativa de ocultar-se, de maquiar a situação, tenha chamado a atenção de algumas figuras-chave entre os chefes de legião.

Neste lugar ele era respeitado pelos subordinados, era poderoso. Os espíritos sob seu comando esvoaçavam, chispavam e, na tentativa de levitar, arrastavam-se, dando pulos sobre a construção onde procuravam estabelecer influência. Estavam sujeitos à autoridade de Ivan. Quanto aos guardiões daquela base, observavam tudo, porém sem interferir de maneira direta.

O jugo que Ivan exercia sobre o bando alucinado de seres esquálidos e disformes era opressor, entretanto eles o obedeciam cegamente. Ele também operava em outros lugares, em outros pontos onde se expunha alguma ideia que soasse perigosa aos planos dos *daimons*. A pequena corja sob seu comando representava para Ivan uma ponte, um poder que lhe fora dado pelos *daimons*, como se um troféu pelos mais de 100 anos de serviço constante nas fileiras do mal. Mas o falso *gentleman* das sombras já denotava certo desgaste ou cansaço. No entanto, não deixava esse estado transparecer para seus subordinados, muito menos para seus rivais, os chefões da máfia draconina, como se referia aos chefes de legião.

Acomodado numa posição privilegiada, via sua turma tentando romper o cerco fechado formado pelos soldados do Cordeiro, mas em vão. Havia um limite, que não conseguiam ultrapassar de maneira alguma – mesmo com o emprego da tecnologia astral considerada de ponta pelos representantes do poder nas regiões ínferas. Isso deixava Ivan furioso; porém, após mais de 50 tentativas, desistira e resolvera ficar apenas observando, ensaiando algumas táticas de guerra ou de guerrilha com seus inferiores e subordinados. Limitava-se a acompanhar alguns dos trabalhadores no retorno a suas casas, e lá tentar, como pudesse, influenciá-los, nem que fosse explorando deficiências, questões de saúde e características emocionais, voltando-as contra eles próprios. Assim, indiretamente, lograva atingir o trabalho ao qual se vinculavam, e isso bastava para que se tornasse mais lento, mais truncado, aos olhos dos dirigentes encarnados.

Gargalhadas secas, dantescas, ressoavam no ambiente; algo sulfurosas, chocariam qualquer mortal. Ivan se permitiu um momento de descontração... Descuidou-se dos afazeres por alguns minutos, deixando seu lado humano transparecer. Isso foi o suficiente para que lembranças de outra época lhe viessem à memória, pensamentos e sentimentos duramente reprimidos emergissem à zona consciente pela primeira vez após mais de 100 anos de absoluta repressão. Ivan deixou-se levar durante um tempo por esses sentimentos e pensamentos acerca de alguém que lhe fora tão querido no passado. Mas não sabia, nem tinha como saber, que os guardiões haviam tomado providências que ele desconhecia. Trabalharam ocultos, obedecendo a um plano traçado pelos especialistas em psicologia sideral.

Ivan deixou vir à tona recordações de outro tempo, de suas crianças, duas meninas e um menino, além de sua amada. Era-lhe tanto tempo que, por incrível que pareça, os nomes dos mais queridos à sua memória não lhe vinham ao pensamento. Apenas a imagem deles, acompanhada de alguns poucos eventos. Ivan temia deixar-se enredar pelos sentimentos. Entretanto, aqueles poucos instantes foram o bastante para que os guardiões agissem. E os agentes da justiça divina e da política do Cordeiro jamais perdiam tempo.

Antes que os poucos minutos se esvaíssem, materializou-se, na rua à frente do local onde Ivan se refugiara em seus pensamentos, uma bela aparição.

Mulher belíssima, abraçada a uma menina aparentando requerer ainda cuidados da primeira infância, e mais duas outras crianças. Uma delas, o menino, quando viu Ivan, logo correu em sua direção, soltando a mão da mãe. Abraçou Ivan, jogando-se para cima, por sobre a casa em frente à base dos guardiões, onde Ivan se encastelara, observando. Ele não teve tempo para reagir, e logo a menina, com a aprovação do sorriso da mãe, jogou-se também atmosfera acima, levitando delicadamente, e abraçou-o. Ambos chamaram ao mesmo tempo:

– Papai! Quanta saudade, quanto tempo...

Ivan não teve meios para reprimir seus sentimentos e pensamentos diante da avalanche de emoções que assomaram ao seu consciente. Chorou, simplesmente chorou, abraçando as crianças enquanto olhava ternamente a mulher, que se aproximava, levitando sobre os fluidos ambientes. Ivan entregou-se por completo aos sentimentos ao ser tocado pela amada, que não via há mais de 100 anos. Tudo eclodia; forças represadas irrompiam de dentro de si. Belíssima como jamais a vira antes, mesmo nos melhores dias de sua convivência física, ela o conduziu ao jardim do lugar que Ivan pretendia atacar com seus leais seguidores.

O restante foi relativamente fácil, porque, exatamente naquele momento, os trabalhadores daquele ponto de apoio se reuniam para realizar um culto, na área externa ao prédio, à beira do jardim. E Ivan, alquebrado, adormeceu nos braços da amada e de seus filhos para acordar mais tarde, com novas aspirações e aberto à vivência de novas experiências, que o levariam a trabalhar para os exércitos dos representantes do Cordeiro, os guardiões. Ivan simplesmente fora rendido pela força sublime do amor.

Enquanto o culto prosseguia, a mulher aproveitou as vibrações e os comentários para trazer à mente adormecida, porém não inconsciente de seu amado, as memórias dos fatos mais belos vividos por eles, memórias que suplantaram ou erodiram qualquer tipo de programação mental incutida pelos poderosos *daimons* na mente especializada de Ivan.

Após o culto e a prece final, que favoreceram a tomada de consciência do especialista, ele foi diretamente levado à academia dos guardiões, despertando ao lado da mulher amada, onde foi esclarecido e apresentado a um novo sistema de vida, aos princípios do Reino[10] e à política do Cordeiro, a quem per-

---

[10] A terminologia *Reino*, como tantas outras de que lança mão o autor espiritual, tem raízes bíblicas. *Reino* corresponde à política do Cordeiro ou *política do Reino* (cf. Sl 22:28; 45:6; 103:19; 145:11-13; Is 9:7; Jr 10:7; Dn 4:3). No Novo Testamento, eis a passagem em que essa acepção fica mais evidente: "Jesus foi por toda a Galileia (...) pregando as boas novas *do Reino* e curando todas as enfermidades" (Mt 4:23. NVI. Grifo nosso. Cf. At 20:25; 2Tm 4:1). Há diversas ocorrências do termo ao longo da Bíblia, e algumas traduções adotam a inicial maiúscula – a nosso ver, acertadamente, embora não a restrinjam a essa acepção. É curioso no-

seguiu por 100 longos anos. O véu que encobria sua visão caiu, e Ivan renascia para trabalhar por um mundo novo.

Era a primeira derrota da escuridão.

---

tar, ainda, que grande parte dos cristãos repete o Pai-Nosso sem atinar para o sentido do verso "Venha o teu Reino" (Mt 6:10. NVI), além dos que o interpretam de outra forma. É importante não confundir o termo com expressões neotestamentárias similares, mas cujo sentido, em cada caso, tem conotações ligeiramente diversas: *reino de Deus* (ou *de meu Pai*), *reino dos céus* (ou *celestial*), entre outras.

CAPÍTULO 5

ULTIMATO

> **"**
>
> Pois nele foram criadas todas as coisas que há nos céus
> e na terra, visíveis e invisíveis, sejam tronos,
> sejam dominações, sejam principados, sejam potestades;
> tudo foi criado por ele e para ele.
>
> *Colossenses 1:16*

> **"**
>
> E foi assim para que agora (...) a multiforme sabedoria
> de Deus seja conhecida dos principados
> e potestades nas regiões celestiais.
>
> *Efésios 3:10*

A configuração do aeróbus, desta vez, era essencialmente diferente do modelo do outro em que os guardiões visitaram o reduto dos *daimons*, a dimensão sombria. Devido ao ataque perpetrado pelos espectros, a polícia negra dos dragões, e pelos próprios detentores do poder nas regiões mais sombrias, embora sua derrocada final,[1] foi concedido aos guardiões outro tipo de transporte para aquele fim.

---

[1] Grande parte da obra *A marca da besta* descreve a jornada anterior à dimensão ínfera, nas diversas etapas de que se compõe: viagem de ida (p. 237-247), acontecimentos durante a expedição, muitos deles dentro do aeróbus (p. 247-467), discussão sobre os muitos aspectos que envolvem o lidar com os dragões e sua atuação (p. 472-508), e confronto com os *daimons* (p. 509-609). (Cf. PINHEIRO. *A marca da besta*. Op. cit. p. 237-609.)

Diversas células formavam um comboio, de proporções impressionantes. Cada uma dessas células ou unidades gozava de certa autonomia e comportava um contingente de centenas de guardiões. Juntos, esses compartimentos formavam um só elemento, uma nave ou aeróbus. No entanto, assim que entrasse na dimensão dos *daimons*, cada célula se separaria das demais, dando origem, assim, a sete imponentes naves. Esses sete equipamentos contavam com sistemas independentes de propulsão e de suprimento para manutenção da vida, além de terem seus próprios armamentos para defesa energética, o que lhes concedia relativa autonomia. Havia um condutor, ou organizador interno, encarregado de cada nave; ele era o mais amplamente responsável pela segurança, com o dever de zelar pela ordem e pela disciplina em nível mais amplo. Era o mais graduado na hierarquia do respectivo comboio.

As sete células, posicionadas em conjunto, formavam uma base avançada nada desprezível, uma frente pujante dos guardiões, dotada de grande poder de fogo, se assim podemos dizer. De tal modo que não poderia ser menosprezada pelos exércitos de espectros, nem sequer pelos *daimons*.

A estrutura astral era imponente e a aparência lembrava uma grande estrela. Toda a tecnologia de que se servia era inconcebível para os padrões humanos comuns vigentes no plano dos encarnados, a começar da velocidade que alcançava, bem superior à velocidade da luz, passando pelo combustível que utilizava, pois a propulsão era dada por energias emanadas do próprio Sol. Na verdade, o equipamento abastecia-se com o plasma do vento solar, o que o tornava especialmente potente.

A tecnologia desse aeróbus especial fora posta à disposição dos guardiões pelo príncipe dos exércitos celestes em pessoa. Miguel encarregou um de seus emissários de conduzir o presente do Alto diretamente à base lunar dos guardiões, que ficava no lado escuro da Lua, nas entranhas do satélite, na sua contraparte astral. Joseph Gleber e outros benfeitores foram convocados para receber a oferta generosa do Alto, ao lado dos guardiões superiores, representados por Anton e sua comitiva. Depois de alguns treinamentos, nos quais os especialistas aprenderam a manejar o equipamento, ficou acertado que Jamar seria o responsável pela condução e organização das equipes que deveriam retornar ao reduto dos dragões.

Quando o aeróbus decolou, deixando o solo astral e pairando na atmosfera rarefeita do satélite natural do planeta Terra, a visão foi estonteante. Comandado por Jamar e seus assessores diretos – Watab, Kiev e outros especialistas e guardiões da noite –, o grande veículo em forma de estrela brilhou numa luz espectral dificilmente descritível por meio do vocabulário deficiente que temos à disposição.

Como ocorrera antes com o veículo que levara os guardiões na primeira incursão ao reduto dos dragões, a grande estação voadora, o formidável aeróbus elevou-se nos fluidos e dirigiu-se ao ponto do espaço no entorno do Sol, numa velocidade altíssima até mesmo para os padrões dos guardiões superiores. Em alguns microssegundos, o universo pareceu se diluir diante de nossos olhos, e eu, atento a tudo, anotava cada detalhe para, mais tarde, transmitir a quem se interessasse. Abastecendo as baterias na fonte de energia do Sol e alimentando as células de defesa no plasma do astro rei, os sete compartimentos do aeróbus se movimentaram conjuntamente, numa velocidade bem superior à da luz e próxima da velocidade do pensamento, descendo vertiginosamente em direção à Terra. Na região astral de confluência energética que corresponde ao Triângulo das Bermudas, a nave abriu uma brecha, um rasgo dimensional na estrutura etérico-astral do planeta, rompendo a barreira que separa a dimensão dos dragões das demais que integram a estrutura energética do mundo conhecido. Enquanto girava em torno da célula central, na qual se encontravam os espíritos responsáveis pela condução da equipe, o grande aeróbus aterrissou sobre o monte onde anteriormente os guardiões firmaram sua base, na ocasião em que, pela primeira vez, penetraram o reduto dos *daimons*, os senhores do submundo.

Abaixo, os espectros pareciam aterrorizados ao perceber tão grande estrutura, que girava como um pião enquanto estabilizava seu voo, e descia logo depois, suavemente, como uma pluma, na paisagem onde os donos do poder sofreram a vergonhosa derrota perante as falanges do Cordeiro. À medida que o aeróbus descia, com extrema suavidade, sempre girando em torno do próprio eixo, as células se destacavam da parte central. Uma a uma, independentes das demais, deslocavam-se e pousavam, cada qual num lugar diferente, mas sempre ao redor da célula central, que reluzia com a irradiação do plasma solar, acumulado em seus campos sobrepostos de energia superior. Os espectros de plantão e aqueles que porventura estivessem desatentos despertaram imediatamente a atenção ao contemplar o poderio ou o que percebiam como majestade, talvez, na chegada triunfante dos emissários da justiça divina, que agora retornavam à dimensão ou ao universo dos dragões.

Abatidos com a derrota sofrida recentemente, nenhum dos seres espectrais, tampouco seus superiores tomaram qualquer iniciativa para atacar os sete contingentes de guardiões, muito embora fossem perspicazes o suficiente para deduzir que algo vultoso estava em andamento. Algum poder superior claramente havia enviado os guardiões, e nem mesmo os *daimons* poderiam impedir que Jamar e sua comitiva fizessem o que lhes competia fazer. Ainda jaziam frescas na memória dos seres da escuridão as lembranças da última batalha, na qual o portentoso número 2 da organização sucumbira e fora levado, aos pés de Miguel, o príncipe dos exércitos celestes, para prestar contas da insubordinação às leis divinas e dos crimes que perpetrara contra a humanidade de todas as épocas.

Desta vez, os guardiões não se portavam com tanta delicadeza como na ocasião anterior. Jamar saiu do aeróbus empunhando sua espada, que, além de representar a justiça sideral, era também um poderoso instrumento de combate nas regiões inferiores.[2] A um comando do líder, diversos equipamentos se posicionaram no entorno dos sete compartimentos do aeróbus, envolvendo-o num potente campo de força capaz de desviar quaisquer tipos de energia daquela dimensão para outras áreas desconhecidas, no plano dos *daimons*.

O campo de força que foi erguido impressionava. Rebrilhava numa tonalidade alaranjada, e as energias discordantes presentes na atmosfera daquele am-

---

[2] "Caso provoque algum estranhamento a descrição de armamentos usados pelos espíritos, mais do que citar os inúmeros exemplos na literatura mediúnica, é interessante rememorar o que declarou o codificador do espiritismo: 'Consideremos, pois, o mundo dos Espíritos como uma réplica do mundo corporal, como uma fração da Humanidade (...); estão sempre em nosso meio, como outrora; apenas estão atrás da cortina [atuando nos bastidores], e não à frente [como plateia]: eis toda a diferença'." ("O Espiritismo sem os Espíritos". In: KARDEC, Allan. *Revista espírita*: jornal de estudos psicológicos. Tradução de Evandro Noleto Bezerra. 2ª ed. Rio de Janeiro: FEB, 2004. p. 155. v. 9, 1866, abr.) In: PINHEIRO. *A marca da besta*. Op. cit. p. 246.

biente quase material, inerente ao reduto de poder dos dragões, pareciam se reduzir a nada ao encontrar as cintilações superiores do campo de defesa. O produto da engenharia sideral dos planos superiores colocava à disposição da equipe de guardiões todo esse arsenal, pois Miguel tinha pleno conhecimento de que a obra que se iniciava ali era decisiva para o momento que o planeta Terra atravessava – o tempo que precedia o juízo e a transmigração.

Jamar deu uma ordem mental e sete comandos de guardiões se destacaram, cada qual da respectiva base, avançando em direção ao centro, onde estava o guardião da noite. Watab tomou a palavra, falando em nome de Jamar, que logo rumou para a célula central.

– Temos de encontrar os chefes de legião, espectros que trabalham diretamente ligados ao comando central, ao número 1. Precisamos levar até eles o ultimato, de acordo com as instruções que nos foram passadas por Miguel e seu porta-voz.

Um dos guardiões tomou a palavra e perguntou:

– E se os *daimons* se recusarem a cooperar, junto com seus servos, os espectros? Como ficará a situação deles?

– Na verdade, os espectros, tanto quanto os *daimons*, estão diante de uma oportunidade ímpar de colaborar nesta hora de higienização das regiões inferiores. Conhecem o submundo melhor que todos nós e têm mapeado cada recanto destas regiões sombrias. Caso consintam em auxiliar, dando ordens a seus subordinados, naturalmente obterão méritos, que contarão na hora de seu relocamento e repatriamento sideral. Nenhum gesto de ajuda será desprezado, e essa oferta para que nos auxiliem é uma chance que a Providência Divina estende a esses espíritos endurecidos. Porém, caso recusem, faremos nosso trabalho, de qualquer maneira. Temos de libertar os exemplares que estão aprisionados no Museu das Almas. E Jamar já convocou um especialista para fazer o reconhecimento de alguns redutos; neste momento ele se dirige a um ponto de confluência de forças que tudo indica ser o local do museu.

— Não entendo como precisamos perder tempo com um museu se temos tantas atividades mais importantes e urgentes nesta dimensão. Me desculpe, Watab, mas não tenho informação mais detalhada, por isso meu espanto com essa decisão.

— Este não é um museu comum, como os que conhecemos na Terra. De forma alguma. Na última investida que fizemos ao mundo dos *daimons*, recolhemos algumas observações, gravações e relatórios que apontavam para um local do conhecimento apenas do número 1, onde ele abriga exemplares de espíritos das diversas épocas da humanidade, de seres que viveram desde os momentos do expurgo planetário e fizeram parte das civilizações mais remotas da nossa história. Não sabemos ao certo que tipo de tecnologia ou por quais meios o maioral mantém esses espécimes sob seu jugo, nem ao menos qual o seu objetivo. De toda forma, é algo monstruoso, e temos autorização, finalmente, para libertá-los de imediato, antes de promovermos a higienização do ambiente astral deste plano mais inferior.

Dando uma pausa, Watab deixou que os guardiões refletissem sobre o assunto e prosseguiu:

– Não se esqueçam de que estamos numa dimensão diferente da habitual, em que transitamos na Terra. Portanto, é diferente do chamado umbral e até mesmo das dimensões que costumamos visitar na subcrosta. Por essa razão, é bom revermos o conceito de dimensão, de modo que ninguém seja pego de surpresa.

Nova pausa e continuou o guardião cor de ébano:

– Uma dimensão é um universo, um mundo, com seus diversos departamentos, sua natureza própria e leis que só podemos conhecer em sua plenitude através de incontáveis observações, talvez ao longo de séculos. Por mais estranho que um fenômeno pareça, por mais inusitado se afigure a suas percepções, lembrem que nesta dimensão imperam leis que podem ser completamente diferentes, ou no mínimo desconhecidas por nós. E, embora não as conheçamos, não significa que não sejam naturais; ao contrário, fazem parte da *natureza* deste plano da existência.

"Podemos fazer uma comparação com o universo físico, dotado de inúmeros mundos, sóis e sistemas. No sistema solar, por exemplo, cada planeta tem características que lhe são peculiares, com atmosfera, composição química e relevo únicos. Tamanha distinção é possível encontrar também quando confrontamos uma dimensão tão desconhecida como esta que adentramos. Em outras palavras, a dimensão astral tem mundos, redutos, regimes de poder ou políticas conforme os habitantes de cada lugar. De modo análogo, a dimensão etérica é dotada de sistema de vida e método de governo adequado aos seres que lá estagiam. Aqui as coisas não poderiam ser diferentes.

"E não se enganem! Os *daimons* conhecem esta dimensão muito melhor do que qualquer um de nós, pois há milênios são prisioneiros deste plano que a justiça divina forjou de acordo com as necessidades dos espíritos radicados aqui. Só há bem pouco tempo é que tivemos acesso a este mundo-prisão. Seja como for, jamais nos esqueçamos de que estamos aqui como emissários da justiça divina, e é Miguel, pessoalmente, quem nos sustenta as atividades."

Depois da conversa com Watab, o guardião que o interpelara dirigiu-se aos arredores do local onde estava estacionado o aeróbus. Tão logo se aproximou da zona limítrofe ao poderoso campo de força que envolvia aquela área, um dos espectros achegou-se até ali, do lado de fora da redoma energética. Tinha visível interesse no fenômeno peculiar, ou seja, na aparição de um veículo dos temíveis representantes do Cordeiro, segundo pensavam os cidadãos do submundo.

A mente deste espírito parecia ainda reter os últimos fatos ocorridos, quando o número 2 dos daimons foi repentinamente levado para regiões ignotas, rumo ao reino sublime do Cordeiro. O evento marcante virou lenda em pouco tempo, e todos os chefes de legião, inclusive ele, ficaram abalados, profundamente abalados, ao saberem que nem os *daimons* poderiam enfrentar o poderoso representante do reino dos Imortais, Miguel, que fora o elemento mais importante naquele episódio. Os principados e potestades a serviço dos maiorais estavam abalados, pois nunca antes haviam enfrentado, e com tamanho assombro, uma força descomunal e invencível como a de Miguel, o príncipe dos exércitos celestes.

Foi com esse pensamento, e algumas emoções que emergiam de seu interior, que o príncipe dos *daimons*, um dos mais importantes dentre os espectros, aproximou-se do campo de força do veículo. Como se não bastassem as imagens e conclusões que lhe assomavam à memória, nova constatação abalava ainda mais suas convicções quanto ao poderio dos próprios espectros e dos soberanos dragões. Notara que o aparato defensivo – a aparência e naturalmente o poder de ação do aeróbus, ou, como ele chamaria, aquela fortaleza dos Imortais – era por si só o bastante para enfrentá-los ou, ao menos, interpor um obstáculo real aos oficiais dos dragões.

O espectro era um dos prediletos do *daimon* número 1. O maioral tinha nele um de seus principais homens de confiança. Entretanto, esse orgulhoso chefe de legião não sabia que era observado de longe por um dos especialistas de Jamar, o guardião.

Ele e seus conterrâneos viviam num ambiente medonho, talvez uma caverna no interior daquela terra tão hostil, tão diferente da Terra conhecida pelos humanos. O local parecia um recanto esquecido do universo. As proporções do ambiente eram vastas, opressoras, de uma amplitude assustadora, deveras angustiante. Um submundo encravado no âmago do submundo. Acima dali, não se conseguia ver um céu. Havia algo indefinível, que oscilava o tempo todo e se constituía no teto daquele lugar. Era um céu diferente? A substância leitosa que emoldurava a figura extravagante do espectro, assim como aquela paisagem soturna, dava a impressão de ter vida própria, pois se mexia constantemente, movimentava-se, como se fossem nuvens de um material diferente de tudo quanto se conhece. Algo gelatinoso, vivo, semelhante a amebas gigantes, talvez, que pulsavam ou se contorciam em espasmos irregulares. Quem sabe seria o resultado das energias utilizadas para formar o reduto conhecido como prisões eternas, o inferno particular dos *daimons* e seus asseclas mais próximos? Simplesmente, aquele era o mundo dos *daimons*, do número 1, a prisão eternal dos anjos caídos.

Leis diferentes das conhecidas ou estudadas pelos homens da crosta imperavam ali. Fenômenos estranhos, relampejos, uma luminosidade fantasmagórica: era o máximo de luz a que os habitantes do lugar estavam acostumados. Nada que lembrasse, nem de longe, a luz do sol que brilhava sobre a morada dos homens. Absolutamente nada que fosse igual à natureza da Crosta ou dos planos mais próximos. No entanto, era um mundo, um universo criado e mantido exclusivamente para servir de prisão aos espíritos milenares como aquele espectro, homem de confiança do maioral dos dragões.

Ele movia-se quase desconfiado entre as reentrâncias do solo, rios de lava escaldante ou algo parecido, e entre alguma coisa que parecia ser algum tipo de vegetação daquele *habitat*.

O guardião observava atentamente, e com as emoções à flor da pele, dada a aproximação do espectro, que ia ao encontro do campo protetor da nave. E o que viu era assustador. Não era humano, no sentido do termo, o príncipe das legiões infernais. Era um humanoide, mas não um homem. Poderia muito bem ser classificado como príncipe ou potestade, um dos principais chefes de falange; um demônio, no sentido mais popular da palavra. Não um demônio comum, um espírito trevoso ou malfeitor, mas um príncipe de exércitos draconinos.

Se fosse dado a uma dessas almas perdidas se manifestar em qualquer reunião mediúnica, nem os médiuns nem a reunião sobreviveriam... A esse tipo de espírito está simplesmente interditado o contato com a humanidade de maneira tão íntima, através da incorporação numa casa espírita ou espiritualista. Também eles jamais se envolveriam com instituições religiosas. Geralmente, os chefes, príncipes e potestades têm atribuições bem mais amplas e de abrangência mundial, segundo determina a hierarquia dos *daimons*.

Este chefe de legião era alto – na aparência tentava a todo custo reagrupar as moléculas do corpo quase material que envergava, de maneira a se assemelhar ao máximo a um dos dragões ou, pelo menos, à imagem que faziam a respeito deles. O tom de sua pele era de uma palidez que o guardião nunca vira em ninguém. Tirando a feiura ou a falta de harmonia no conjunto, ele tinha o porte elegante, diferentemente do que se esperaria de um demônio vulgar. Olhos vívidos e cabelos como fogo, que pendiam, feito cobras dotadas de vida própria, em torno do corpo esguio, até abaixo dos joelhos. Uma bata cor de cobre parecia envolvê-lo, enquanto um manto medonho lhe caía ao largo do corpo, misto de capa e echarpe esvoaçante, deitado por sobre a bata.

De repente, a estranha entidade parou exatamente em frente ao guardião, que o examinava do lado interno do campo energético da nave a bordo da qual viemos para este universo, esta dimensão. O príncipe dos exércitos dos *daimons* mirou fundo o guardião, separado deste exclusivamente pelo poderoso campo de força. E o espectro sabia que o campo era intransponível. O guardião olhou o espectro, por sua vez, e eu, observando ao longe o que ocorria, resolvi me aproximar, colocando-me atrás do guardião, com o cérebro extrafísico aguçado pela curiosidade jornalística, de um escritor que queria ao máximo extrair informações para depois transmiti-las ao correio de vivos e mortos, entre o aquém e o além.

O espectro resolveu dizer algumas palavras. A princípio incompreensíveis. Dei um sinal para o guardião, para que também arriscasse algo, a fim de ajustarem o vocabulário. A inteligência sinistra esforçava-se por comunicar-se. Era instigada por qualquer coisa, possivelmente pelo movimento que a guarnição de atalaias produzia, mais além do campo de força, próximo ao veículo que nos abrigava.

Após alguns instantes de tentativa, um diálogo se esboçou entre os dois. Contribuiu para isso a especialidade do guardião em elaborar e projetar formas-pensamento na atmosfera, tarefa árdua e ingrata naquele ambiente nada espiritualizado, aliás, quase material, e levando-se em consideração nosso total desconhecimento da estrutura básica da matéria astral daquela dimensão. A despeito de tudo isso, as formas mentais geradas e emitidas pelo guardião facilitaram bastante a comunicação. O príncipe dos dragões não se intimidou e exibiu perícia em manipular os fluidos de seu mundo, projetando imagens que puderam interagir com aquelas mantidas pelo guardião. O diálogo se estabeleceu definitivamente.

– Que fazem aqui em nosso mundo? Já não levaram um dos nossos poderosos dominadores?

– Trazemos aos seus superiores um ultimato do príncipe dos exércitos celestes. Gostaríamos que pudesse levar nossa mensagem aos poderosos dragões e ao restante de sua equipe, os espectros, príncipes e subordinados.

– Não invadiram nossa dimensão e interferiram em nosso mundo? Por que precisam de mim ou de algum dos nossos para levar sua mensagem?

– Um ultimato! – falou o guardião com uma convicção e força que eu não vira antes nele. – Será que não entendeu minhas palavras? E este ultimato destina-se a você também, poderoso príncipe. Não somente aos dragões.

– Não posso decidir sobre isso sozinho. Trabalhamos em equipe, os principados e potestades. Não posso invadir a privacidade dos nossos superiores por qualquer coisa.

– Creio que vocês precisam se reunir depressa, pois venho em nome do Cordeiro e de seu príncipe dos exércitos, o mesmo que levou o número 2 dos dragões para o reino celeste. Então? Que me diz? Será que o número 1, o maioral entre os maiorais, lhe perdoaria caso você ignorasse algo tão importante?

Depois de um silêncio constrangedor, como se o espectro estivesse se comunicando com alguém distante de alguma forma incompreensível para nós, o guardião novamente interferiu:

– Deve andar depressa, espectro, príncipe dos

dragões. O prazo dado pela administração sideral, pelo próprio Cordeiro, terminou. Estamos apenas esperando a ordem de nosso comandante para interferir mais profundamente em seu mundo, de tal maneira que não poderão nos deter. E, desta vez, a interferência abalará para sempre o poder do número 1, seu superior. Isso, naturalmente, fará com que a autoridade que ele exerce seja muito questionada, depois de nossa ação.

O espectro sabia que seu povo não tinha a menor chance contra os guardiões. A conversa lhe trazia fatos recentes à memória, recordando a batalha inglória que tiveram contra Jamar e seus anjos da vingança,[3] como ficaram conhecidos entre os espec-

---

[3] É coerente, aqui, atribuir aos agentes da justiça divina o papel de vingadores, ao menos segundo o ponto de vista da tradição bíblica. Embora tudo indique que os espectros remontem a culturas muito mais antigas que a do povo hebreu e de Moisés (c. 1500 a.C.), o Antigo Testamento retrata o juízo como um dia de restauração da justiça e de *vingança* – palavra que aparece mais de 20 vezes com essa conotação, examinando-se apenas os livros proféticos (cf. Is 34:8; 35:4; 47:3; 61:2; 63:4; Jr 11:20; 20:12; 46:10; 50:28; 51:6,11; Jl 3:7; Mq 5:15; Na 1:2 etc.). Paulo, que tinha rígida formação na lei hebraica, segue a tradição e apresenta enfoque similar no Novo Testamento (cf. Rm 12:19; 2Ts 1:8). Entre os evangelistas, esse traço se vê em Lucas, que não foi apóstolo e era amigo de Paulo, provavelmente acompanhando-o nos feitos narrados em Atos, também escrito por Lucas. Na visão que ele apresenta do sermão profético, por exemplo, Jesus diz: "Pois dias de *vingança*

tros. Talvez aquela fosse uma oportunidade ímpar de aumentar seu prestígio e reputação perante o principado e os majestosos dragões, principalmente diante do número 1, o magnífico maioral dos infernos. E por que não tirar proveito daquela situação? – pensou. Melhor seria obter mais informações e, se é assim, que ele fosse o primeiro a tê-las, em vez de outro príncipe ou espectro mais astuto.

O que ele não sabia é que as tais informações modificariam para sempre a rota de seus pensamentos e sentimentos.

– Você não é um guardião superior?

– Não, não sou! – respondeu o sentinela à minha frente, usando da maior transparência possível. Sou apenas um dos aprendizes, um recruta, por assim dizer, a serviço do Cordeiro e de seus prepostos.

– Mas, mesmo assim, eles confiam em você para levar um ultimato aos donos deste mundo? Não é uma mensagem da mais alta importância, que mereceria ser transmitida por alguém graduado, de escalão superior?

O guardião penetrou mais fundo nas imagens mentais do espectro, sondando intensamente o teor de seus pensamentos e emoções. Reconheceu que o príncipe dos espectros estava curioso; não uma curiosidade mórbida, mas genuína. Ele demonstra-

---

são estes, para que se cumpram todas as coisas que estão escritas" (Lc 21:22. Grifo nosso).

va interesse real em saber algo da política empregada pelo Cordeiro e por Miguel, a quem aprendera a respeitar e temer.[4] Em suma, parecia ser uma finalidade relativamente boa, logo o guardião concluiu que respostas transparentes poderiam auxiliar a plantar o gérmen de uma ideia na mente do príncipe dos *daimons*. Resolveu esperar que o espectro elaborasse ainda mais seus pensamentos, antes de responder.

– Queremos sua colaboração para um evento de proporções gerais que está em andamento no submundo do planeta Terra. Essa é a verdade.

– Quer dizer que os guardiões confiam em seus subordinados para tarefas relevantes – prosseguiu o espectro. – Como funciona essa colaboração? E no seu caso, você e seus correligionários, que se dizem aprendizes, são parceiros ou escravos dos guardiões?

– Somos todos amigos. Entre nós, não existem escravos nem coerção mental. Quem trabalha para a política divina, como representante do Cordeiro, o faz de livre e espontânea vontade. E essa é a essência do ultimato que temos para você e seus superiores: tra-

---

[4] O *temor* é outra palavra-chave que ecoa a visão que os antigos nutriam da virtude e do divino (cf. Ne 5:15; Jó 1:8; Sl 2:11; 19:9; 34:11; Pv 1:29; 2:5; 8:13; 10:27; 14:26-27 etc. Entre os profetas: Is 8:13; 11:2-3; 29:13; 33:6; Jr 2:19; 30:5; Jn 1:16; Hc 3:2; Ml 4:2 etc. E, no Novo Testamento, outra vez sob a pena de Lucas e Paulo: At 2:43; 9:31; 19:17; 2Co 5:11; 7:1; Ef 5:21 etc.). "O temor do Senhor é o princípio da sabedoria" (Sl 111:10, similar em Pv 1:7).

balharem de espontânea vontade, a fim de nos ajudarem naquilo que nos compete fazer. Caso não queiram, não serão obrigados. Temos condições de intervir e cumprir o que nos cabe, sem a ajuda de vocês.

O espectro pôs-se a refletir de maneira febril. As imagens mentais projetadas acima e no entorno do chefe de legião eram de uma clareza enorme. Ele entrara em conflito íntimo, uma crise sem precedentes para aquele ser. Precisava elaborar mais perguntas, de maneira a extrair de seu interlocutor a verdade.

– O império de vocês é governado pelos guardiões, pelo príncipe dos exércitos ou, afinal, pelo tal Cordeiro?

– Não é bem um império, como vocês o entendem em sua cultura. Chamamos de Reino,[5] cuja diferença mais marcante é o fato de ser regido por leis que estão impressas em nossas consciências. Não há um tirano sentado num trono, condenando e dando ordens a seus súditos. O Cordeiro é apenas um ser, uma criatura, que também serve ao bem maior, à ordem do universo, ao grande arquiteto, ao qual chamamos de Deus e Pai. Ademais, somos todos livres para fazer o que quisermos e quando quisermos. Numerosos mundos na imensidade tomam parte neste Reino, nessa política divina à qual me refiro. E todos

---

[5] É ilustrativo confrontar esta menção da palavra *Reino* com a ocorrência *reino celeste*, parágrafos atrás, à luz das explicações constantes da última nota do capítulo 4.

esses mundos, todas as humanidades que neles habitam permanecem livres. Em vez de império, eu diria que o Reino é de uma grande união ou federação de seres e raças.

– E se algum desses mundos, o de vocês em particular, quiser se tornar independente do chamado Reino, sair dessa ordem a que se referiu como união?

– Imagino que possa tornar-se independente, se assim se pode dizer, e agir por conta própria. Mas entenda que todos somos independentes; se nos unimos, é por pura convicção e vontade própria. O que fazemos gera sobretudo prazer e contentamento; muito embora devamos reconhecer que nossas atitudes são regidas por uma lei suprema, um conjunto de princípios que norteia o todo, visando ao crescimento e ao progresso. De tal modo que, onde vigorar o caos, o próprio cosmos se encarregará de colocar em ação as leis que promoverão a volta a um estado, se não de harmonia, ao menos de conflito frutífero. Gravadas no íntimo de cada um, mas também no âmago da natureza de cada orbe, tais leis fazem com que os elementos discordantes, ao ultrapassarem os limites estabelecidos pela divina justiça, vejam-se na iminência de recomeçar em outros mundos, em outras condições.

"Creio que você, como príncipe e representante maior dos *daimons,* tem consciência do que ocorreu com sua comunidade no passado remoto deste mundo. Posso lhe assegurar: é o mesmo processo que está em andamento agora! Este é o motivo de virmos até aqui, razão pela qual chamamos sua atenção e encorajamos a colaboração de vocês, para seu próprio bem-estar."

– Então, segundo o que você afirma, os guardiões, o príncipe Miguel e o Cordeiro poderiam nos expulsar deste mundo se quisessem; poderiam aniquilar nosso sistema de vida e nossa política. Por que não o fazem?

– Porque não é assim que o Reino funciona. O expurgo para outros recantos do universo só é feito quando não há mais alternativa naquele mundo em que se encontram os elementos discordantes. Se aniquilássemos seu sistema de vida, sua política e tudo o que conhecem, vocês deixariam de existir. Destrua a história de um povo e destruirá este mesmo povo; destrua seu sistema de vida, se possível for, e ganhará inimigos eternos. Definitivamente, não é esse o objetivo. Uma atitude de retaliação não seria nenhuma vantagem para o sistema de vida do Cordeiro, de Miguel, da política divina.

"Acima de tudo, queremos sua colaboração, de modo que, depois, em nova localização planetária, tenham melhores recursos para continuar com seu sistema de vida ou, caso queiram, modificá-lo para melhor. Caso atuem como nossos aliados ou, pelo menos, não combatam nem sabotem nossa ação nas regiões ínferas, especificamente nesta hora de transformação do planeta – quem sabe até mostrando-nos os redutos de dor e sofrimento, que conhecem bem melhor do que nós –, com certeza estabeleceremos relações mais duradouras. Ao mesmo tempo, a atitude de vocês contará, e muito, como mérito, diante da suprema justiça. Por isso lhes estendemos esta oportunidade, que a misericórdia divina propicia a todos vocês. Não lhe parece lógico aceitar a oferta, já que terão vantagens ao longo dos séculos?"

O espectro calou-se, porém sem conseguir mais deter a avalanche de formas-pensamento, que, por assim dizer, gravitam e giravam em torno de sua mente. Eram imagens vivazes, que nos pareciam estranhíssimas, mas que certamente faziam sentido na cultura espiritual que representava. Afinal, estávamos diante de um ser cuja procedência espiritual e cultural desconhecíamos por completo, embora a soubéssemos antiquíssima, milenar. A mente do príncipe das sombras era um mundo em si mesma. O que nem eu, nem o guardião suspeitávamos é que o espectro se sentia efetivamente transtornado. Começava ali uma mudança na rota de sua vida, de seu mundo interior.

– Parece-me lógica a oferta de vocês. Mas, por favor – demonstrou uma educação jamais esperada dele, certa delicadeza, oriunda de uma modificação íntima, agora sim, visível para nós –, responda-me mais uma pergunta. Você e seu colega têm faculdades mentais diferentes, estranhas para nós, e que por aqui não conhecemos. Possivelmente, ninguém as possua em nosso meio. Como conseguem dominar esses fenômenos?

– Todos os seres vivos dispõem desse tipo de faculdade, em níveis e de naturezas diferentes. A isso chamamos mediunidade, e o termo vale tanto para os viventes na Crosta quanto para nós, que viemos além dos limites da matéria densa. Quando todos convivem em harmonia e união de propósitos,[6] o fenômeno promovido por um complementa o produzido por outro, e, assim, todos podem se ajudar mutuamente. Acredito que você notou a ligação com meu companheiro aqui ao lado, e nossa facilidade em perceber os pensamentos que você emite.

Depois de refletir um pouco mais, o espectro perguntou, nitidamente transformado:

– Será que você conseguiria uma prorrogação do prazo para respondermos ao ultimato? Os guar-

---

[6] "Uma reunião é um ser coletivo, cujas qualidades e propriedades são a resultante das de seus membros e formam como que um feixe. Ora, este feixe tanto mais força terá, quanto mais homogêneo for. (...) Toda reunião espírita deve, pois, tender para a maior homogeneidade possível. Está entendido que falamos das em que se deseja chegar a resultados sérios e verdadeiramente úteis. Se o que se quer é apenas obter comunicações, sejam estas quais forem, sem nenhuma atenção à qualidade dos que as deem, evidentemente desnecessárias se tornam todas essas precauções; mas, então, ninguém tem que se queixar da qualidade do produto" (KARDEC. *O livro dos médiuns...* Op. cit. p. 503-504, item 331).

diões atenderão se você pedir em nome de um dos príncipes?

– Diga-me o porquê do pedido inusitado... Talvez, compreendendo as intenções que o movem, eu possa conversar com o próprio Jamar, nosso comandante.

– É que não tenho poderes para tomar decisões de âmbito tão grande, como é o caso dessa empreitada, isto é, guiar vocês pelos recônditos do submundo. Preciso reunir os dignitários entre os espectros, príncipes e poderes, os quais se reportarão aos *daimons*. Tentarei convencer meus colegas e talvez lhes traga uma resposta breve. Mas... não posso falar por eles. Sei que vocês representam a única chance de sairmos deste mundo, nem que seja para outro orbe do espaço, e também de preservar nossa memória, nossa história de vida e a cultura de séculos e milênios. Não sei se sabe, mas há rumores de que os demais *daimons* temem enfrentar o número 1, justamente porque ele ameaça privá-los das próprias memórias...[7]

"Consigo perceber que podem até destruir nosso sistema de vida, mas não o farão. No meu concei-

---

[7] Em dado ponto da narrativa de *A marca da besta*, o maioral número 1 profere a seguinte ameaça ao então segundo dragão em poder: "Seu corpo mental seria expulso do habitáculo no qual está inserido, dentro deste miserável corpo, que somente eu possuo o dom de destruir. Você encontraria *o fim de seus projetos de vida* e seria recolhido ao Pavilhão da Memória, como os outros irmãos nossos que *enlouqueceram*" (PINHEIRO. *A marca da besta*. Op. cit. p. 225. Grifos nossos).

to, quem deixa de aproveitar uma oportunidade de destruir seus inimigos é alguém ou um governo digno, com o qual se pode fazer uma aliança. Por mim, acho que deveríamos cooperar; fazer um experimento com a tal união de seres, como falou. Mas não posso falar por todos. Nem eles podem saber o que penso, em detalhes."

– Falarei com nosso representante maior, o guardião da noite. Direi a ele da necessidade de prorrogação; entretanto, fique certo de que não poderemos adiar o cumprimento do ultimato indefinidamente, pois a ordem de Miguel é muitíssimo clara. O tempo pede providências urgentes. Vá, espectro, e, se algo colocar sua posição e sua pessoa em risco, saiba que o abrigaremos em nossa base. Ainda assim, conservará a liberdade de ir e vir, de pensar e agir, mesmo estando sob os auspícios dos guardiões. Desejo sucesso no encontro com os principados e as potestades. Tenha certeza de que o destino dos espectros está em suas mãos. De acordo com as orientações que posso captar, você tem dois dias para trazer a resposta de seu povo.

Tão logo o guardião encerrou a fala, ele e eu nos teletransportamos, desaparecendo à frente do espectro e, com isso, acentuando ainda mais as novas convicções do servo dos dragões. Embora a distância entre o local onde estávamos e o aeróbus fosse pequena, mentalmente combinamos esse procedimento, desmaterializando-nos ali e rematerializando-nos dentro do aeróbus. Tamanho desconcerto do espectro sugeria que ficara impressionado – o que era nosso objetivo –, uma vez que eles desconheciam essa possibilidade ou, pelo menos, não dominavam o fenômeno.

Quando penetramos o ambiente onde estava Jamar com seus companheiros de comando, para lhe transmitirmos o relatório da conversa, notamos certa tensão no ar. Atividade febril desenvolvia-se na sala de comando. Uma tela panorâmica mostrava os arredores, e nitidamente se viam os exércitos dos dragões agrupando-se – a uma distância considerável, mas de fato se ajuntavam, formando um contingente cada vez maior. Apesar disso, em face do relato e das explicações do guardião, Jamar soube entender e esperar.

O tempo urgia...

O regresso do espectro se deu antes do término do tempo concedido. Ele trazia outros príncipes consigo, além da resposta final do número 1. O príncipe dos espectros tinha pressa, pois resolvera abandonar a posição que ocupava e pedir asilo aos guardiões – ele e dois de seus compatriotas. Junto com esses três líderes, um grupo nada desprezível de outros da sua espécie decidiu capitular e pedir socorro aos guardiões.

Era mais uma derrota da escuridão.

CAPÍTULO 6

EU
SOU
O
NÚMERO
I

> "
>
> Deus não poupou os anjos que pecaram,
> mas, havendo-os lançado no inferno,
> os entregou às cadeias da escuridão, ficando reservados
> para o juízo. Deus castigará especialmente aqueles
> que segundo a carne andam em imundas concupiscências,
> e desprezam as autoridades. Atrevidos, arrogantes,
> não receiam blasfemar das dignidades,
> enquanto que os anjos, embora maiores em força
> e poder, não pronunciam contra eles
> juízo blasfemo diante do Senhor.
>
> *II Pedro 2:4,10-11*

O ser que repentinamente apareceu era um pouco mais alto que Bernard. Era completamente comum, mas trazia no feitio certas características que denotavam procedência africana. Quer dizer, o aspecto dele revelava traços de sua matriz cultural, certamente enraizada na África. Era magro, ágil e tinha o tórax que algum habitante da superfície diria haver sido talhado numa academia de musculação.

Bernard encarou com naturalidade o súbito aparecimento do guardião, que chegava acompanhado de sua equipe. O visitante de pele escura como ébano aproximou-se do vigilante e disse, esboçando um sorriso enigmático:

— O nosso chefe convoca você e seus companheiros para receberem instruções quanto aos próximos passos em relação aos dragões. Eu me ofereci para trazer-lhe o recado de Jamar, uma vez que passaria próximo daqui. Mas me desculpe a forma de aparecer assim, repentinamente e sem aviso prévio. Não sabia que estava em reunião com seus colegas.

– Tudo bem, Watab – disse Bernard, um dos espíritos especialistas escolhidos por Jamar para aquela empreitada. – Oficial Yoshida, quero que conheça nosso amigo Watab.

– Está bem, Bernard – disse Yoshida, lacônico. Não se pronunciou mais detalhadamente, porém mediu o guardião africano de cima a baixo.

– Muito obrigado, Watab – disse Bernard, voltando o olhar para o guardião enviado de Jamar. – Estarei no local da reunião alguns minutos antes de começar.

Watab lhe entregou um documento, indicando a hora e o lugar, ou seja, em qual compartimento do aeróbus aconteceria o encontro.

Yoshida olhou agora com maior interesse para o emissário de Jamar, esperando ver o mesmo fenômeno mais uma vez – o transporte de Watab através do espaço ou, agora, sua desmaterialização.[1] Era uma prática que nem todos os espíritos dominavam.

Sem falar, apenas meneando a cabeça num gesto

---

[1] O autor espiritual lança mão do termo *materialização* e variantes para se referir ao fenômeno que cita neste e noutros trechos, o qual consiste no transporte de espíritos de um ponto a outro *da dimensão extrafísica* – por mais densa que se apresente. O corpo dos personagens não é

de despedida, o guardião cor de ébano demonstrou que deveria partir imediatamente, pois tinha outras incumbências.

– Nos encontraremos em breve, meu amigo. Até daqui a uma hora.

Bernard, também interessado no fenômeno, inclinou o corpo para melhor observá-lo; para aquela região inóspita e quase material, em uma dimensão sombria, era algo incomum, mas possível para alguns espíritos. Além disso, ele queria ver as reações do seu companheiro, que a tudo observava, quieto.

Watab fechou os olhos por alguns segundos. No mesmo instante, começou a dissolver-se, convertendo as moléculas de seu corpo espiritual de maneira a produzir o fenômeno da desmaterialização. Ouviu-se um som característico, como se o local onde antes estivera o guardião fosse preenchido pela substância vaporosa que era o ar daquela dimensão. Talvez o som se parecesse com o produzido por um gás que escapasse de alguma garrafa de refrigerante, ao ser aberta, para usar uma figura cotidiana para os encarnados. Watab simplesmente desapareceu à frente de seus colegas vigilantes.

Quando Bernard se voltou para o colega, ensi-

---

composto da matéria tal qual a conhecemos; entretanto, por se tratar de um tipo de matéria astral, próprio da dimensão onde atuam, é natural que se empregue a mesma terminologia. Uma alternativa é o termo *teletransporte*, que, aliás, já foi usado nesta obra.

mesmado no seu canto, viu um indivíduo perplexo, pois Yoshida não dominava o fenômeno do teletransporte. Aliás, a maioria dos guardiões também não, sobretudo naquelas condições ambientais. Yoshida estava boquiaberto; ficara impressionado com a naturalidade de Watab ao usar o sistema de transporte através das forças de seu pensamento.[2]

– Como... como certos espíritos fazem isto de maneira a parecer tão simples? Por mais que eu tentasse, não consegui fazer nada semelhante, nem por um microssegundo que seja – falou Yoshida, demonstrando curiosidade sadia e, ao mesmo tempo, quanto estava desconcertado por haver conhecido um dos

---

[2] (Cf. "Fenômeno de transporte". In: KARDEC. *O livro dos médiuns...* Op. cit. p. 135-147, itens 96-99. Destaque para a síntese do espírito Erasto e o questionário que o segue, nos itens 98 e 99.) Embora o texto indicado aborde o transporte, com o concurso dos espíritos, de objetos tangíveis de um lugar a outro no mundo das formas – portanto, *materialização* e *rematerialização* propriamente ditas, isto é, na dimensão física –, acreditamos que a base teórica, além de muitos dos esclarecimentos e das ressalvas, ajudam a fundamentar e esclarecer o transporte ora narrado, na medida do possível, uma vez que não só é um fenômeno ocorrido na dimensão extrafísica, mas se dá com espíritos, e não objetos. No limite, o princípio que o explica certamente está associado à *ubiquidade* ou é um desenvolvimento desta faculdade, tal qual é definida na filosofia espírita. Lamentavelmente, Kardec pôde tão somente conceituá-la, e não investigá-la a fundo (cf. KARDEC. *O livro dos espíritos.* Op. cit. p. 114-115, item 92).

mais competentes oficiais entre os guardiões, amigo pessoal do lendário Jamar.

Bernard deixou-o com suas dúvidas. Esboçou um sorriso e, tocando levemente o amigo, mudou de assunto, chamando-o para a urgência do momento:

– Temos de nos preparar, Yoshida, pois Jamar nos convocou. Não quero chegar atrasado ao local da reunião. E olhe, amigo, que não vamos simplesmente nos desmaterializar e rematerializar no local marcado! Vamos a pé mesmo, como simples espíritos a serviço da justiça divina.

– É claro, Bernard. Vamos indo, então...

Yoshida parecia ainda absorto no fenômeno que sempre o intrigara. Afinal, vinha testando suas habilidades psíquicas há mais de uma década na academia dos guardiões. Já conseguira muitas vezes alcançar resultados interessantes, mas ainda não pudera produzir o tal fenômeno que o fascinava.

Levantou-se prontamente, embora sua mente trabalhasse febril, entre tantos pensamentos que lhe vinham à consciência. Jamar não convocaria uma reunião caso não houvesse algo muito especial em vista. Da mesma forma, jamais chamaria Bernard e seus amigos mais próximos se não tivessem um papel a desempenhar nos próximos lances do conflito com os poderosos *daimons* ou dragões.

Como que percebendo os pensamentos do amigo Yoshida, Bernard sorriu e falou com satisfação quase infantil:

– É isso aí, amigo. Você está mesmo sintonizado com nosso trabalho. Temos de ir, pois o compromisso com a política do Cordeiro nos chama.

Os dois saíram imediatamente, pois deveriam reunir mais alguns companheiros antes de se dirigirem ao local combinado – um dos sete compartimentos do aeróbus oferecido por Miguel aos guardiões.

Uma conferência rápida, porém importante, se realizava na célula central do aeróbus, a maior entre as partes que compunham o comboio. No entanto, o encontro não se dava no auditório, mas nos aposentos particulares de Jamar. No recinto com pouco mobiliário, reuniam-se, além do guardião da noite, Watab, Bernard, seu amigo Yoshida e quatro outros espíritos, que foram chamados por Bernard após o comunicado de Watab. Também estavam presentes mais dois especialistas que compunham a equipe dos guardiões.

– Já temos conhecimento da situação aqui, na dimensão dos *daimons*. Sabemos que muitos dos chefes de legião, os mais representativos entre os espectros, estão abalados com o fato de o número 2 dos maiorais ter sido levado a outras regiões da espiritualidade. Desde então, parece que o sistema aqui reinante tem sido questionado, ainda que de modo sorrateiro, como convém quando se está sob um regime de tirania. Contudo, sabemos também que os dragões não deixarão por menos. Algo está sendo tramado; uma ofensiva aos habitantes da Crosta, sob a supervisão dos *daimons*. Uma vez que estes não têm acesso direto à superfície, daqui de seu mundo-prisão coordenam seres que lhes são leais e que agem ardilosamente, longe dos holofotes, mas com extrema determinação sobre a política dos encarnados.

Depois de breve pausa, Watab assumiu a fala:

– Os *daimons* avançam sorrateiramente por intermédio de seus aliados e subordinados em primeiro grau, os quais ainda têm acesso à superfície. Parece ser um impulso ou uma necessidade de vingar-se dos representantes do Cordeiro, quiçá dele próprio, interferindo na história da humanidade, na tentativa de atrasar o plano de expatriamento e transmigração entre mundos, que já está em curso.

– Sim – retomou Jamar. – E temos agora três príncipes dos dragões que nos pedem asilo, os quais nos informaram que há muitos outros com a mesma intenção, de abandonar seus postos. Apesar disso, temem pelas consequências de afrontar seus superiores, tanto quanto se sentem apreensivos ante o desconhecido das fileiras inimigas, o que é, até certo ponto, compreensível. De toda forma, em troca de nosso apoio e asilo, ofereceram mapas que indicam certos redutos nesta dimensão, assim como no abismo e na subcrosta. Isso já nos ajuda consideravelmente no processo de reurbanização e relocamento de milhares de seres que aí vivem ou são mantidos reféns pelos *daimons*. Testamos mentalmente os chefes ou os três representantes dos principados e eles falam a mais pura verdade, apesar de que também se inquietam, com medo da represália dos seus superiores. Não é para menos, pois ocupavam altas patentes, gozando de destaque e confiança dos dragões, particularmente do número 1.

Um dos guardiões pigarreou desleixadamente, como se estivesse em seu círculo íntimo, esquecendo-se da gravidade do momento. Todavia, para Jamar, essa atitude apenas externava sua humanidade. Não eram mais que seres humanos, com corpos ligeiramente diferentes, vibrando numa dimensão também diferente da dos encarnados, mas eram humanos. O guardião aparentava certo desgaste, com olheiras marcantes. Quem o conhecesse, entretanto, saberia que era uma impressão falsa. Ele era um dos membros mais especializados na área científica do aeróbus.

– Bernard – prosseguiu Jamar. – Resolvemos que você partirá, imediatamente, à procura do reduto onde se encontram as consciências ou os exemplares aprisionados pelo maioral, o chamado Museu das Almas. O ultimato já foi dado, mas parece que o número 1 o ignorou. Então, devemos nos apressar. Encaminharei pessoalmente, para a base lunar dos guardiões, os dados passados pelos espectros e aguardarei o pronunciamento de Anton a respeito. Enquanto isso, no mundo todo, nas dimensões mais próximas da crosta terrestre, equipes especializadas já têm atuado sobre os redutos de poder dos magos negros e científicos, liberando tais locais dos focos de energia densa, a fim de facilitar o processo de reurbanização. – Neste momento, Jamar olhou diretamente nos olhos de Bernard. – Quero saber se está mesmo disposto a enfrentar as regiões ignotas desta dimensão, com todos os perigos que a empreitada apresenta. Caso esteja, tem apenas uma hora do nosso tempo padrão para comunicar sua equipe e lhe dar ciência dos detalhes.

– Claro que estou disposto, senhor – respondeu Bernard, sério. – Além do mais, concordo plenamente com a ação, mesmo que não tivéssemos os dados oferecidos pelos espectros dissidentes. Porém, incomoda-me uma dúvida, Jamar. O que vai ser desses seres agora que desertaram efetivamente, abandonando a posição de comando que ocupavam? Como ficarão diante de seus subordinados e, principalmente, diante dos *daimons*?

– Sem dúvida, a situação não é de fácil solução. Junto com os 3 espectros, desertaram mais de 200 outros, seus antigos subordinados; serão abrigados temporariamente dentro do campo de força do aeróbus. Entretanto, é improvável que tenhamos como transportá-los conosco, uma vez que não sabemos ainda a quantidade de seres aprisionados pelos dragões no Museu das Almas. Estes, sim, são a prioridade da nossa missão. Enviei um pedido a Anton e ele está liberando um comando especial para levar os espectros a uma base segura, evitando represálias por parte dos dragões. Ocorre que, em razão do nível vibratório deles, não podem ficar na base principal dos guardiões. Eles mesmos não têm ilusões no tocante a isso e ao fato de que serão deportados, embora estejam seguros de que encontrarão, no futuro, melhores condições de reiniciar o aprendizado e a caminhada evolutiva. Bem, temos de aguardar os acontecimentos que definirão o futuro deles; por certo, não ficarão desamparados.

Dali a algumas horas, quatro guardiões passavam sobre as pirâmides negras, local que os espectros apontavam como um entroncamento que levava ao provável lugar onde se situava o chamado Museu das Almas dos *daimons.* Locomoviam-se num veículo previamente preparado, que comportava poucos passageiros.

As pirâmides erguiam-se como monumentos dos antigos degredados; aos nossos olhos, eram ameaçadoras. Emitiam uma luminosidade macabra, cuja coloração mudava, variando do roxo ao vermelho-escuro, como se estivessem absorvendo energias do alto, isto é, do local correspondente ao céu daquela dimensão. As imediações e as próprias pirâmides indicavam que estávamos diante de um território sagrado para os poderosos *daimons,* talvez algo que se assemelhasse a um santuário. Os sete monumentos se impunham com tal altivez que pareciam desafiar qualquer poder conhecido naquele mundo-prisão, senão testificar que o número 1 reinava absoluto. Formavam um círculo mortal, dentro do qual espectro algum arriscava entrar, sob pena de ser bombardeado com um tipo de energia eletromagnética capaz de lhe causar grande estrago ao corpo semimaterial, talvez mesmo sua implosão, fazendo com que perdesse o aspecto normal e trocasse a forma humanoide pela ovoide. Ao menos, essa era a crença vigente entre os espectros. De todo modo, os guardiões não estavam dispostos a invadir aquele espaço sagrado dos dragões. O objetivo era outro. Era mais além e, quem sabe, bem mais perigoso.

O veículo dos guardiões ladeou as construções imponentes e seguiu seu curso, porém passando bem perto de uma delas, de maneira a permitir que os instrumentos do veículo fizessem algumas medições e registrassem dados para análise posterior. Yoshida falava todo o tempo, merecendo a repreensão irônica de um dos guardiões que os acompanhavam:

– Puxa, Bernard! Acho que deveria ter providenciado uma fechadura para lacrar a boca de Yoshida – falou Hamon para o chefe da expedição. – Parece que ele disparou uma metralhadora de palavras que não para mais.

Todos deram uma estrondosa gargalhada, descontraindo o ambiente, que estava tenso.

O ponto pelo qual passavam agora era exatamente o que fora indicado pelos espectros como a área em que começava o Círculo da Morte, expressão com que denominavam aquelas redondezas.

– Vamos pousar, Bernard? – perguntou outro guardião, visivelmente interessado no andamento da expedição e atraído pelo lugar incomum.

– Claro, meu amigo. Quero ver de perto essa coisa aí embaixo. Mas vamos pousar também porque, daqui para frente, não poderemos mais seguir no veículo; teremos de caminhar mesmo. O lugar deve concentrar um campo magnético potentíssimo, além de outros fenômenos próprios desta dimensão, os quais desconhecemos por inteiro. Fato é que sobrevoá-lo é arriscado demais.

Bernard dedicou um tempo a observar, enquanto o veículo voador pousava numa reentrância do solo. Depois continuou:

– Um dos espectros mencionou que este lugar oferece um perigo imenso para sua espécie, mas não falou exatamente qual tipo de perigo. Também relatou-nos que, segundo documentos a que teve acesso, em alguma época do passado existiram seres que viviam por aqui ou transitavam livremente por este local. Mais não soube informar. Posso dizer que estou com uma intuição ou uma sensação em relação a este lugar que me incomoda muito.

– Humm! – resmungou Yoshida, atento às impressões do seu superior.

Ao descerem do veículo, encontraram um ambiente muito diferente de tudo o que conheciam. O relevo era irregular, com trechos mais ou menos íngremes. Havia pedras escarpadas, que rebrilhavam por todo canto. Era como se pedras preciosas não lapidadas tivessem sido talhadas e espalhadas a esmo pelo chão, em quantidade maciça. Apresentavam tamanhos e formatos os mais variados, o que tornava a locomoção muito lenta e desgastante. Depressões profundas havia aqui e acolá, ao passo que pontas muitíssimo afiadas inesperadamente subiam de buracos no solo. O conjunto dava forma a uma espécie de floresta granítica, que conferia à paisagem um aspecto exótico e, ao mesmo tempo, tornava-a inóspita e perigosíssima. E o perigo não era imaginário, era real. Um guardião descobriu uma fenda na rocha, que levava a uma caverna de grandes proporções. Pelo menos, era a impressão que se tinha naquele momento.

O horizonte não oferecia uma visão pacífica; era atemorizante. Resolveram explorar os arredores. O pressentimento de Bernard agravava-se à medida que o local manifestava um tipo de ameaça cada vez mais patente. Enfim, não era aquele um lugar para descanso ou diversão. Havia algo de ameaçador no ar, algo que Bernard e seus guardiões não sabiam definir ainda. Yoshida não se sentia muito bem diante das impressões que passou a compartilhar com seu amigo.

Acima deles, uma concentração de luz e energia

de coloração avermelhada parecia substituir o Sol, que de maneira alguma chegava a banhar com sua claridade aquele recanto sombrio da dimensão dos dragões. Era mais um borrão avermelhado, profundo, quase hipnótico. Ainda assim, emitia alguma luminosidade, que banhava aquele sítio de algo que se assemelhava a uma luz natural. Das frestas das rochas, ou seja lá o que fossem aquelas escarpas hostis, uma estranha incandescência irradiava, conferindo um aspecto lúgubre a tudo ao redor.

Certamente, para a mente dos *daimons*, aquele quadro poderia significar beleza, mas, para os guardiões, o significado era bem outro. A paisagem em volta do pequeno grupo transmitia uma impressão assustadora, é verdade, contudo a visão do entorno escondia algo ainda mais selvagem, uma ferocidade dificilmente imaginada por mortais comuns. O silêncio só era quebrado pela fala dos guardiões. Nada mais se ouvia ali, o que acentuava a estranheza, o inusitado e a atrocidade latente daquele sítio, cujos donos não se mostravam aos guardiões, ao menos até aquele momento.

– Meu Deus! – exclamou Hamon, denotando um misto de curiosidade e espanto com a aparência do lugar.

– Jamais viveria num lugar desses – acrescentou Yoshida.

– Não se inquiete, meu amigo. Isto aqui é apenas uma amostra do mundo dos *daimons*... Não é lugar para nós, definitivamente.

Os guardiões ensaiaram levitar para subir a encosta escarpada à sua frente, mas concluíram que ali, naquela dimensão, pairar acima do solo e movimentar-se era algo muito penoso. Resolveram saltar, dar saltos largos – era o que poderiam fazer de mais próximo à levitação. Dentro em pouco, elevaram-se uns 300 metros em relação à altitude anterior, alcançando um patamar do qual puderam observar mais longe e notar que a montanha que pretendiam escalar era ainda mais alta, cerca de 500 metros acima de onde estavam. Não desistiram. Bernard e Hamon chegaram ao topo quase sem fôlego, pois ali o ar também era diferente do que os espíritos guardiões respiravam normalmente; não apenas rarefeito, mas de uma composição bastante distinta. Confortava-os saber que não havia risco de morte; afinal de contas, eram todos seres que viviam além dos limites do corpo físico, muito além da matéria densa do mundo.

Assim que todos se reuniram no topo da montanha, resolveram observar os arredores. Notaram que, do outro lado, um paredão descia vertiginosamente, também cheio das rochas escarpadas e irregulares vistas no início. Uns 4 quilômetros abaixo, talvez, destacava-se um abaulamento no solo, de estranho formato triangular, que se apresentava cercado de paredes quase na vertical. Além do abaulamento, estendia-se um deserto. Pedras pontiagudas erguiam-se no meio do nada, tornando a paisagem ainda mais inóspita. As agulhas de pedra elevavam-se mais ou menos 3 ou 4 metros cada uma, formando um planalto com ruínas ou composições rochosas aqui e ali, que lembravam estalagmites, embora de outra natureza. Não que estivéssemos numa caverna; ao contrário, o lugar parecia não levar a nada, ou melhor, parecia levar ao nada.

Foi quando Bernard resolveu dar ordens para que dois dos guardiões do pequeno destacamento regressassem ao veículo que os transportara até ali e montassem guarda, ficando de sobreaviso. Assim procederam. Bernard escolheu ficar com Yoshida e passou o comando do veículo a Hamon.

Yoshida e Bernard prosseguiram caminho, desbravando o planalto de pedra. Encontrariam a qualquer custo o reduto das almas cativas, onde os dragões – ou melhor, o número 1 dos dragões aprisionara espécimes ou seres de diversas fases da história humana. Assim que os dois guardiões se foram, retornando pelo caminho que os levara até ali, Bernard compartilhou sua apreensão com o amigo Yoshida:

– Isto aqui pode ser ainda mais perigoso do que os espectros deram a entender. Deixa qualquer um confuso, sem saber qual direção tomar. Devemos nos concentrar, a fim de não nos perder em meio a essas estalagmites gigantes.

– Você está certo. Todo o cuidado é pouco – comentou Yoshida. – Lembre que as informações que temos nos foram dadas por um espectro e, além do mais, ele próprio alertou que não participara pessoalmente do mapeamento deste lugar. Pelo contrário, partiu de observações mais antigas, de outro companheiro seu; quem sabe um fugitivo do reduto do poderoso número 1?

– É verdade. Vamos redobrar a atenção. Não detemos nenhuma explicação natural para esta concentração cada vez maior de pedras pontiagudas. Não é improvável se tratar de uma armadilha dos dragões ou uma tentativa de confundir os sentidos de quem queira se aproximar de seu covil.

– Sim! Então, surge uma dúvida atroz: o que o número 1 estaria tentando esconder com todo este sistema de defesa, este aparato nefasto, que transborda crueldade e provoca tanta intimidação? Para mim, é indicativo de que guarda, aqui, muito mais do que os seres por ele aprisionados. Quem sabe, sua fortaleza?

– Então, iremos descobrir o segredo do maioral dos dragões – Bernard encerrou a conversa em tom resoluto.

Os guardiões estavam naquela expedição há mais de 4 horas. Fazia muito mais tempo que haviam decolado do aeróbus principal, onde permaneciam Jamar e os demais. Yoshida quase havia se esquecido de que estavam à procura de um dos segredos do número 1 dos *daimons*. Até que Bernard apontou na direção sul, inclinando-se ligeiramente para amparar-se numa fresta da encosta íngreme por onde desciam, rumo a mais e mais pedras:

– Veja, Yoshida! – apontou o guardião. – Bem distante, talvez a uns 10 quilômetros, parece se erguer uma cidade. Ou algo parecido.

Yoshida ergueu-se de sobressalto e aprumou-se numa depressão da encosta, apoiando-se melhor para observar. Sua visão de espírito estava prejudicada, devido à materialidade do ambiente à volta e aos fenômenos inexplicáveis da própria natureza do lugar. Mesmo assim, pôde divisar a cidade, com certa dificuldade, na direção que Bernard indicara.

– É uma cidade, sem sombra de dúvida.

– O que torna ainda mais inexplicável este fim de mundo...

A descoberta foi como injeção de ânimo para transporem o obstáculo que representava aquela selva de pedras pontiagudas. Dali em diante, com o destino concreto no horizonte, a motivação de ambos aumentou, apesar de permanecerem solitários, pois os outros dois amigos haviam regressado para o veículo, conforme o próprio Bernard ordenara.

A dupla desceu a encosta de maneira apressada, como se não existisse perigo rondando, muito embora atentos ao menor vestígio dos *daimons* e suas artimanhas. Cada um levava consigo um pequeno aparelho de comunicação, baseado em ondas de rádio. Era um modelo arcaico e obsoleto, que não era usado pelos guardiões há muito tempo; porém, naquelas circunstâncias e naquele lugar, era a melhor forma de se comunicarem com os companheiros no aeróbus e no outro veículo menor, que os transportara até as fronteiras daquele país estranho.

Após gastar relativa cota de energia desviando-se das rochas pontudas, concluíram que o objetivo delas era realmente confundir estranhos. Não somente formavam um emaranhado de pontas, que não deixava ver muito além – e adensavam-se gradativamente, à medida que avançavam naquele labirinto –, mas ainda emitiam uma espécie de radiação, a qual afetava a mente de eventuais intrusos que ali se aventurassem. No entanto, o número 1 não contava que fossem aparecer ali exatamente os guardiões, os emissários da justiça divina. E, sobre eles, a radiação não tinha efeito tão devastador quanto o que era produzido sobre os habitantes daquela dimensão, dotados de vibração extraordinariamente inferior.

Bernard e Yoshida prosseguiram, mas não sem contatar, pelo aparelho de comunicação, os amigos da base principal, onde Jamar estava ancorado com os demais guardiões. Partiram às pressas, sem esperar resposta do guardião da noite. E, por isso mesmo, foram surpreendidos quando, depois de caminhar algumas centenas de metros, o próprio Jamar surgiu, juntamente com Watab, reforçando a guarda e provendo de estímulo os dois guardiões que avistaram a cidadela das almas aprisionadas. Foram deixados ali por um dos compartimentos do aeróbus, que sobrevoou o local, guiando-se pelas coordenadas que

Bernard fornecera. Tão logo o piloto avistou os dois guardiões, deixou Jamar e Watab, retornando para o abrigo sob o campo de força erguido ao longe.

Quanto mais se aproximavam da cidade estranha, mais clara lhes parecia a estrutura do local. A cidade toda fora erguida com um tipo de material fluídico – se assim se pudesse caracterizar sua natureza – muito semelhante a pedra. Ou melhor, ao granito. Os blocos que se erguiam à frente dos guardiões eram estruturas elaboradas para funcionar como moradia, edifícios de aparência diferente de tudo o que conheciam. Segundo Jamar e Watab puderam estimar, a cidadela construída pelos *daimons* devia abrigar ao menos umas 20 mil pessoas.

Jamar sentiu o peito oprimido. Seus sentimentos pareciam ganhar vida própria ao pressentir o que ali se passara desde muitos séculos. A ideia de que neste lugar centenas ou milhares de seres inteligentes haviam sido coagidos pelo maioral dos *daimons*, mantidos em cativeiro, afastados de sua gente, causava certo pavor. Atrocidade, infâmia, perversidade. O pensamento de que possivelmente tivessem sido presos simplesmente por um capricho do poderoso dragão, o maior entre os demais de sua raça, era algo que perturbava, e muito, o guardião. E nem sequer sabiam, ainda, por que a cidade estava abandonada. Talvez por algum outro capricho dos dominadores daquela dimensão ou, quem sabe, por motivos que jamais lhes seriam claros.

Os demais guardiões quase não pronunciavam qualquer palavra, pois sabiam que Jamar estava absorto em seus pensamentos e queriam respeitá-lo. Passaram silenciosamente em meio à construção excêntrica, observando e registrando cada detalhe. Watab ficou muitíssimo impressionado com a cor dos edifícios. Como não havia luz do Sol, mas somente aquela luminosidade embaçada que mudava de tonalidade a cada esquina, a cor negra era predominante em todas as construções. Embora quase todos os prédios apresentassem sinais de degradação, e outros estivessem destruídos, a visão da cidadela não deixava de causar um misto de admiração e espanto. Watab e Bernard falaram baixinho sobre como deveria ter sido suntuoso aquele reduto dos dragões séculos atrás, antes do declínio e, a julgar pela decadência instaurada, de ser entregue ao abandono.

De um momento para outro, um tremor no solo da paisagem artificial demonstrou que deveriam andar mais depressa, pois certamente ali não encontrariam nada que merecesse mais sua atenção. O tremor aumentou em intensidade, ao passo que muitas construções começaram a ruir ao redor dos representantes da justiça. Levantou-se em vários lugares uma poeira nefasta, que parecia extremamente tóxica, mesmo para a estrutura astral dos corpos de seres como os guardiões.

– É uma armadilha o local! – asseverou, de repente, um dos guardiões.

– Talvez nem sempre tenha sido assim, mas, com certeza, após ser abandonado, aparentemente às pressas, o lugar passou a ser usado como armadilha pelos *daimons*. Não é bom que nos demoremos aqui – acentuou Watab.

– Faremos o seguinte – interrompeu Jamar. – Vamos nos dividir em dois grupos. De um lado, você, meu amigo Bernard, juntamente com Yoshida, vão pelo flanco direito, em busca do local onde provavelmente se encontra o museu do número 1. Eu e Watab iremos pelo lado esquerdo, pois há rastros magnéticos muito intensos por este lado. Precisamos localizar o número 1 e distraí-lo enquanto vocês libertam os prisioneiros e os conduzem ao aeróbus, que, a esta hora, já deve ter chegado e está de prontidão, aguardando o sinal de vocês. Não nos demoremos mais!

Jamar com certeza sabia de algum detalhe que os outros guardiões desconheciam. Talvez, por isso, percebesse os rastros de energia do número 1 dos dragões ou de algum de seus aliados.

– Certo, senhor – respondeu Bernard ao comandante e guardião da noite.

Enquanto Jamar e Watab se dirigiam ao lado esquerdo da cidade, Bernard e Yoshida rumaram para outra direção. Assim que ultrapassaram os limites da cidade, notaram algo estranho, para o que não encontraram explicação plausível. Uma espécie de portal aparecia ao longe; na verdade, tratava-se de uma luminosidade, talvez um objeto que tremeluzisse, numa coloração mais assemelhada ao roxo. Bernard interpretou que tal fenômeno possivelmente havia sido produzido pelos donos do poder naquele lugar. Antes desse portal, havia um desfiladeiro. Tiveram que rumar montanha abaixo, mas viram que não seria nada fácil atingir a luminosidade a que chamaram de portal.

O *canyon* à frente de Bernard e Yoshida não era algo natural. Parecia produto de uma tecnologia ignorada, construído com o intuito de impedir o acesso ou distrair eventuais invasores. Mas quem seriam os invasores numa dimensão na qual os *daimons* dominavam? Será que o número 1 queria se proteger ou proteger seu segredo dos demais dragões, que compunham o seu concílio tenebroso? Ou existiriam por ali outros possíveis inimigos do maioral? De qualquer maneira, para essas perguntas não haveria resposta tão cedo. Os guardiões concluíram que o *canyon* e seus prováveis perigos consistiam numa armadilha projetada por algum equipamento escondido, por isso evitaram ao máximo o lugar. Preferiram desviar pelo flanco direito, tanto quanto possível, o que demonstrou ser acertado, pois, dentro de pouco tempo, diversas faíscas partiram de alguns picos da cadeia montanhosa para, em seguida, transformarem-se num inferno de fagulhas e radiações. A dupla contornou o local ameaçador e logo se viu diante do fenômeno singular, que de fato se assemelhava a um portal, erguido muito acima do solo.

– Com certeza, é uma espécie de passagem, que conduz, quem sabe, a uma variante desta dimensão.

– Sim, mas veja como ele desaparece a intervalos mais ou menos regulares para depois reaparecer em outro ponto e com outro formato – falou Bernard ao colega, apontando para o alto. – Jamar já relatou algo semelhante. Segundo me lembro, trata-se de uma forma de os *daimons* se transportarem a um local distante, gastando pouca energia mental. Se quisermos entrar, teremos de calcular o momento exato em que reaparece o fenômeno, tendo o cuidado de não nos rematerializarmos e ficarmos retidos em algum ardil criado pelo número 1.

– Puxa, meu amigo – falou Yoshida, nitidamente chocado com o que vira nas últimas horas. – Fico a imaginar o grau de crueldade, inteligência e meticulosidade do maioral dos dragões. Ele poderia muito bem ser considerado um verdadeiro demônio, no mais amplo sentido do termo.

– Não é à toa que ele é o maioral! – disse Bernard. – Desconhecemos o que ele pode conquistar ou alcançar com a inteligência e a sagacidade de que é dotado, somadas ao poder que detém sobre os fluidos desta dimensão sombria. De qualquer modo, é bom que não nos esqueçamos de que estamos a serviço da justiça divina; somos aqui os representantes do sistema de vida superior do Cordeiro, que, em última análise, é quem concebeu as leis desta dimensão e nela confinou os dragões.

Ao passo que faziam detalhadas observações e medições, visando certificar-se do momento exato em que a formação energética apareceria, os dois guardiões comunicaram-se com Jamar e pediram reforços. Após chegarem mais guardiões para apoio, o que demorou algum tempo, decidiram lançar-se em meio à abertura dimensional, ao portal, conforme eles denominaram a luminosidade que surgia a intervalos que não eram totalmente regulares, mas eram perfeitamente mensuráveis pelos guardiões. Lançaram-se ao alto no instante preciso em que irrompia a luz em forma de arco e foram arremessados imediatamente a outro local, distante daquele onde estiveram nas últimas horas. Os guardiões se rematerializaram perplexos diante do mundo diferente onde se encontravam agora.

Enquanto isso, Jamar e Watab tomaram uma decisão peremptória:

– Não vou perder tempo por estas regiões – falou Jamar, já conhecendo as artimanhas do número 1 e suas armadilhas psíquicas.

– O que pretende fazer, guardião?

– Vou pular esta etapa forjada pelo dragão número 1, só isso! Em vez de tatear por aqui, vou direto à fortaleza dele; sem dúvida está ciente de nossa presença e tenta nos desgastar, distraindo nossa atenção. Sobretudo, quero evitar problemas para Bernard e sua equipe.

Desembainhando sua espada – que, na realidade, era um instrumento de múltiplas funções, já utilizado em outras circunstâncias especiais –, Jamar brandiu-a no ambiente, formando um círculo de energia do plano superior naquele lugar funesto, acostumado com vibrações mais densas e matéria mental impregnada de substâncias e resíduos tóxicos. A espada começou a se agitar, segurada firmemente pelos braços musculosos do guardião. Formou-se uma espécie de túnel dimensional, partindo de onde a espada brandia até um ponto ignorado. O evento chamou a atenção de diversos seres, que até então estavam ocultos em alguma reentrância do solo ou por entre as construções do local. Mas não foi somente isso que chamou a atenção. Assim que o estranho fenômeno se produziu, uma voz já conhecida de Jamar, uma voz que vibrava em matéria mental se fez ouvir na mente dos dois guardiões:

– Não precisa destruir meu mundo, poderoso guerreiro! – ressoou a voz do número 1. – Conheço seus recursos e sei bem de sua presença nesta dimensão. Sei que vem em nome de Jesus de Nazaré. A ele conheço tanto quanto a sua política, mas vocês, a que vêm? O que procuram em meu império?

– Quero uma audiência com o mais poderoso dos dragões. Precisamos conversar urgentemente.

– O que impede o guerreiro da política divina? Você já formou o caminho até meu reduto e somente vocês conhecem minha mais secreta base de apoio. Conto com sua discrição, representante do Cordeiro.

– Nossa discrição dependerá de suas reações, *daimon*. Iremos até você e espero que não tente nenhuma artimanha, pois viemos em nome de Miguel, o príncipe dos exércitos celestes.

– Também conheço muito bem o poderoso príncipe. Já o enfrentei em passado remoto e não me esqueço de sua força e autoridade, que jamais ignorarei. Que venham!

Antes de Jamar e Watab entrarem na formação energética criada pelas vibrações do instrumento em forma de espada, que rasgava a dimensão energética dos dragões, formando uma trilha que os conduziria ao número 1, olharam um para o outro, meditando nas últimas palavras do dragão. Então ele conhecia Miguel desde um passado remoto? Que teria acontecido nos milênios anteriores ou em mundos ignotos para levar o número 1 a enfrentar Miguel e seus exércitos, a ponto de nunca mais esquecer-lhe a força e a autoridade? Essas eram perguntas que ainda não poderiam ser respondidas.

Os dois lançaram-se na trilha de energia a que o instrumento de Jamar dera corpo, promovendo a abertura dimensional. Não se passou um segundo sequer, pelos relógios da Terra, e Jamar e Watab se viram num salão ricamente mobiliado e de proporções imensas. Mas lá não havia nenhum ser visível, somente o ambiente que recendia opulência, que parecia decorado com elementos de diversas épocas e nações da Terra. Seria aquela uma maneira de o dragão contemplar as diversas etapas da história humana, ocasiões em que viveu suas experiências e se viu protagonista de tantos acontecimentos?

Muito embora a diversidade de elementos decorativos, a riqueza de detalhes, não havia nada de esdrúxulo ou que ferisse o bom gosto. A estética era impecável. Para tal, contribuíam as dimensões do lugar. Enquanto Jamar e Watab a tudo observavam, registrando cada detalhe em sua mente espiritual, subitamente aparece uma mulher. Exibindo traços elegantes e formas mais aperfeiçoadas do que a forma humana conhecida, ela desfilou sorrateiramente, a uma distância considerável dos dois guardiões. Um esboço de sorriso se desenhava em seu rosto fino, enquanto vasta cabeleira enrodilhava-se sobre a cabeça. Algumas mechas desciam, movimentando-se elegantemente ao longo do corpo. Apareceu e desapareceu como que por encanto, deixando os dois guerreiros perplexos diante da beleza e, ao mesmo tempo, da aura de maldade quase tangível, quase palpável que exalava de seu ser.

Assim que a aparição sumiu do ambiente singular, uma voz de natureza mental se fez presente, por assim dizer, quando, simultaneamente, um símbolo de duas serpentes enrolando-se foi projetado acima dos dois guardiões.[3]

---

[3] "E foi precipitado *o grande dragão, a antiga serpente*, que se chama diabo e Satanás, que engana a todo o mundo. Ele foi precipitado na

– Não posso dizer que sejam bem-vindos, guerreiros do Cordeiro – anunciou, solene. – Sua presença aqui desafia minha autoridade e põe a descoberto meu reduto mais secreto. No entanto, estabeleço uma trégua entre nossos poderes aqui representados.

– Sábia decisão, *daimon*. Como vê, temos condições de identificar seus redutos e anteciparmo-nos a suas armadilhas. Miguel nos enviou, e imagino que seus poderes e principados já lhe apresentaram o ultimato do príncipe dos exércitos celestes.

– Não me é interessante ajudar seus companheiros a identificar aquilo que chamam de quistos de dor e sofrimento. Eu estaria traindo minha própria política e dando mostras de fraqueza e submissão aos poderes do Cordeiro. Isso abalaria minha posição de primeiro dominador e maioral entre os maiorais.

– Para que saiba – falou Jamar, sem ver a forma do número 1 –, já temos a localização das sete cidades do poder, criadas pelos dragões há mais de 10 mil anos nas regiões inferiores, porém até hoje escondidas de todos os potentados, que estão sintetizados na figura dos magos negros e seus comparsas.

Um silêncio constrangedor se fez da parte do dragão número 1. Jamar respeitou o silêncio, apenas olhando sorrateiramente para Watab. Ambos sabiam da crise interna que se estabelecera na mente orgu-

terra, e os seus anjos foram lançados com ele" (Ap 12:9. Grifo nosso). Cf. Is 27:1; Ap 20:2-3,10,14.

lhosa do número 1. Aguardaram seu pronunciamento, respeitosamente.

Depois de dilatado intervalo, a voz do dragão soou na mente dos dois guardiões, e também no ambiente à sua volta:

– Entrei em contato com meus aliados nas sete cidades do poder. Vocês realmente são imprevisíveis em suas ações e Miguel continua sendo um excelente estrategista e comandante guerreiro.

Silêncio novamente, porém, agora, parecia ser muito mais eloquente. O dragão estava irado, entretanto não queria demonstrar tamanha contrariedade de maneira ostensiva.

Agora foi Jamar quem quebrou o silêncio, pois sabia que conseguira tirar o dragão do sério. Precisava neste momento distrair-lhe da atuação de Bernard e sua equipe, que então ficariam mais à vontade para invadir outros domínios do poderoso maioral.

– As cidades do poder, juntamente com os vales de dor e sofrimento e as zonas de expurgo, todos mantidos por você, *daimon*, já estão entre os alvos dos guardiões superiores para o trabalho de reurbanização extrafísica, que está em pleno andamento. Tanto os vales das drogas e da dependência química, sustentados pelos magos negros, quanto o vale da morte, onde atuam cientíticos, bem como o local em que os poderosos dragões – os sete; aliás, os seis restantes – mantêm cativos os reféns da loucura do período nazista: todos eles foram igualmente mapeados e estão sendo estudados em nossa base principal, a fim de que os submetamos a futuros trabalhos de reurbanização e relocamento.

Agora foi Jamar quem fez silêncio por certo tempo, favorecendo que o número 1 refletisse. Para o espanto dos guardiões, a reflexão que se viu não foi nada silenciosa. Um respirar, um som de suspiro profundo, seguido de outro que mais parecia um urro mental, um grito de desespero que ribombava pelo salão foi ouvido pelos dois guardiões, demonstrando que o maioral dos *daimons* fora surpreendido pelo guardião da noite e sentia-se encurralado. Desta vez Jamar não deu tempo para que se manifestasse e continuou:

– Como vê, maioral, o Cordeiro está determinado a fazer a limpeza energética, psíquica e espiritual nos redutos de poder, mantidos sob esconderijo e disfarce entre as dimensões, durante os últimos séculos e milênios. Nada e nenhum recanto do planeta, por mais remoto que seja, escapará ao fogo higienizador. Neste momento em que a Terra se alinha ao centro da galáxia, os cientistas do plano maior utilizarão as energias emitidas para promover e dinamizar o fogo higienizador, que erradicará para sempre esses redutos do ambiente extrafísico do globo.

"Como pode notar, poderoso dragão, o ultimato é real e se cumpre a despeito de qualquer opção que lhe pareça adequada. O que fazemos, dando oportunidade a você e aos seus companheiros no poder, os cinco outros dragões, de nos auxiliarem com mapas e localização dos recantos do mundo astral familiares a vocês, pode ser traduzido como um aceno puramente diplomático, pois beneficia quase exclusivamente sua linhagem. Trata-se da derradeira forma de ajuda da Providência Divina no tocante aos dragões, visando estender a vocês uma chance de cooperar, colaborando com o processo de reurbanização extrafísica. Auxiliando-nos, poupando-nos tempo, terão algum mérito, que jamais será esquecido pelo Cordeiro, pois consta em suas leis que nada será ignorado, nem mesmo um copo d'água; tudo receberá a justa recompensa."[4]

O dragão se manifestou, transcorrido longo, porém tenso silêncio:

– E como você se expressa a respeito de meus oficiais, príncipes e potestades que abandonaram o posto e a posição e foram procurar refúgio entre os guardiões? Soube agora que mais 200 dos meus melhores chefes e subchefes de legião abandonaram o poder, traíram-me a confiança neles depositada há milênios, e bandearam-se para o lado da oposição, do Cordeiro, sem me darem nenhuma satisfação.

– Não ignora, poderoso dragão, que seu domínio foi dividido, e um reino dividido não poderá subsis-

---

[4] "Então será grande o vosso galardão, e sereis filhos do Altíssimo, *porque ele é benigno até para com os ingratos e maus*" (Lc 6:35. Grifo nosso). Cf. Mt 10:42; 25:37-40; Mc 9:41.

tir.[5] Nada tivemos com isso, como pode verificar por seus meios, que lhe são amplos nesta dimensão. No entanto, não podíamos ignorar o pedido de rendição de seus principados e potestades.[6] Iremos abrigá-los e conduzi-los a ambiente que seja propício à vibração deles, e não lhes serão ignoradas as intenções sinceras. O Cordeiro saberá definir e decidir pessoalmente sobre a situação espiritual e o destino de cada um. Não compete aos guardiões administrar o destino de espíritos milenares, como o dos dragões e dos espectros, que engrossam suas fileiras e se constituem comparsas, ex-colaboradores e também, como não dizer, conterrâneos do maioral.

– Então, já que esses desertores se encontram fora dos meus domínios e do meu raio de ação, vocês não precisam de minha ajuda. Minha decisão é definitiva. Não me curvo ao poder do Cordeiro. Jamais!

– Que assim seja, poderoso *daimon*. Que assim seja. Comunicarei a Miguel sua decisão, mas tenha certeza de que seu poder será mais vigiado do que nunca e o próprio Cordeiro definirá os próximos passos em relação às prisões eternas. Não se assuste se nós, os guardiões, ou mesmo o próprio Miguel tomar uma decisão compatível com sua resposta. Deus seja

---

[5] "Todo reino dividido contra si mesmo acabará em ruína, e toda cidade, ou casa, dividida contra si mesma, não subsistirá" (Mt 12:25). Cf. Lc 11:17.

[6] "Vinde a mim todos os que estais cansados e sobrecarregados, e eu vos aliviarei" (Mt 11:28).

contigo, dragão, pois você também é um filho dele.

— Eu não preciso dele, sou a luz, Luzbel, Lúcifer ou como queira me denominar.

— Você é a estrela desgarrada. E é como diz a Escritura: "Como caíste do céu, ó estrela da manhã, filha da alva! Como foste lançado por terra, tu que debilitavas as nações!". "Dirás então diante daquele que te matar: Eu sou deus? Tu serás homem, e não Deus, na mão do que te trespassa".[7]

Jamar tão somente pronunciou essas palavras e um fenômeno não previsto, nem mesmo pelos guardiões, ocorreu na dimensão chamada prisões eternas. Uma luz pareceu sugar Jamar e Watab do ambiente, uma luz muito mais poderosa do que o instrumento usado por Jamar para adentrar ali. Uma luz tão intensa que pareceu cegar o próprio dragão e penetrar em cada reduto daquela dimensão. Os dois guardiões imediatamente ressurgiram dentro do campo de força do aeróbus.

Uma série de acontecimentos teve início no mesmo instante. Ao longe, Bernard e seu amigo também viram a luz e receberam um reforço energético imprevisto, mas perfeitamente bem-vindo.

Bernard fora levado exatamente ao local onde estavam os exemplares da raça humana aprisionados pelo maioral. Ali, encapsulados no que pareciam esquifes de cristal, havia mais de 2 mil seres de todas as

---

[7] Is 14:12; Ez 28:9 (cf. Is 14:4-23; Ez 28:2-19).

épocas da humanidade. Bernard e Yoshida ficaram boquiabertos. Viam formas espirituais desde o homem de Neandertal até os humanos da atualidade, passando por todas as fases da história terrestre.

– Puxa! Fico a imaginar qual tecnologia foi empregada para manter estes corpos espirituais perfeitamente conservados durante milênios – falou Bernard para o amigo.

– Isso só indica que, mesmo sendo espíritos, nós ainda conhecemos muito pouco a respeito de certas leis espirituais, dos poderes do espírito e da tecnologia do plano astral. Com certeza, o maioral consome muita energia para conservar tantos corpos por tanto tempo.

Os esquifes de cristal apresentavam-se enfileirados e ligados cada qual a um equipamento diferente de tudo quanto os guardiões haviam visto. Bernard aproximou-se de determinado esquife, que se iluminou completamente, mostrando o ser em seu interior. Automaticamente, imagens começaram a ser exibidas no entorno. Talvez, pela simples aproximação, Bernard tenha acionado algum mecanismo que retinha as memórias do espírito ali aprisionado – ou mesmo, quem sabe, aquelas imagens tenham sido gravadas pelo próprio número 1. De qualquer modo, não era hora de desvendar esses mistérios. Precisavam achar um meio de tirar dali os corpos espirituais guardados a sete chaves pelo maioral dos dragões, antes que ele descobrisse o que sucedia num dos seus redutos mais sagrados e secretos – até então.

Bernard e seu companheiro desconheciam os detalhes das cenas que se desenrolavam no ambiente fora dali, quando subitamente a ajuda externa chegou, de forma quase milagrosa. A mesma luz que viram adentrar o ambiente envolveu os esquifes um a um. Os aparatos de cristal elevaram-se na atmosfera e começaram a flutuar, saindo por uma abertura dimensional semelhante àquela por onde Bernard passara com Yoshida. Antes que um alarme fosse acionado de algum local desconhecido, os mais de 2 mil seres aprisionados no Museu das Almas do dragão número 1 já haviam sumido do ambiente. Os dois guardiões aproveitaram a rota aberta pela luz e se jogaram pela ponte de energia. Reapareceram junto do aeróbus, que os aguardava a certa distância daquele lugar secreto. Observaram, em seguida, que os esquifes voadores pousavam um ao lado do outro dentro dos compartimentos do veículo que fora enviado como reforço pela equipe de Jamar.

Desta vez, Bernard nem tentou compreender o fenômeno. Apenas limitou-se a aceitar o fato de que recebia ajuda de alguém que realmente sabia o que fazer; quem sabe do próprio Miguel? Só ele poderia enfrentar os dragões com autoridade moral suficiente para colocar fim aos desmandos do poderoso concílio dos maiorais, exatamente como fizera na ocasião anterior, levando o número 2 dentre os sete maiorais para visitar o reino superior do Cordeiro.

Na visão dos demais *daimons*, o número 2 fora abduzido por uma força monumental, que não podiam compreender, muito menos enfrentar.

O fenômeno que trouxe os equipamentos portadores de corpos espirituais provocou outra derrota para os poderosos dragões, ou, mais precisamente, para o número 1. Assim que os corpos aprisionados nos esquifes foram liberados, diversos outros corpos, artificiais, usados pelo número 1 para projetar-se nos ambientes do mundo extrafísico, os quais estavam guardados sob estrita vigilância do maioral, receberam potente choque energético. Explodiram mais de 500 corpos construídos e guardados como segredo especial pelo *daimon* número 1. A luz espiritual que invadiu os domínios da escuridão acarretou diversos contratempos – mais que isso, trágicas consequências – para os donos do poder nas regiões sombrias. Realmente, havia algo acontecendo que os dragões não poderiam ignorar por mais tempo. Para sempre se abalara seu poder – aquele que detiveram por milênios incontáveis, até quando o homem comum pode sondar.

No momento em que o maioral percebeu os diversos acontecimentos da mesma natureza que se desdobravam em seu império – todos simultâneos e em curto espaço de tempo –, um som, de caráter puramente mental, mas perfeitamente audível, fez-se ouvir em toda a extensão daquela dimensão. Um grito de desespero e ódio profundo; um urro de dor antecipada e juras de maldição, por saber que seu tempo estava próximo e sua hora era chegada. A derrota do dragão, "a antiga serpente",[8] já estava em pleno curso. Um a um, os mais expressivos entre seus príncipes e seguidores o abandonavam, lenta, mas progressivamente. O maioral e seus *daimons* estavam em crise, na maior crise de todos os tempos, jamais vivida por eles no planeta Terra. Era a vitória do Cordeiro e da política divina.

Os guardiões sob o comando de Bernard retornaram para o aeróbus, onde se encontravam Jamar e seus vigilantes. Assim que todos estavam alojados – tanto os guardiões quanto os espectros dissidentes e os espíritos libertos –, o aeróbus elevou-se na atmosfera. Deveria regressar para o campo vibratório da crosta terrena, onde eventos importantes ocorriam, dando prosseguimento à limpeza energética e à reurbanização do panorama extrafísico do mundo. Como estrela iluminada pelo plasma solar, o poderoso veículo voltava à base, contabilizando saldo mais positivo que qualquer expectativa, em favor dos representantes do Cordeiro e da política divina.

[8] Ap 12:9.

CAPÍTULO 7

A HORA DO JUÍZO GERAL

> Então vi um grande trono branco, e o que estava assentado
> sobre ele. Da presença dele fugiram a terra e o céu,
> e não se achou lugar para eles. E vi os mortos,
> grandes e pequenos, que estavam diante do trono,
> e abriram-se livros. Abriu-se outro livro, que é o da vida.
> Os mortos foram julgados pelas coisas que estavam escritas
> nos livros, segundo as suas obras.
> O mar entregou os mortos que nele havia, e a morte
> e o além deram os mortos que neles havia,
> e foram julgados cada um segundo as suas obras.
> *Apocalipse 20:11-13*

Quando ainda nos aproximávamos das vibrações da crosta terrena, resolvi olhar por uma vigia do aeróbus. Vi vários pontos brilhantes, semelhantes a estrelas cadentes, que iam e vinham entre o planeta e a Lua. Devido à incrível velocidade da nave que nos conduzia, a visão durou apenas alguns instantes, que, para mim, foram preciosos. Jamar se aproximou, claramente interessado em me auxiliar na compreensão do fenômeno. Sem que eu perguntasse, ele se prestou a esclarecer o que ocorria:

– Sabe que estamos num momento importante das atividades dos guardiões no que concerne às tarefas de reurbanização extrafísica.

– Sinceramente, depois da nossa visita à dimensão dos dragões, fico imaginando o trabalho que terão pela frente: processar as informações colhidas, lidar com a capitulação de mais de 200 espectros, que abandonaram o posto de aliados dos *daimons*, além de encaminhar, não faço a mínima ideia de que modo, mais de 2 mil seres, que foram resgatados do Museu das Almas, mantido pelo maioral.

– Pois é, Ângelo. Agora temos de nos apressar para receber orientação e treinamento de nossos irmãos das estrelas. Os pontos luminosos que você avistou são nossos irmãos trabalhando como reconstrutores dos ambientes mais densos e degradados, próximos à Crosta. Nós, os guardiões, temos muito que aprender com esses amigos de outras terras do espaço, pois já passaram por momentos semelhantes ao que a Terra atravessa e detêm conhecimento e experiência em disciplinas nas quais somos meros iniciantes.

– Mas podemos esperar uma interferência mais direta desses irmãos de outros mundos na história do planeta, na atualidade?

– Não de forma direta. Muita gente espera uma intervenção de seres de outros orbes, de maneira a colocar fim urgente às questões que estão em andamento no planeta, como guerras, desrespeito ao meio ambiente e, de forma mais ampla, ao sistema de vida do mundo, entre outras coisas do gênero. Porém, existem leis muito claras que regulam o trânsito e o envolvimento de uma civilização na história de vida de outra qualquer. Podemos esperar, sim, é que os próprios habitantes da Terra se dediquem à empreitada de limpar e reorganizar o ambiente que lhes serve de moradia. Os irmãos das estrelas estimulam-nos a adquirir conhecimento, compartilham experiências, ajudam-nos a elaborar um roteiro de reurbanização do lado de cá da vida; mas não tomam nosso lugar.

"Este será um milênio de muito trabalho para os habitantes da Terra. Os que aqui permanecerem, em todas as dimensões da vida, terão de se dedicar a reconstruir aquilo que degradaram ou de que abusaram ao longo dos milênios. Muitos conceitos e crenças deverão ser revistos, desmantelando ilusões e dissipando mitos alimentados, em grande parte, pelas religiões da Terra,[1] nos últimos milênios. Em meio a todo esse trabalho, ou como fruto dele, emergirá a civilização nova, com novos valores."

– Sendo assim, por bastante tempo teremos intenso trabalho, não?

– Claro que sim, amigo. O que presenciamos até agora consiste apenas no início de um processo que poderá durar centenas de anos, senão todo o milênio. Acontece que grande número de religiosos mal infor-

---

[1] "O Deus do universo é um; eu, porém, sou o deus das religiões" (PINHEIRO. *A marca da besta*. Op. cit. p. 565). A apresentação do *daimon* número 3, que discursa perante o concílio tenebroso dos dragões, é extremamente ilustrativa da influência que os espíritos desse calibre exerceram sobre as religiões, em todas as civilizações e culturas terrenas (ibidem. p. 559-566).

mados e apressados quer, a todo custo, que a transformação se dê de um dia para outro, entre trombetas e clarins. De preferência, levada a cabo por agentes externos, que venham em glória e majestade celestes, enquanto os salvos e escolhidos assistem a tudo confortavelmente, rendendo louvor e graças. Quanto engano! Isso não passa de delírio. Esquecem que é o próprio espírito humano o pivô da história; é o homem que deverá se transformar intimamente, inclusive aqueles que se acham fiéis e redimidos. Para que a Terra se veja renovada na paisagem externa, todos dependemos da renovação interna de seus habitantes. Não existe mágica nas leis divinas; nada ocorre de maneira desconexa.

Enquanto nos aproximávamos de uma importante base de apoio dos guardiões, Jamar aproveitou para tirar minhas dúvidas:

– Veja bem, Ângelo. A equipe de guardiões superiores precisa estabelecer bases mais firmes em diversas partes do planeta, no intuito de estabilizar o sistema de meridianos, antes que sucedam algumas transformações mais radicais. Isto é, antes que as guerras climáticas se tornem algo mais corriqueiro do que já temos observado, o que colocaria em risco uma quantidade ainda maior de pessoas, sem falar nas consequências drásticas para a natureza. Em suma, é essencial que trabalhemos intensamente, de maneira a estabilizar até mesmo a parte física do planeta, e não somente a extrafísica. Como pode notar, existem inúmeros desafios pela frente. Pense nos entrechoques sociais, políticos, econômicos, culturais, religiosos e filosóficos que eclodirão ainda neste milênio e ajudarão a compor o quadro dos acontecimentos que determinarão a partida de grande parcela da população do mundo para outros orbes.

– Puxa! Então, os lances que marcam aquilo que se denomina fim dos tempos não se desenvolverão rapidamente como alguns pensam...

– Já estamos no início dos eventos, sem dúvida. Entretanto, a culminância ou o final deles, nem mesmo os espíritos superiores sabem responder quando se dará; somente o Pai, a suprema consciência.[2]

"Ainda nos cabe fortalecer, ampliar e ancorar energias de muitas bases, que estão espalhadas por todo o mundo. Existem aquelas merecedoras de bastante atenção, dado o seu destacado papel no futuro, auxiliando a humanidade durante a transição, como aquelas localizadas no Himalaia, nos Andes e em importantes cidades da Europa. Bases importantes para apoiar nos momentos de crise mais aguda no plano físico são aquelas situadas na contraparte astral e etérica de cidades como Rio de Janeiro, Nova Iorque, Nova Déli, Tóquio, Paris, Pequim e Copenha-

---

[2] É no sermão profético que se lê o célebre versículo: "Porém, a respeito daquele dia e hora ninguém sabe, *nem os anjos do céu, nem o Filho*, mas unicamente o Pai" (Mt 24:36. Grifos nossos). Cf. Mt 24:36-39; Mc 13:32.

gue, entre outras. Especialmente, existem alguns lugares ou entroncamentos magnéticos no Oriente Médio, os quais recebem reforço emergencial desde alguns anos.

"Devido à importância histórica e política, as centrais de guardiões que ficam na região extrafísica correspondente a cidades como Londres, Paris, Berlim, Praga, Moscou, além de outras poucas, recebem grande contingente de especialistas do nosso campo de ação. Ali, o intuito também é preparar espíritos para tarefas de amparo, bem como capacitar médiuns desdobrados, homens comuns do povo, que são nossos aliados nos trabalhos extrafísicos. Por fim, essas unidades tradicionais operam como uma espécie de quartel-general, de onde observamos e traçamos estratégias a serem adotadas no tocante a iminentes conflitos armados, que atualmente se esboçam no cenário internacional.

"Todos esses lugares, entre outros mais, recebem atenção especial dos guardiões e de equipes especializadas, tanto de seres das estrelas quanto de vigilantes do próprio planeta Terra, sempre visando ao socorro das comunidades que apresentam maior sensibilidade ou susceptibilidade energética e, por isso mesmo, estão mais sujeitas a eventos dramáticos."

Fazendo uma pausa para que eu pensasse melhor, prosseguiu, oferecendo-me mais elementos:

– O Vaticano, por exemplo, é alvo constante de preocupação dos guardiões, pois ali se concentra grande massa de energia, para onde convergem 2 mil anos de história, de lutas, muitas dores e desafios gigantescos.

Antes que Jamar continuasse, um pensamento ocorreu-me à mente e não pude contê-lo por mais tempo. Resolvi interromper o raciocínio do guardião da noite e perguntei:

— E quanto ao juízo geral, que, ao que tudo indica, já está em andamento? De que modo os guardiões organizarão os bilhões de espíritos ligados ao planeta Terra, no processo de seleção das almas?

Sem se incomodar com minha pergunta, que, em última análise, interrompeu a explicação anterior, Jamar falou com máxima boa vontade:

— Conforme já disse nosso amigo Anton noutra ocasião, os desencarnados serão postos à prova nos diversos processos que estão em curso no plano extrafísico, tanto durante as reurbanizações quanto nas relocações dentro do próprio planeta. Vemos redutos de franca ignorância, até mesmo entre os religiosos do chamado Além. Vamos citar alguns exemplos. Cidades inteiras, do lado de cá, são habitadas por espíritas ortodoxos, que, apesar de desencarnados, persistem brigando por suas ideias extremistas e teimam em fazer oposição aos ventos de progresso que impulsionam os encarnados. Converteram-se em verdadeiros obsessores do movimento espírita. São grupos de evangélicos e católicos que, após a morte física, trabalham ativamente junto aos políticos com suas crenças antigas e, não raro, fundamentalistas. Buscam, a todo custo, instaurar uma nova Idade Média na Terra, através da união do estado à religião, do poder temporal ao eclesiástico. Há também inúmeros agrupamentos de formação cultural oriental, de vertentes religiosas igualmente fundamentalistas, que fazem frente aos conceitos mais expressivos do progresso espiritual. Aliás, o viés comum a todos é o radicalismo, a intolerância, o apego a tradições ultrapassadas, a sede de dominação e a certeza de que detêm o monopólio da verdade.

Respirando fundo, dando-me novamente ocasião de refletir, Jamar prosseguiu:

– E mais, Ângelo. Ao contrário do que muitos pensam, não se trata de convencer ou converter essa imensa turba de espíritos ao modo ocidental de interpretar as verdades eternas.[3] Trata-se de um trabalho árduo e persistente de reeducação de mentes

---

[3] "Eu sou o caminho, a verdade e a vida. Ninguém vem ao Pai, senão por mim" (Jo 14:6). Para a filosofia espírita, que postula a tolerância e a liberdade em todos os níveis, as famosas palavras atribuídas a Jesus não se constituem em defesa do exclusivismo religioso, o que seria incoerente com as atitudes que tomou ao longo da vida. Vale lembrar que Jesus de Nazaré nasceu, viveu e morreu judeu, não havendo fundado nenhuma religião. Ambos os fatos dão novo sentido àqueles dizeres, que afirmam, sim, que *os valores e a política do Reino*, sintetizados na pessoa e na Boa-Nova de Jesus, *são a rota segura para a vida*, como esta obra bem expressa.

transitoriamente reféns de conceitos e formas-pensamento arraigados desde séculos. Para tal, precisamos da ajuda dos espíritos de distintas formações culturais, como os amigos budistas, hinduístas, islâmicos e outros, cujas ideias já estejam mais esclarecidas, e as concepções, arejadas pelas noções de progresso e abertura consciencial e mental. Então, a seleção das almas não é algo simples, tampouco é produto de um milagre divino, que interferirá de forma abrupta e, instantaneamente, converterá toda a massa de milhões e bilhões de espíritos às verdades ou à parcela de verdade que nos é familiar. O processo de seleção dessas almas demanda muito investimento e respeito por sua forma de pensar, agir e acreditar, e envolve um trabalho criterioso, minucioso e especializado, por parte de seres experientes no trato com a psicologia espiritual, a fim de não corrermos o risco de adotar dois pesos e duas medidas.

"Em paralelo a esse processo, os próprios encarnados serão testados, selecionados e relocados, conforme a necessidade espiritual de cada grupo, de cada ser. Ao lidarmos com as questões relativas aos encarnados, é muito bom ter em mente que, para a Providência Divina, o espírito é tudo. Esse pensamento deve ser fomentado e fortalecido, pois, nos momentos mais agudos da crise, inúmeros corpos perecerão, inclusive de pessoas realmente boas, embora seus espíritos pairem além, auxiliando os emissários do Alto nos processos de reurbanização e no trabalho intenso que nos aguarda. Chamo a atenção para esse pormenor a fim de que ninguém fique indagando de maneira injusta e ignorante o porquê de tanta gente valorosa desencarnar nos momentos trágicos, ou mesmo enfrentar problemas sérios nas crises coletivas. Ao menos por ora, o espírito precisa desses impactos no contexto do planeta Terra; não nos esqueçamos disso. Eventos dramáticos, ainda necessários aos habitantes do mundo, são parte do aprendizado coletivo, e tanto as pessoas ruins quanto os indivíduos bons passarão pelas provas que lhe estão reservadas, independente da religião que professem ou da posição espiritual e social que ocupem.

Respirei fundo ao ouvir de Jamar essas explicações, mesmo que as tenha ouvido anteriormente através de Anton, porém com enfoque diferente. O futuro sempre inspira certa apreensão, mas era confortador saber do programa do Alto, na voz dos seus emissários.

Antes de chegarmos ao nosso destino, resolvi aproveitar a chance e perguntei ao guardião mais coisas que interessavam a meus estudos pessoais:

– Quando se anunciam cataclismos em vários lugares do planeta, como *tsunamis*, maremotos, terremotos e erupções vulcânicas, dada a enorme quantidade de vítimas desses eventos, pergunto: qual o ensinamento implícito nessas grandes catástrofes naturais, para os espíritos da Terra?

– Primeiramente, Ângelo, não quero deixar a impressão em sua mente de que pretendemos amenizar a gravidade da situação resultante desses eventos. Há muitas mortes, muitos feridos, além do caos socioeconômico que tais ocorrências provocam. No entanto, quando analisamos sob a ótica espiritual, vemos que a população de espíritos que vivencia tais catástrofes é, no mais das vezes, submetida a duro teste consciencial. De outro lado, os que sobrevivem são submetidos a um golpe fortíssimo, que poderá promover uma espécie de medição de valores e de aquisições pessoais.

"Vejamos talvez o exemplo mais nítido. Em catástrofes coletivas, os governos e governantes, os administradores públicos, veem-se forçados a tomar iniciativas que demonstram claramente sua postura ética e humanitária ou não. São premidos a administrar os recursos financeiros geralmente escassos, além do capital político e do difícil quadro social, de modo que se defina, ante as próprias consciências e a justiça divina, qual o grau de maturidade e responsabilidade que efetivamente conquistaram no desempenho de seus deveres para com o próximo, considerando-se o papel que lhes foi confiado. Durante esses acontecimentos, como se sabe, com frequência tomam decisões que se mostram avessas à responsabilidade e ao voto de confiança que receberam quando levados a administrar o patrimônio público. Esse cenário, que revela a postura de cada homem público e de seus subordinados, pode determinar a definição espiritual nos momentos de seleção de espíritos ou de juízo geral, como o que vivemos.

"O povo também passa por um tipo de teste. Não raro, vemos famílias e pessoas, de forma geral, que divulgaram aos quatro ventos sua honestidade, sua honradez e que integram entidades religiosas, fraternas e espiritualistas a engrossar grupos que depredam, roubam e praticam atos criminosos e violentos durante essas comoções sociais. Nem sempre quem participa dos atos de vandalismo, tão comuns nesses momentos de crise, são pessoas consideradas más pela sociedade. Basta se estabelecer uma crise de proporções mais amplas, de caráter mais abrangente e que coloca em risco a vida física da população, e imediatamente some o verniz da civilidade, da moralidade e da religiosidade. É claro que existem exceções, e é isso que tais eventos vêm revelar, mostrando quem é quem no jogo social. Essas exceções são vistas naqueles que formam corpos de voluntários atuantes, sob a inspiração do bem e do amor legítimo pela humanidade, trabalhando para auxiliar nesses momentos críticos. Crises desse viés servem como elementos catalisadores, que fazem vir à tona a realidade íntima de cada um que sobreviveu ou que convive com situações de extremo risco e conflito social.

"Portanto, o tribunal da consciência dos indivíduos envolvidos define, perante a justiça suprema, o grau de maturidade espiritual, assim como em que medida aquela pessoa ou aquele espírito está, ou não está, determinado a ficar no planeta para futuros investimentos reencarnatórios. Ou, então, se vai mesmo ficar à disposição dos representantes da justiça sideral para compor o grupo daqueles que serão expatriados para outras instâncias do universo. De qualquer maneira, são muitos os elementos que surgem durante essas catástrofes e que servem de instrumentos à justiça sideral para decidir a posição espiritual dos espíritos envolvidos nesses momentos de gravidade.

"E o que dizer das revoltas, revoluções e das reações dos cidadãos ante os eventos sociais, como presenciamos em muitos países da Europa nestas primeiras décadas do século xxi? Como interpretar a revolta da população, o desrespeito ao patrimônio público, com direito a depredação e destruição de imóveis comerciais, residenciais e institucionais, provocando até mesmo mortes durante as manifestações a que assistimos, que têm se alastrado e multiplicado?

"Também aí, meu amigo, temos a fonte dos dados que decidirão o futuro dos envolvidos. As crises forjam situações que tendem a deixar a descoberto a vida íntima, as aquisições espirituais, o grau de maturidade, bem como o panorama energético e a efetiva posição espiritual de cada pessoa, independentemente de religião e religiosidade. A justiça soberana aproveita as revoluções e comoções sociais e as vê como precioso momento de definição dos valores da alma. Passados o ardor e furor dessas ocasiões, muitas pessoas voltam aos lares e aos círculos sociais e religiosos com a máscara de boazinhas, de pessoas civilizadas ou de cidadãos modelares, honestos e comprometidos com o bem. Mas, como se sabe, as máscaras de nada valem para determinar sua situação socioespiritual.

"Isso explica porque tão grande contingente, ao chegar do lado de cá da vida, fica chocado por não encontrar em situação agradável aqueles indivíduos que julgava honrados e de boa índole. De maneira análoga, haverá quem fique, por muito tempo, à procura de espíritos conterrâneos seus, ou então amigos e parentes próximos, os quais já tiveram seu momento de juízo e definiram seu *habitat* espiritual durante a vida física. As agitações sociais que envolvem revoltas, greves e protestos, ao provocar situações de risco ou incitar atos de violência, podem servir de instrumentos de juízo, que determinarão ou dinamizarão a partida dos participantes para outros recantos do universo, ao menos daqueles que desrespeitaram os valores do espírito, extrapolando os limites do atual contexto terreno."

– Quais as características dos habitantes de um mundo que inaugura nova etapa de evolução, isto é, um mundo de regeneração,[4] como é o caso da Terra, que está em vias de adentrar esta nova fase de sua vida sideral?

[4] Cf. nota 19, cap. 3.

– A pergunta é interessante, Ângelo, uma vez que muita gente pensa que na Terra ficarão os espíritos sintonizados com o amor, o bem e a cultura de paz. Isso é um engano. Acima de tudo porque, se espíritos assim estivessem na Terra, eles deveriam estar entre os chamados anjos. E confesso que seria muito difícil para nós, tanto os guardiões quanto os orientadores espirituais mais esclarecidos, pois nós mesmos ainda estamos distantes de desenvolver um estado vibratório tão elevado ou angelical. Na verdade, após a transição, o tipo espiritual que deverá permanecer na Terra são os espíritos que apresentarem desejo genuíno de melhora e tendências melhores. Esse fato muda completamente a visão que se tem acerca de um mundo novo ou de regeneração, porque implica que nele haverá, ainda, boa parte de seres com graves problemas espirituais e sociais, mas com disposições íntimas de melhora, por isso merecendo uma chance renovada.

"Um aspecto deve ficar bem claro quando se aborda o processo de exílio transmigratório ou degredo: esse acontecimento não significa exclusão ou eliminação das classes de aprendizado, mas transferência de classes, dentro da mesma escola – o universo. Quando a deterioração e degradação dos valores morais e éticos predominam nas comunidades extrafísicas, ou entram num estágio agudo nas aglomerações de espíritos, ocorre, então, a deportação compulsória ou transmigração interplanetária. No entanto, essa deportação não acontece, pura e simplesmente, sem a interferência dos habitantes do mundo submetido a esse processo. É necessário implementar a limpeza energética, fluídica e mental, à medida que se prepara o relocamento de consciências, tanto daquelas que tragam a postura íntima já definida como de outras cuja postura se tornará clara durante a crise que, não por outra razão, caracteriza os períodos de juízo geral. Como o momento de reurbanização precede a transmigração propriamente dita, num nível mais amplo, é este o escopo de nossas atividades nesta hora.

"De todo modo, é preciso lembrar que somente os espíritos superiores dispõem de elementos para avaliar com precisão a condição íntima e particular do espírito a ser integrado à comunidade de outro mundo, de nível evolutivo inferior. De maneira geral, os desacertos antiéticos, que colocam em risco a humanidade tanto encarnada quanto desencarnada, constituem um dos fatores mais preponderantes, que decidirão o destino e o enquadramento transmigratório de cada espírito.

"É por essa razão que, quando consideramos a quantidade de espíritos e a imensa variedade de sua condição espiritual, podemos ver a importância do trabalho de reurbanização e seleção de almas. Quem incorreu em desacertos? De que forma e com que nível de consciência? O que houve está mais para equívoco ou se assemelha a estratégia de vida, adotada sistematicamente ao longo de certo tempo? Essas são perguntas que a catalogação para a seleção de almas deve responder, a fim de subsidiar decisões do Alto.

"Sendo assim, devem-se empregar todos os esforços a fim de evitar que seres enfermos cheguem à posição de serem expatriados em caráter compulsório. Isso só ocorrerá caso passem da condição de enfermos espirituais à de agentes antagônicos à cosmoética, o que pode ser evitado mediante o trabalho dos guardiões, dos agentes da misericórdia divina e de outras classes de espíritos mais especializadas. Sendo assim, a condição de enfermo espiritual não determina que espírito nenhum seja transmigrado do planeta, mas que seja remanejado para ambiente propício ao aprendizado de que necessita, dentro do próprio mundo, enquanto houver chance de se readaptar aqui, sendo acolhido e tratado em comunidades mais avançadas. Quem é capaz de ser reeducado, de superar as próprias mazelas ainda aqui no ambiente da Terra, evidentemente permanecerá, como mostra de investimento do Alto nas disposições íntimas de melhoria de cada ser."

– E quanto àqueles que partirão? Como ficarão no novo mundo, em relação ao aprendizado acumulado aqui na Terra, frente aos choques culturais naturalmente esperados, no local onde passarão a viver?

– Bem pensado, Ângelo; bem elaborada a pergunta. O espírito que for transmigrado, seja ele espírito comum ou um dos milenares opositores ao sistema do Cordeiro, sem dúvida enfrentarão sérios desafios, mas que poderão ser catalogados como elementos de aprendizado.

"Inicialmente, enfrentarão um tipo de choque inevitável, de cunho mais pessoal, pois terão de conviver, aprender e interagir num ambiente físico diverso daquele a que estão acostumados, durante milênios de permanência no lar então perdido, do qual partiram. Falo da construção de moradias, de adaptar-se a alimentos e hábitos alimentícios diferentes, entre outros aspectos. Isso não é algo fácil de encarar.

"Outros sofrerão uma crise incomum, profundamente complexa e inédita para a consciência de grande parte, ao depararem com uma ecologia diferente, com leis naturais possivelmente distintas das que o espírito conheceu na Terra, o que demandará um tempo dilatado até que aprenda a lidar com o novo sistema ecológico e os desafios que lhe são inerentes. Considere que as características tanto da fauna quanto da flora locais provavelmente diferirão, em larga escala, daquilo com que estavam familiarizados.

"Diante do desafio da ecologia e da vida material no novo mundo, é natural pensar que terão de empregar a quase totalidade do potencial mental para a sobrevivência na nova morada. Essa realidade fará com que as possíveis reminiscências da memória espiritual fiquem prejudicadas ou em segundo plano. Dito de outra forma: os novos moradores daquele orbe terão pouco tempo para se dedicar, durante séculos, às memórias extrafísicas. Isso sem mencionar as dificuldades de se adaptarem aos novos corpos, que, embora humanoides, até onde sabemos, em muitos e muitos aspectos serão diferentes e menos elaborados que os corpos deixados no planeta Terra. Em função dessa mudança marcante, drástica e compulsória, restará aos habitantes recém-chegados apenas se unirem, em pequenos grupos de afinidade de gostos e ideias, o que não será tão fácil nos primeiros momentos, mas, com certeza, será de extrema importância para o aprendizado no novo ambiente planetário."

Antes que eu pudesse continuar com mais questionamentos, o aeróbus chegou ao seu destino. Tivemos muito trabalho pela frente, ao encaminhar os espectros dissidentes, os mais de 2 mil espíritos libertos dos domínios do maioral, além de alocá-los em ambiente próprio. Enquanto isso, outros acontecimentos definiam os momentos de mudança no panorama extrafísico do mundo.

CAPÍTULO 8

RAUL E IRMINA

AGENTES DE TRANSFORMAÇÃO

> Então o dono da casa, indignado, disse ao seu servo:
> Sai depressa pelas ruas e bairros da cidade, e traze aqui
> os pobres, os aleijados, os cegos e os mancos. Disse o servo:
> Senhor, está feito como mandaste, mas ainda há lugar.
> Então disse o senhor ao servo: Sai pelos caminhos e valados
> e força-os a entrar, para que a minha casa se encha.
> Eu vos digo que nenhum daqueles homens que foram
> convidados provará a minha ceia.
> *Lucas 14:21-24*

Minha mente parecia extrapolar o cérebro. Ela se expandia como se fosse explodir, e de tal maneira que me sentia girando dentro do próprio corpo. Cada célula parecia ter vida própria, e me vi sendo manipulado inteiramente por uma força externa, poderosa, invisível até o momento.

Tudo à volta parecia movimentar-se de maneira estranha. As paredes, a cama, os móveis pareciam ter vida própria, e moviam-se, mudando de formato, aumentando as dimensões, dotados de habilidades especiais, até então não percebidas.

Meu espírito registrava impulsos e sentia além das dimensões do corpo. O sangue corria velozmente, e eu podia sentir as células sanguíneas como criaturas vivas circulando dentro de mim, num vai e vem tresloucado, como se fossem entidades autônomas e com vida independente do restante do corpo. Era capaz de escutar um som emitido pelas células, como se uma multidão daqueles seres microscópicos se acotovelasse à maneira de transeuntes numa rua qualquer.

Antes de externar minha consciência para além dos limites do escafandro carnal, observei as tortuosas vias percorridas pelo sistema nervoso, fios de luz iluminando cada recanto do corpo. Seriam as próprias vias feitas de células nervosas? Um amontoado de luzes que se enfeixavam em várias cores compunha o sistema de nervos que se entranhava em cada recanto do *habitat* do meu espírito. Senti imenso respeito pela vida, pela minha vida. E um profundo sentimento de gratidão.

Parecia que a teia nervosa não conseguia liberar meu ser, meu espírito, que a esta altura ainda se mantinha cativo do cérebro. Virando-me dentro do próprio corpo, revoluteando entre células, nervos, músculos e ossos, vi a pineal no centro da vida cerebral.[1] Estava acesa como uma chama que mudava de cor a cada instante, de acordo com os sentimentos e emoções que eu irradiava. E foi aí que concentrei minha atenção.

Então, como que arrebentando um entroncamento magnético, libertando-me de uma força qua-

---

[1] Cf. XAVIER, Francisco Cândido. Pelo espírito André Luiz. *Missionários da luz*. 3ª ed. esp. Rio de Janeiro: FEB, 2009. p. 19-26, cap. 2.

se sobre-humana, consegui pairar acima e além do corpo, percebendo as energias, o magnetismo, os fluidos ambientes. E foi assim que respirei, aliviado, o clima da atmosfera extrafísica.

Não mais estava em meu quarto, onde repousava o corpo físico. Estava noutro ambiente, distante do local onde permanecia a base física. Diante de mim, a figura do guardião. Alguém com quem ainda não conversara, mas que conhecia de outras atividades. Ao lado, Irmina – Irmina Loyola, que me aguardava sorridente e, ao mesmo tempo, com uma expressão enigmática estampada no rosto.

– Venha, Raul! Temos ordens de Jamar para nova tarefa.

Imediatamente recuperei a consciência e o completo domínio de meu espírito, ante a notícia do chamado do guardião.

– Você espera realmente que eu siga você assim, sem me dar detalhes de nosso trabalho? – protestei, dirigindo-me ao sentinela que a acompanhava.

Irmina olhou para ele, como a socorrê-lo, e falou com ar de quem sabia mais alguma coisa sobre mim:

– Eu falei que o cara aí não aceita convites sem explicações...

Olhando-me profundamente nos olhos, o espírito falou, meio descontente, tentando ser o mais educado e explícito possível:

– Jamar está numa força-tarefa nos domínios dos *daimons*, os senhores do submundo. Pediu-me para buscá-los, pois teria algo específico para vocês em relação ao processo de reurbanização extrafísica.

– Ah, sei...

Sem entender meu jeito quase sem interesse pelo que falava, um resumo das atividades de Jamar e dos demais guardiões, tentou complementar:

– Não sei exatamente o que o guardião da noite pretende com vocês, mas me deu ordens expressas de levá-los em segurança e não abandoná-los em hipótese alguma. Trarei mais dois amigos, inclusive um que conhece vocês, Kiev, que nos encontrará em breve. Ele terá mais detalhes sobre nosso trabalho.

– Bem, como você está designado para nos acompanhar e dar cobertura a tudo que fizermos, significa que não tem alternativa a não ser nos seguir...

Olhei para Irmina sorrateiramente, sabendo que me apoiaria no que eu fizesse, mesmo não entendendo o que eu estava pensando.

– Como assim? – perguntou o guardião, sem entender o que eu pretendia. Aliás, acho que nem Irmina me entenderia, caso eu tentasse explicar ali o que estava prestes a fazer.

O ambiente à volta era algo conhecido. Estávamos numa dimensão da subcrosta por onde eu já havia passado anteriormente, em outras excursões, também participando de tarefas bem específicas na companhia dos guardiões. Olhando ao redor, fazendo um reconhecimento da área, notei muitos elementos conhecidos. Não demorei a tomar uma atitude, algo que já vinha pensando desde bem antes de sair do corpo; nem sei se era pura intuição, sugestão mental de Jamar ou uma loucura minha que estava prestes a colocar em prática. Mas era o que estava determinado a fazer, e ninguém me demoveria do meu objetivo.

— Venham, sigam-me! — falei para Irmina e o guardião, sem esperar resposta.

Irmina seguiu-me sem pestanejar, rindo gostosamente, como se esperasse algo assim de minha parte. Ela estava radiante. O guardião, porém, ficou estupefato ante minha iniciativa de fazer algo, ao menos aparentemente, por conta própria.

— Venha, Irmina! Já há algum tempo vinha pensando em tomar uma atitude mais decisiva. Se quiser um pouco de aventura e uma resposta efetiva a nossas ações, me siga.

— Mas o que você pretende, Raul? Irei sim, mas veja que estamos sob o comando dos guardiões, e eles nos requisitaram para uma tarefa importante...

— Não se preocupe. É só me seguir e verá que não estou fazendo nada contrário ao que esperam de nós. Só uma paradinha rápida num recanto que conheço há algum tempo.

Saímos correndo, os dois, enquanto o guardião ia atrás de nós, ao mesmo tempo falando, num aparelho de comunicação, quase aos berros, chamando mais guardiões para socorrê-lo ou, quem sabe, nos acompanhar e talvez tentar nos impedir.

– Me conte o que está acontecendo, Raul. Sabe que está comprando briga, e das feias, agindo assim, sem o conhecimento de Jamar. Estamos os dois atrelados a um compromisso com o guardião da noite.

– Quer mesmo saber a verdade? – perguntei, enquanto íamos numa direção que eu conhecia bem.

– Comece; fale, homem!

– É que, durante um bom tempo, vim a esta região aonde estamos indo. Fui procurado por um espírito, o chefe de um grupo de 180 outros. Ele estava apavorado, pois o grupo que comandava enfrentava sérios problemas de comunicação. Ele dava uma ordem e a turma parecia não entender, e aí fazia outra coisa. Segundo as palavras do chefe, eles não eram adeptos da política do Cordeiro, mas, também, não eram espíritos maus, no sentido exato do termo. Queria que eu fosse, desdobrado, prestar um serviço de orientação ao seu bando, uma espécie de treinamento. É claro que, conforme ele mesmo me adiantou, eu teria de tomar cuidado, pois havia muita gente desconfiada entre eles.

– E como eu conheço você muito bem, é óbvio que aceitou o desafio...

– Certamente. Tive muito trabalho, pois teria de aprender a falar gírias, palavrões, além de outros comportamentos típicos do grupo, para depois me apresentar diante deles.

– Isso com certeza não foi difícil pra você.

– Deixe de ser boba, mulher! – falei, rindo para

Irmina, enquanto o guardião nos seguia, ainda perplexo. – Foi assim que, durante mais de 6 meses, me encontrei com eles, desdobrado, duas ou três vezes por semana. Resultado: consegui a amizade desses espíritos. Veja bem, não eram espíritos do mal. Eram apenas uma turma que não se entendia, sem objetivos mais definidos, cujos membros compartilhavam o desejo mútuo de não querer se aliar a religiosos. Faziam parte do grupo diversos espíritos ligados culturalmente a países do Oriente, alguns dos quais de cultura bem exótica para nós. A dificuldade de entender os comandos passados pelo seu chefe tinha origem na diferença cultural entre eles próprios. Resumindo, resolvemos o caso através de uma forma de terapia em grupo, porém, em momento algum, falei do nome de Cristo ou de algum ícone religioso. Eu sempre falava de um grande terapeuta da humanidade, um grande filósofo, coisas assim.

– Sei... Mas aposto que eles sabiam, no fundo, que esse terapeuta e esse filósofo eram, na realidade, Jesus.

– Bem, se sabiam, disfarçavam muito bem. Em tudo o que eu falava, utilizava um palavreado comum a eles. Usava gírias próprias do bando, coisa e tal. De qualquer modo, o grupo permaneceu unido, e parece-me que agora estão um tanto descontentes, querendo dar um objetivo mais útil a suas vidas. É aí que entra meu plano.

Antes de terminar a história, mas deixando Irmina a par de alguns elementos para que pudesse se posicionar melhor, chegamos a um ambiente do plano astral que me era igualmente familiar. Apresentava-se como um vale, no qual algumas cavernas podiam ser percebidas ao longe. Um vale um tanto sombrio, embora não inspirasse medo. Algumas plantas raquíticas aqui e acolá faziam lembrar uma paisagem desértica, onde alguns cactos e outras plantas comuns a esse tipo de ambiente tentavam a todo custo romper o solo, sem conseguir grande sucesso. Antes de adentrarmos o vale propriamente dito, avistamos alguns vultos, que escorregavam entre as pedras e reentrâncias do solo.

— Alto lá! Seja quem for, está entrando em terreno inimigo. Estamos prontos para defender nosso patrimônio!

— Que é isso, ô meu? – gritei, reagindo ao espírito que nos falava. — Será que já se esqueceu do velho amigo aqui? Estamos juntos, cara! Somos da mesma laia.

— Raul! É você, imprestável?! Sabia que voltaria algum dia pra nos visitar.

— Trago amigos, aliás, uma amiga – corrigi a tempo, pois os espíritos daquele lugar não podiam perceber os guardiões. Estavam numa faixa vibratória bem diferente da deles.

— Cara! E que belo exemplar de vivente você trouxe até aqui... – falou, de forma quase vulgar, referindo-se a Irmina.

– Cuide bem de suas palavras, miserável das sombras – disse, rindo, para ele. – Esta aqui é minha parceira e quero respeito aqui.

– Respeito? Entre nosso bando? – ele deu uma estrondosa gargalhada, chamando a atenção de todo o grupo, que começava a se aproximar, nitidamente interessado na beleza de Irmina.

Um dos espíritos ensaiou tocar em Irmina e teve seu teste de fogo. Ela deu-lhe um golpe repentino, pegando-o pelos braços e jogando-o longe. O espírito não esperava essa reação.

Todos riram gostosamente ao notar a reação de Irmina e a cara de bobalhão que o espírito fez ao ser dominado pela força magnética dela.

– Só podia ser amiga sua mesmo, Raul. Gostamos dela. É das nossas, como você.

– Vamos deixar de perder tempo, meus amigos. Quero falar com General.

General era o nome usado por mim para me referir ao chefe do bando. Ele era respeitado no grupo, e sinceramente aprendi a gostar do espírito como um amigo. Aos poucos, à medida que eu os visitava desdobrado, ele se interessou em aprender algo da política do Cordeiro. Demonstrava sentimentos sinceros.

Um grito estranho foi ouvido assim que pedi para ver o general do bando, como se fosse um sinal previamente combinado entre os espíritos dali. De todos os lados vinham seres mal vestidos, alguns muito sujos e outros nem tanto. De qualquer maneira, vinham muito mais espíritos do que eu conhecera antes. Parece que o bando havia aumentado.

– Tem certeza de que essa gente é de confiança, Raul? – perguntou Irmina baixinho, só pra mim, ao ver como aumentava o número de espíritos perto de nós. Havia certa algazarra no ar.

– Aí, Raul, então está agora acompanhado por uma mulher ninja... – falou algum entre eles.

– Que é isso, bufão?! – respondi com leveza. – Afinal, a gente tem de ter um mínimo de bom gosto, não é mesmo?

Novas gargalhadas ressoaram no ar, embora houvesse algum fundo de respeito, apesar do clima de brincadeira e até de deboche.

– Vamos, Raul, o general espera por você lá em cima da caverna.

Seguimos o espírito, que nos guiou por entre as escarpas e reentrâncias do solo pedregoso. Subimos com certa facilidade a encosta do monte, seguidos por um pequeno grupo, enquanto os demais ficaram ao pé do monte, aguardando-nos e ao chefe deles.

Adentramos um ambiente iluminado por tochas. Ao subir pela encosta, notei que havia alguma coisa diferente à volta. Como se fosse o esboço de alguma construção. Porém, não dei muita importância ao fato, naquele momento. Precisava falar com General.

– Seja bem-vindo, Raul. – Olhando logo para Irmina, fez menção a ela, respeitoso. – Vejo que trouxe uma companheira vivente junto com você. E parece que veio acompanhado também de um dos seus guardiões, dos quais me falou em particular.

– Claro, General, não poderia sair do corpo sem a ajuda deles. Não sabia que você poderia vê-lo.

– E não posso! Mas você se esquece do que nos ensinou em suas terapias?

Lembrei-me de algumas técnicas que havia usado com o bando, mas, sinceramente, não pensei que General desse maior importância ao que havia lhes ensinado. Fiquei de certa maneira feliz com o resultado. Ele conseguia, de algum jeito, saber que havia um guardião conosco. Isso era bom.

– Tenho uma proposta para vocês e gostaria que apreciasse a oferta para, então, depois, repassar ao grupo – falei direto, sem deixar margem para atraso em nossa negociação.

– Você é sempre direto, não é, Raul? Espero que sua companheira seja menos ansiosa que você – riu, deixando à mostra os belos dentes e uma disposição de, pelo menos, avaliar a proposta.

– Vejo que o grupo aumentou muito desde a última vez que estive aqui, General. O que houve com o bando?

– Começamos a expandir nosso grupo desde que encontramos alguns espíritos vagando por aí. Não eram espíritos maus; como a maioria do grupo, precisavam apenas de uma direção e de alguém com personalidade forte o suficiente para dar-lhes um norte. Continuamos ainda assaltando os bandos de espíritos maus, vândalos e chacais. Tomamos aquilo que precisamos para nossa sobrevivência. Ocorre que, sinceramente, amigo, isso já não nos satisfaz. Por isso – falou enquanto apontava para fora da caverna, em direção à construção iniciada –, estamos começando a construir por aqui algo parecido com um abrigo. Algo que nos inspire ou nos sugira um lar. Depois do trabalho que fez com o grupo, fizemos novas amizades e aumentamos o número de espíritos filiados ao bando. Aliás, nem queremos mais usar o nome *bando*. Queremos ser e parecer uma família. Mas, como sabe, não é fácil organizar um grupo que agora conta com 1,8 mil espíritos.

– Mil e oitocentos? – pronunciei devagar, boquiaberto.

– E estamos fazendo todos os exercícios que você nos ensinou, direitinho. Não esquecemos nada. Nem sabe como isso tem nos ajudado, amigo.

– Bom, acho que a proposta que tenho para vocês vai ao encontro de suas necessidades. Não vou me alongar muito, pois tem um guardião chato por aqui que está me aporrinhando...

General gargalhou gostosamente diante da minha maneira de falar do guardião.

– Nem venha com lição de moral, General. Aprendi esse vocabulário com vocês.

Todos rimos.

– Minha proposta é a seguinte. Há alguns anos conheci uma cidadela das sombras habitada por entidades más, conhecidas por nós como magos negros. Invadimos a cidadela na ocasião, mas não a destruímos. E embora tenhamos libertado um grupo relativamente grande de espíritos que nela viviam sob regime de escravidão, ainda existem espíritos prisioneiros no lugar. Minha oferta é a seguinte: vocês se organizam sob o comando de alguns guardiões e invadem o local, tomando de assalto a fortaleza. Sei que os donos do lugar estão fora por alguns dias. Por lá encontrarão apenas a guarda dos magos, os chamados sombras.

— Está ficando doido, Raul? — reagiu Irmina, assustada com minha oferta maluca.

— Nada disso! Sei que é perfeitamente possível. Faremos uma força-tarefa.

— Significa que você iria conosco? — perguntou General, interessado.

— Certamente eu não deixaria vocês sozinhos nessa. Irei à frente, pois os sombras só respeitam os magos e são espíritos muito perigosos. Saberei lidar com eles no momento apropriado. Os guardiões colocarão à disposição armas magnéticas que têm uma ação direta sobre os corpos espirituais dos sombras. E mais: ainda conseguirei um contingente de guardiões para dar amparo a vocês. Como agora estão em grande número, terão toda a chance de vencer.

— Espere aí, rapaz! E depois que vencermos os tais sombras, o que faremos? E se os ditos magos retornarem à cidadela? Como nos defenderemos deles?

– Pode ficar tranquilo que pensei em tudo. Quero mesmo é que libertem os prisioneiros que estão no subsolo da cidadela. Darei as coordenadas e, se possível, irei com vocês lá. Mas é fundamental libertar os presos. Depois, a cidade é de vocês. Não precisarão ter o trabalho de construir nada por aqui. Terão uma cidade todinha para vocês reurbanizarem. Garanto o apoio dos guardiões, que darão cobertura a vocês; contra os guardiões da noite, os magos negros nada podem.

– Raul, você é louco! – exclamou Irmina, chocada com meu plano. – Jamar sabe o que está tramando?

– Se ele estivesse contra, já teria se adiantado, Irmina. Se não se manifestou, e nenhum dos guardiões mais graduados falou nada, é porque concordam, não é mesmo?

– Puxa, Raul, nem sei como argumentar. Mas uma coisa eu sei: você é louco o suficiente para propor uma coisa dessas.

– Afinal, você vai ficar do meu lado ou não? Quer ficar ou cair fora?

– É claro que adoro sua loucura! Tenho de dar o braço a torcer – respondeu Irmina, olhando para General com expressão de conivência. – Estou dentro – e fez um movimento com o braço, denotando entusiasmo. – E seja o que Deus quiser!...

– E então, General? Que acha da proposta? Caso aceite, darei os detalhes, pois tenho perdido noites e noites de sono elaborando cada detalhe da empreitada. Além do mais, eu mesmo estarei ao lado de vocês.

– Cara, eu sabia que você era louco, mas agora ultrapassou a própria loucura. Eu aceito! Tô nessa! Agora, eu só preciso falar com o grupo, mas acho que, se você estiver conosco, todos estarão.

E saiu sem dar mais tempo para eu falar nada; nadinha de nada.

General deu ordem para que o bando fosse reunido, enquanto eu e Irmina ficamos encostados do lado de fora da caverna, vendo e ouvindo a movimentação. Meu coração estava batendo forte. Ouvi o guardião ao meu lado comentar, enquanto General reunia seu pessoal:

– Você ultrapassou todos os limites. Como pode prometer algo em nome dos guardiões? Dar armas a um grupo destes é algo muito perigoso, que Jamar em hipótese alguma aprovará. Vou chamar Kiev com urgência. Ele saberá lidar com você. Eu desisto. De vez!

– Deixa de ser babaca, homem! Você é ou não é um guardião? Se bem que eu prefira alguém mais graduado perto de mim. Afinal, nem lhe conheço direito. E um guardião dando uma de fracote, com medo de tudo... Eu nem comecei ainda! Você nem conhece todo o meu plano. Se conhecesse, então, ia morrer de novo. Não tenho dúvida!

– Eu é que estou morrendo, Raul. Estou quase morta! – falou Irmina, gozando minha cara.

– Espere então e verá, minha amiga. Acho que você vai voltar para o corpo voando.

Passado um tempo longo por demais, General retornou. E a gritaria foi ao auge, como reação do grupo.

– Veja por si mesmo, Raul. A turma toda concordou; afinal, precisávamos de algo para animar o grupo e, também, de uma esperança de ter alguma coisa que se assemelhe a um lar.

Três espíritos subiram a encosta correndo e tomaram-me nos braços, levantando-me e carregando meu corpo espiritual enquanto a multidão brincava e gritava...

– Raul! Raul! Raul!

Retornei ao corpo de maneira brusca, para logo depois sair novamente, desta vez percebendo a presença de Kiev, o guardião, a meu lado.

– Me conte, Raul, como foi sua combinação com aquele grupo de espíritos. O guardião me relatou que fez promessas de ajuda por parte de nossa equipe, e eu, pessoalmente, não fiquei sabendo de nenhuma ordem nesse sentido dada por Jamar.

– Bem, Kiev, se você já recebeu o relato daquele guardião que me seguiu, então me poupe, meu amigo; temos muito o que fazer. Quero que providencie as armas para a minha equipe. São 1,8 mil espíritos; portanto...

– Não tenho autoridade para fazer isso, você sabe bem. Afinal, são armas de efeito magnético, de grande alcance e intensidade...

– Então terei eu mesmo de pedir ao seu superior.

– Tudo bem, Raul, tudo bem. Mas você será o responsável, caso Jamar se pronuncie a respeito.

– Ok! Deixe por minha conta. Voltarei ao local onde se reúnem os espíritos. Ah! E deixe de reclamações, homem! Você sabe como sou. De mais a mais, faço parte da equipe dos guardiões, assim como você. A diferença é que estou encarnado, sou um vivente, e você está temporariamente fora do corpo. Outra coisa: é preciso providenciar uma guarnição de guardiões especialistas para liderar os 1,8 mil espíritos. Eles precisam dessa liderança. Vamos ainda hoje tomar de assalto a cidadela.

– Hoje ainda? Pensei que iria preparar o grupo antes...

– Irmina está neste exato momento fazendo isto. Vamos, Kiev! Tome tento, homem.

– Meu Deus! Jamar só não vai me matar porque já estou morto...

Quando cheguei no local onde o grupo se reunia, Irmina já tinha tudo sobre controle e estava radiante. Todos a obedeciam. Não era pra menos: com sua beleza e a extrema sensualidade que irradiava, qualquer bando de espíritos daquele tipo seria prontamente conquistado. Irmina sabia usar muito bem seus dotes femininos para conduzir espíritos para o nosso lado.

Agora eu compreendia bem melhor por que os guardiões evitavam usar médiuns com características de religiosismo em suas atividades. Eles estavam impedidos de colaborar em ocasiões como esta por causa de seus conceitos moralistas e maniqueístas. De modo geral, os guardiões preferiam pessoas apenas humanas, com suas diferenças e seus defeitos, por terem mais condições de agir com naturalidade diante de situações de risco ou daquelas que precisavam de ações mais diretas, rápidas e certeiras. Na maioria dos casos, o sentimento de religiosidade faria com que temessem ou vacilassem diante de circunstâncias semelhantes. Irmina trabalhava fora do corpo de maneira voluntária, consciente, mas sem qualquer vínculo com nenhuma corrente religiosa; tinha um compromisso com a vida, a humanidade e os guardiões, e não com determinada interpretação religiosa. Isso a deixava mais livre, sem o impedimento de ideias e conceitos moralistas. Ela ensinara de maneira eficaz algumas técnicas aos espíritos daquele agrupamento.

Depois de algum tempo – que para mim, como encarnado, parecia longo –, demandamos para a cidadela das sombras.

Como eu esperava, encontramos o local quase desguarnecido, não fossem algumas poucas centenas de sombras, entidades responsáveis pela defesa do ambiente e a serviço dos magos negros. Assim que chegamos, General me procurou:

– E agora, Raul? Como faremos para enfrentar os soldados dos magos? Você disse que tem um trunfo na manga. E os guardiões que você prometeu?

Mal falou e vimos chegar do alto um agrupamento de guardiões sob a supervisão de Kiev. Posicionaram-se a certa distância, aguardando ordens. Kiev aproximou-se; agora, sendo claramente percebido por General, apresentou-se:

– Sou Kiev, oficial dos guardiões.

General olhou para Kiev admirando-lhe a postura quase militar e, simultaneamente, a aura de confiança que irradiava dele. Não tinha mais como duvidar que daria certo nossa ação naquele lugar.

– Trouxe as armas das quais falou Raul. Acho que Irmina já deu uma mostra de como funcionam. É bastante simples. Basta apontar para a direção desejada e a descarga magnética atingirá o alvo com um raio, provocando efeito semelhante ao desmaio. Sem causar dor ou desconforto, o atingido apenas adormece profundamente e por longo tempo. Isso nos dará a chance de agir conforme o planejado por Raul. Mas vejam bem: só devem usar as armas magnéticas para se proteger, como defesa; jamais como forma de atacar qualquer alvo, gratuitamente. Temos outros métodos que podem ser aplicados sem o uso das descargas magnéticas, nos casos em que não estiverem sob ameaça. Então, valha-nos Deus! – acrescentou o guardião.

Tudo se passou rapidamente. Irmina pediu a um dos guardiões que gravasse toda a ação, a fim de que pudesse ser avaliada por Jamar, mais tarde, no caso de qualquer eventualidade. Porém, antes de empreendermos nossa ação na cidadela, um espírito velho conhecido aproximou-se. Eu não sabia que ele estava ciente de nossa investida. Era Omar, antigo sombra, liberto do domínio dos magos há certo tempo, agora trabalhando com os guardiões.[2]

– Kiev me chamou, Raul, e tenho enorme prazer em estar aqui com vocês. Na verdade, desejava muito fazer algo semelhante para libertar meus antigos companheiros, os soldados dos magos negros.

– Puxa, Omar, não tinha imaginado chamar você para participar. Nem sequer sabia onde se encontrava, talvez por isso não o tenha incluído em meus planos. Mas, com certeza, você determinará nossa vitória!

– Não esqueça, Raul, que o mago escarlate virou uma lenda entre os sombras. Desde aquele dia[3] em que você se transfigurou no mago que nos libertou, sua figura ficou impregnada na memória de muitos deles. Acho que poderá usar isso para ganhar a maioria. Seja como for, estarei ao seu lado, para ver o

---

[2] O espírito Omar foi resgatado numa jornada anterior (cf. PINHEIRO, Robson. Pelo espírito Ângelo Inácio. *Legião:* um olhar sobre o reino das sombras. 11ª ed. rev. Contagem: Casa dos Espíritos, 2011. O reino das sombras, v. 1. p. 272-322), e, recuperado, também atuou ao lado dos guardiões, noutra oportunidade (cf. PINHEIRO, Robson. Pelo espírito Ângelo Inácio. *Senhores da escuridão.* 2ª ed. Contagem: Casa dos Espíritos, 2008. O reino das sombras, v. 2. p. 135s).

[3] Cf. PINHEIRO. *Legião.* Op. cit. p. 310-322.

que posso fazer. Acho que ainda se lembram de mim e da posição que ocupei entre eles.

O lance estava decidido. Omar e eu desempenharíamos um papel inicial, mas logo depois eu teria de me retirar, pois os impactos no corpo físico, que repousava além, poderiam comprometer sua integridade e a minha saúde, que, aliás, já estava abalada. De resto, os guardiões fariam o trabalho com a desenvoltura que lhes era característica.

Aproximamo-nos Omar e eu e, na retaguarda, os espíritos do grupo de General. Logo atrás, os guardiões. Parei por uns momentos e concentrei-me. Senti dificuldades em realizar, sozinho, a transfiguração da aparência perispiritual. Chamei Kiev e Irmina para me auxiliarem e a presença deles facilitou o processo. Imediatamente, meu corpo espiritual transfigurou-se na aparência do mago egípcio vestido de vermelho brilhante. Elevei-me na atmosfera com a ajuda das energias de Kiev e, em seguida, aproximei-me lentamente, deixando os sombras estarrecidos diante da repentina aparição.

– O mago escarlate! Ele existe, ele existe... Vejam! – exclamou um dos sombras, que desempenhava função de vigia em uma das torres do lugar.

Aproveitei o espanto e o estarrecimento das tropas de sombras e fiz a parte que me cabia:

– Sou o senhor de vocês! Sou o mago dos magos e exijo obediência imediata de toda a guarnição. Trago meu ajudante para falar diretamente com vocês, e é melhor que o ouçam.

Os sombras ajoelharam em reverência ao que a imagem do mago representava para eles. Sabiam que, anos antes, a mesma aparição arrebanhara número considerável de seres, comparsas seus, e os levara a outra realidade. Ignoravam para onde, porém.

Logo após Gilgal, Omar se apresentou, como o porta-voz do mago escarlate. Enquanto isso, com a ajuda de Kiev, eu rondava o local levitando, como a dizer de meus supostos poderes sobre os fluidos ambientes. No entanto, não sabiam os ditos sombras que eu estava sendo sustentado magneticamente pelas energias de Kiev, que eles não podiam perceber, naquele momento. Ou seja, eu jogava com as crenças, os medos e as lendas dos sombras. Eles acataram a autoridade de Omar, antigo chefe de uma milícia dos sombras, e o restante da ação desencadeou-se de maneira relativamente tranquila. Omar conseguiu convencer com facilidade toda a milícia dos magos negros a aceitar os termos de rendição apresentados pelos guardiões, não sem antes reforçar na memória deles o poder desempenhado e representado pelo mago escarlate, que, àquela altura, já estava exausto, quase desfalecendo. Não fosse a força e a energia transmitida por Kiev e Irmina, eu teria comprometido o teatro e desfalecido ali mesmo.

Assim que os sombras se renderam, foram acolhidos generosamente pelos guardiões. Enquanto isso, a turma de General, seguindo as indicações passadas antes, entrou na cidadela e chegou ao sub-solo. O que eles encontraram comoveu a todos do bando. Havia ali mais de 400 espíritos dementados, acorrentados magneticamente ao local, Deus sabe há quanto tempo. Eram, na verdade, o alvo principal de minhas ideias e elucubrações, que eu realmente não sabia se eram minhas ou sugeridas por alguém mais esclarecido. A multidão de espíritos não foi posta em liberdade sem relativo esforço, a tal ponto que Irmina e Kiev tiveram de intervir. Aquele gênero de algemas magnéticas usadas para prendê-los era totalmente desconhecido pelo grupo do General. Foi uma operação em parceria.

Quando saíram do subsolo, mais de um aeróbus aguardava, do lado de fora da cidadela, de modo que os antigos prisioneiros foram conduzidos por diversos especialistas para dentro dos veículos, os quais se dirigiam a um posto de socorro previamente indicado pelos guardiões e contatado por Irmina. Os espíritos recém-libertos seriam socorridos conforme a necessidade que apresentassem. Os sombras foram levados a uma base dos guardiões vibratoriamente próxima. Kiev dava mostras de haver esquecido o medo de Jamar repreendê-lo por causa da empreitada. Estava sorridente.

— Como você sabia dos espíritos que estavam prisioneiros, Raul? Por que nunca nos disse nada sobre eles?

— Bem, nenhum dos guardiões me perguntou

sobre esses espíritos. Então, eu não falei. Só isso!

– Mas desde quando você sabia deles?

– Há um bom tempo, na verdade. Não esqueça que já estive aqui antes, com outros guardiões.

– Acho que você terá de se explicar com Jamar, assim que ele voltar.

– Ah! Kiev, tem outra coisinha. É que eu fiz uma promessa para a turma do General em nome dos guardiões...

– Pelo amor de Deus, Raul, o que foi que você prometeu? Será que as surpresas não terminam mais?

– Claro que não, meu amigo! Você me conhece.

Irmina aproximou-se com um sorriso de ironia, talvez aguardando as reações do guardião.

– Veja como estão contentes os espíritos ligados a General. Ele agora será o líder desta cidade e aproveitará para formar uma família espiritual. Prometi a eles que os guardiões iriam trazer para cá os espíritos familiares ligados a eles: filhos, mães, pais e amigos. Afinal, esta cidade dos antigos sombras precisa ser habitada e utilizada como base superior.

– Você enlouqueceu, Raul? Como pode fazer uma promessa dessas? Eu não sei como descobrir quem são e fazer contato com os parentes desencarnados desse pessoal. Isso levará uma eternidade!

– Não se preocupe, meu amigo Kiev – falei, abraçando-o. – Todos aqui têm a eternidade como prazo. Estão todos mortos mesmo, são almas penadas...

Dei uma gargalhada, no que fui acompanhado

por Irmina, e prossegui em direção ao grupo de General, que se reunia na praça principal da antiga cidadela dos sombras, logo após ter feito um reconhecimento da área. General assumiu a dianteira do grupo, visivelmente emocionado, e chamou Kiev para o centro. A um gesto do líder, todo o grupo depôs aos pés de Kiev as armas emprestadas pelos guardiões. O guardião ficou também emocionado pela solenidade do momento. General tomou a palavra e disse:

– Gostaríamos de pedir ao representante dos guardiões, o oficial Kiev, que transmitisse nosso agradecimento e levasse um pedido aos seus dirigentes. Agradecimento porque hoje nasceu uma grande família. Nosso antigo bando agora tem um lar e prometemos transformar este lugar numa região habitável, na qual a bandeira dos guardiões poderá tremeluzir, substituindo a bandeira sombria dos magos negros. Um farol de luz indicará, aos espíritos errantes que passarem por aqui, que neste local poderão encontrar apoio, segurança e um novo lar, caso queiram se regenerar. Nosso pedido é que os guardiões possam nos receber como aprendizes. Queremos fazer parte da equipe dos guardiões do Cordeiro, aprender a política divina que abraçam e, para tanto, precisamos de professores, mestres que nos ensinem e nos acolham como pupilos. E que esta cidade seja para sempre um posto que represente os guardiões por estas paragens.

Kiev chorou! Todos nós choramos. Ninguém antevira tamanho aceno de transformação.

O grupo elevou um grito no ar, um brado de alegria e celebração, muito embora a cidade ainda lembrasse os antigos sombras. Havia feiura por toda parte, apesar do estado mais ou menos conservado das construções. Faltava iluminação e beleza. E isso somente com o tempo poderia melhorar. O grupo teria muito trabalho pela frente.

Kiev teve um rompante de espiritualidade, como eu classifiquei posteriormente, e convidou a todos para uma oração. Uma vez mais fomos surpreendidos, pois nenhum de nós esperava que ocorresse o que se viu em seguida. Assim que Kiev elevou o pensamento ao Alto, conectou-se com Anton, o representante maior dos guardiões superiores, e, antes que terminasse a prece, todos ouvimos ecoar pelo ambiente um coro de crianças. Diversas vozes, centenas de vozes pareciam se condensar no ambiente, levando o antigo bando de General a comover-se até as lágrimas. Quando abrimos os olhos, tomados pela emoção, avistamos dezenas, talvez centenas de crianças descerem de mais alto, segurando outras mãos em suas mãos. Eram os parentes, amigos, pais e mães daqueles espíritos, que vinham de colônias e cidades espirituais para compor a nova família que se formava naquela cidade.

À medida que as crianças e os demais espíritos desciam ao solo da cidadela e que suas mãos tocavam alguma construção, fossem casas, edifícios ou espaços públicos, tudo logo se recompunha, e aí brotavam flores e surgiam luzes, provenientes de uma fonte ignorada por nós, de modo a embelezar, perfumar e iluminar o ambiente. De ponto a ponto, o lugar adquiria aspecto totalmente novo. Cada um do grupo de 1,8 mil espíritos identificou os parentes e amigos que vinham ao seu encontro.

Anton providenciara tudo para que o lugar pudesse se transformar num posto abençoado de socorro espiritual, conforme o desejo de General e os seus. O local fora reurbanizado, e os espíritos que viviam em bando, reacomodados. Agora, sob a tutela de entidades mais esclarecidas, criariam um posto digno, autêntico representante do trabalho dos guardiões. Eu e Irmina fomos saindo de mansinho, deixando Kiev e sua turma de guardiões por conta do trabalho restante, que não era pequeno.

Antes de retornar ao corpo, voltei meu olhar e vi uma cidade iluminada irradiando luzes através de holofotes, como a indicar para os espíritos que por ali passassem que aquele era um local de bênçãos, um posto dos poderosos guardiões. Por todo o ambiente, no entorno da cidade, nasciam flores, gramas e árvores, enriquecendo de beleza o lugar, deixando-o absolutamente diferente da antiga cidadela dos sombras.

Respirei de certa maneira aliviado ao retornar ao corpo. Embora o sentisse todo moído, desgastado e dolorido, eu estava feliz. A empreitada toda, como era de se esperar, deixou rastros no organismo físico. Mas eu estava tranquilo. Restava-me aguardar o retorno de Jamar. O processo de reurbanização daquele local estava concluído, ao menos em sua fase inicial. De agora em diante, ele dependia exclusivamente dos guardiões e, sobretudo, dos seus novos habitantes.

CAPÍTULO 9

FOGO
HIGIENIZADOR

> Bem-aventurado aquele que lê, e bem-aventurados
> os que ouvem as palavras desta profecia,
> e guardam as coisas que nela estão escritas,
> porque o tempo está próximo.
> *Apocalipse 1:3*

> Disse-me ainda:
> Não seles as palavras da profecia deste livro,
> porque próximo está o tempo. Eis que cedo venho!
> A minha recompensa está comigo,
> para dar a cada um segundo a sua obra.
> *Apocalipse 22:10,12*

Após os espectros trazidos da região dos *daimons* terem sido acomodados num ambiente do satélite natural do planeta – a Lua –, aguardando deliberações de Anton e seus auxiliares mais diretos, fomos convidados por Jamar e o próprio Anton a apreciar alguns eventos de limpeza e relocação de entidades. Eles ocorreriam em lugares do plano extrafísico onde se acumulavam energias tão densas que se seria necessária uma ação não só higienizadora, mas desintegradora de fluidos nocivos. A fim de desencadear a operação prevista pelo plano superior, diversas comunidades de espíritos, incluindo os guardiões superiores, foram encorajadas a participar de maneira mais efetiva. Por todo o planeta ocorriam e ocorreriam missões semelhantes, com frequência e intensidade cada vez maiores, tendo em vista o perigo e o grau de toxicidade da matéria mental aglutinada em diversos recantos do mundo, em face de sua incompatibilidade com o momento que a Terra atravessava. Soara a ampulheta cósmica, e a palavra de ordem era *renovação*.

O que estávamos prestes a presenciar era apenas um dentre tantos exemplos de atividades de higienização e relocação de espíritos, com a necessária extirpação das criações mentais enfermiças. Vários acontecimentos semelhantes sucediam de maneira simultânea em diversas latitudes do planeta, a grande maioria dos quais já conhecidos dos guardiões. Todavia, para mim, estudioso das questões espirituais, aqueles eram fenômenos novos, conhecidos apenas agora. Cada vez mais se observavam ocorrências desse tipo nos países ao redor do mundo, em cidades inteiras ou em regiões previamente demarcadas pelos higienizadores ou reconstrutores de ambientes extrafísicos.

O olhar do guardião superior era enigmático. Parecia devassar nosso interior, ao passo que ele conservava uma serenidade verdadeiramente surpreendente, dado o fato de ser ele, Anton, um dos maiores responsáveis pela segurança planetária entre os guardiões, de uma forma bem mais abrangente do que costumamos imaginar. Estava subordinado diretamente aos diretores do mundo, ao governo oculto, que tudo regia e organizava no que se referia à evolução na morada terrena.

Apesar da destacada função que exercia, não perdera sua humanidade; conservava-se o homem de sempre, comum e, eu diria, um tanto reservado. Vez ou outra, talvez para que nos sentíssemos mais à vontade a seu lado, mostrava um humor suave, sutil, que somente poucos espíritos apreciavam ou alcançavam. Era muito afeiçoado a Jamar, e os dois geralmente não precisavam trocar muitas palavras para se entenderem. Naquele momento, apresentava-se com um terno elegantemente talhado, que lhe realçava o corpo esguio e também elegante. Mas não se podia enganar com a aparência quase humana e comum de Anton. O guardião surpreendia quase todos quando se atirava ao campo de batalha ou comandava seus subordinados, dando ordens, auxiliando diretamente, organizando e orientando com garra e boa vontade. Era dotado de tamanha força mental, que, geralmente e sem esforço aparente, conseguia projetar em nossas mentes as imagens daquilo que falava, proporcionando-nos uma visão detalhada e em cores vivas da mensagem ou ensinamento que queria transmitir. Esse é Anton, o chefe da segurança planetária, com o qual convivíamos como bons amigos.

Observávamos o entrechoque de forças naturais no nosso plano, as irradiações que vinham do espaço em direção à Terra, quando Anton se manifestou, esclarecendo-nos a curiosidade:

– O fogo higienizador ou, como é conhecido por alguns, o fogo devorador é uma emanação das labaredas do nosso Sol ou uma espécie de desdobramento do chamado vento solar.[1] Essas irradiações eletromagnéticas observadas em nossa dimensão são canalizadas e utilizadas por espíritos especialistas com a finalidade de limpar e higienizar a atmosfera psíquica de determinadas regiões do planeta. No entanto, no caso presente, como o objetivo dos espíritos reconstrutores é de âmbito maior, muito mais abrangente que de costume, eles têm se valido de radiações emitidas por fontes ainda desconhecidas dos habitantes do planeta, num momento em que a Terra e todo o sistema solar se alinham ao centro da Via Láctea. Esse alinhamento galáctico favorece que energias mais intensas sejam canalizadas e utilizadas pelos prepostos do Cordeiro num momento especial da história do planeta. Coincide precisamente com a

---

[1] "O vento solar é uma corrente de partículas eletricamente carregadas, emanadas da camada externa do Sol. Consiste principalmente de elétrons e prótons. O fluxo de partículas varia em temperatura e velocidade ao longo do tempo. As partículas do vento solar escapam da gravidade solar por causa da alta energia cinética e da alta temperatura da coroa solar. A influência do vento solar pode ser sentida em fenômenos como tempestades geomagnéticas, que podem afetar linhas de força da Terra, além de ser ele a razão das auroras polares (aurora *boreal* ou *setentrional*, no polo norte, e aurora *austral*, no polo sul) e de que as caudas de todos os cometas sempre apontam na direção oposta ao Sol" (http://en.wikipedia.org/wiki/Solar_wind. Acessado em 8/4/2012. Tradução e adaptação: Leonardo Möller).

hora de higienização planetária.

Antes que Anton prosseguisse, avistamos um fenômeno de estranha beleza, que acontecia naquele exato momento. À primeira vista, era algo parecido com uma aurora polar, formada naturalmente por energias advindas de outros recantos do universo e desconhecidas – ao menos para mim. Despejavam-se fortíssimas sobre a atmosfera do planeta, em jatos luminosos de difícil descrição. Deviam ser de natureza eletromagnética, imaginei. Porém, à medida que acompanhávamos o fenômeno, embora em parte lembrasse a aurora polar, a luminosidade furta-cor transformava-se em raios intensos, que desciam atmosfera abaixo, rumo à crosta terrena. Pelo que podíamos observar, as energias desencadeadas estavam sendo direcionadas; não ocorriam aleatoriamente. Esse aspecto denotava que alguma consciência mais esclarecida direcionava o processo, conforme algum plano previamente estabelecido.[2]

---

[2] O raciocínio que leva o autor espiritual a deduzir haver ação deliberada por trás do fenômeno observado guarda profundas conexões com um fundamento da filosofia espírita que aparece já nos primeiros temas que esta analisa. Kardec acrescenta às sucintas respostas que recebe dos espíritos: "O Universo existe, logo tem uma causa. Duvidar da existência de Deus é negar que todo efeito tem uma causa e avançar que o nada pôde fazer alguma coisa. (...) Atribuir a formação primária ao acaso é insensatez, pois que o acaso é cego e não pode produzir os efeitos que a inteligência produz. Um acaso inteligente já não seria

Confesso que fiquei algo apreensivo diante da tormenta que se aproximava, mas Jamar, que estava conosco, exalava tranquilidade, e seu estado de espírito era contagiante.

– Não se preocupe, Ângelo, pois este é o primeiro sinal de que os espíritos chamados *desintegradores de densidade* estão a caminho. E não se esqueça de que as inteligências que a tudo coordenam têm um objetivo bem delineado. Presenciaremos muitos espíritos dementados, seres voltados para o mal e outros mais necessitados que maus, cuja atitude será correr, pedir socorro ou implorar solução imediata para seus problemas e desafios. Entretanto, tudo foi programado de acordo com a situação de cada um dos habitantes deste lugar. Os realmente necessitados ou maduros o suficiente para receber ajuda serão socorridos a tempo; os demais passarão pelo fogo purificador, que alijará de suas auras a maioria das criações mentais enfermiças, malsãs e perigosas. O local no plano extrafísico onde se encontram, por sua vez, será higienizado, limpo e preparado para a reconstrução. No novo *habitat*, surgirá um posto de socorro ou hospital, que será erguido ali de conformidade com o planejamento do Alto.

De vários lugares da imensidade, chegavam ca-

---

acaso" (KARDEC. *O livro dos espíritos.* Op. cit. p. 74-75, itens 4, 8). Enfim, para o pensamento espírita, a presença de ordem atesta ação inteligente subjacente.

ravanas de espíritos carregando macas e outros instrumentos de trabalho e socorro, aguardando o momento de desempenhar sua função. Guardiões preparados para aquele acontecimento colocavam-se a postos, também esperando ordens de seu comandante, pois deveriam entrar em ação no momento exato em que o fogo purificador terminasse sua passagem por aquela região. Eis a presença do Grande Arquiteto: misericórdia e justiça atuando juntas. Forças complementares manifestas em seus respectivos representantes, lado a lado, mas resguardando a afinidade ou o estilo de cada um.

Nenhum espírito que ficasse no caminho das energias higienizadoras lhe escaparia aos efeitos. Ao longe, pude observar as fraternidades de espíritos, caravanas de socorro e muitos agentes da justiça sideral, todos preparados para transferir do ambiente os espíritos que precisassem. Estávamos a uma distância segura do local do evento. Creio que Jamar e Anton queriam apenas que eu observasse para mais tarde transmitir as ocorrências aos amigos encarnados. Mas confesso que estava deveras ansioso pelo que se passaria. Era algo novo para mim.

As energias de fonte desconhecida dos humanos, coordenadas por espíritos superiores, vinham como uma fornalha. Irradiando por todos os lados um calor indescritível, formavam uma espécie de tormenta, que atingia os átomos etéricos e astrais. Faíscas pareciam explodir por todos os lados. O fenômeno evocou forte respeito nos espíritos que ali acorriam para ajudar – um respeito pelas forças soberanas da vida. Com aquele fenômeno em andamento, nem mesmo a dimensão dos dragões passaria ilesa, sem sofrer os impactos da força higienizadora. Algo seria percebido na subcrosta, nos abismos e na dimensão das prisões eternas.

Passou-se apenas cerca de meia hora e nova leva de guardiões chegou da dimensão superior, envolvendo o perímetro onde se sentiriam os efeitos da energia transformadora. Foi nesse momento que Jamar e Anton entraram em ação, distribuindo os guardiões de modo a formarem uma força organizada e consistente, pois precisariam de bastante empenho e da tática correta para auxiliar na relocação de entidades que se achavam prisioneiras daquele local.

– Precisamos ficar atentos, Jamar – falou Anton. – Temos de agir na hora certa, pois aguardamos algo importante antes mesmo do fogo higienizador passar. Acredito que os representantes de Miguel aproveitarão as energias irradiadas de determinadas fontes, embora numa proporção ainda pequena, como transporte de algo ou de alguém que poderá nos ser tremendamente útil. Recebi indicações muito claras de que alguma coisa desse tipo ocorreria hoje.

– Tenho uma intuição nesse sentido, também. Não sei precisar direito o que significa, mas estou certo de que algo irá ocorrer e será muito útil para nós em futuro próximo. Se você recebeu indicações tão claras, agora entendo o porquê de reunir tantos guardiões num local de uma única vez.

Mal Jamar terminou de falar e desceu um jato de luz proveniente do Alto, com a energia milhares de vezes aumentada em sua intensidade por consciências mais esclarecidas e especializadas, de tal maneira a formar um remoinho de energias que repercutiam em cores diversas, atingindo-nos a todos. Sentimos como se nosso corpo espiritual estivesse sob o influxo de intenso magnetismo, dando-nos a sensação de que todos os nossos sentidos se ampliaram de um momento para outro. Pessoalmente, era como se um sentido extra se manifestasse em mim, e minha mente se expandisse numa espécie de hiperconsciência. E, ao que parece, Jamar, Anton e os guardiões mais próximos tiveram a mesma sensação. Ao mesmo tempo, uma palavra, um nome nos veio à mente, trazendo à memória eventos marcantes: Apophis. Apophis foi o nome que nos ocorreu a todos, a um só tempo.

Mal olhamo-nos uns para os outros, o jato de luz extraordinária diluiu-se gradualmente, mas não por completo. No centro da manifestação daquele fenômeno, um vulto se ergueu – parecia antes que estava ajoelhado. Alguém, velho conhecido nosso, fitou-nos um a um e, tão logo teve forças, pediu auxílio imediato:

– Pelo reino do Cordeiro, auxiliai-me, antes que o fogo devorador apareça.

O próprio Apophis, um dos príncipes dos dragões que fora arrebatado ao reino superior,[3] viera naquele jato de luz. Logo que pediu ajuda, pareceu desfalecer, quando Jamar e Anton, num átimo, jogaram-se no meio da luminosidade restante. Anton rolou pelo chão lodacento, agarrando Apophis nos próprios braços, enquanto Jamar os envolveu num manto que, até então, eu não havia percebido que ele trazia consigo. Juntamente com Anton, amparou o espírito nos braços, retirando dali o outrora poderoso príncipe dos *daimons*, depositando-o num lugar apropriado para seu repouso. Os dois guardiões agiram em admirável sintonia um com o outro, sem hesitar por um instante sequer em sujar-se na matéria pútrida do solo astral e tampouco se expor ao fogo devastador que irradiava pelo local. Enfim, conseguiram estar no lugar e na hora certa, quando o antigo príncipe retornou de sua excursão pelos mundos superiores. Não perguntaram nada, nada questionaram; apenas o ampararam, ao ouvir-lhe o clamor sincero, acomodando-o num local seguro para que se recompusesse.[4] Rapidamente, voltaram ao ambiente onde antes estiveram, com a naturalidade de quem nunca havia saído dali.

[3] Cf. PINHEIRO. *Senhores da escuridão*. Op. cit. p. 652-666.

[4] "Que homem dentre vós, tendo 100 ovelhas, e perdendo uma delas, não deixa no deserto as 99 e não vai após a perdida até achá-la? E quando a encontra, põe-na sobre os ombros, cheio de alegria, e vai

Assim que retornaram e antes mesmo que eu pudesse esboçar algum pensamento de curiosidade pelo acontecido, imediatamente tudo se modificou. Os acontecimentos precipitaram-se de tal modo que somente o planejamento dos guardiões e dos diversos grupos de espíritos, feito com antecedência, pode explicar como o fenômeno ocorreu de maneira a não nos pegar de surpresa.

Como uma labareda comparável somente à irradiação de um fogo atômico, varreu o local novo jato de luz astral, desta vez coordenado pelos espíritos responsáveis pela natureza. Manifestava-se com tal intensidade que vimos explodir larvas mentais, formas-pensamento, placas de lama astral e uma série de outros elementos próprios daquele universo onde estávamos, procedendo a uma varredura, a uma limpeza profunda na matéria mental e astral constituinte daquele ambiente. O fogo higienizador a tudo queimava, literalmente consumindo, fazendo desaparecer o produto deletério encontrado em seu caminho, e sem deixar resíduos.

Explosões de energia arrebentavam aqui e acolá, enquanto turbas de espíritos corriam de um lado para outro praguejando, vociferando ou mesmo, alguns poucos, pedindo socorro, pois a luz astral ou

para casa. (...) Digo-vos que do mesmo jeito haverá alegria no céu por um pecador que se arrepende, mais do que por 99 justos que não necessitam de arrependimento" (Lc 15:4-7).

fogo, que higienizava tudo em sua passagem, também atingia o corpo espiritual daqueles que estagiavam na dimensão sombria que muitos espiritualistas conhecem como umbral. Ao tocar o perispírito dos seres ainda materializados em seus instintos e paixões, o fogo cumpria o devido propósito.[5] Desfazia formas-pensamento há muito arraigadas, impregnadas ou mantidas por idealizadores enfermos. O processo era rápido, porém percebido, por cada espírito ainda prisioneiro de sensações mais animalizadas, como se fosse algo intenso, que suscitava a sensação de extremo desconforto ou mesmo dor.[6]

Como o som de mil trovões, ou de uma bomba explodindo, o ribombar ouvido por todos denunciava que a natureza do plano astral estava em alerta e que o fogo higienizador aproximava-se com todo o

---

[5] Para quem reage com surpresa, tendo em mente que "Deus é amor" (1Jo 4:8), vale lembrar que amor não é somente candura. O homem que mais amou na Terra foi enérgico ao extremo ao "expulsar os que ali vendiam e compravam. Derrubou as mesas dos cambistas" (Mc 11:15), bem como ao amaldiçoar uma figueira, que secou até às raízes (cf. Mc 11:12-14,20-24). A filosofia espírita desenvolve uma reflexão acerca dessa faceta que Jesus ilustrou, igualmente presente em Deus e na criação, num texto ainda não inteiramente compreendido, na amplitude de suas implicações ("Da lei de destruição". In: KARDEC. *O livro dos espíritos*. Op. cit. p. 425-439, itens 728-765).

[6] Cf. ibidem. p. 207-216, itens 253-257. Destaque para "Ensaio teórico da sensação nos espíritos" (item 257).

seu potencial para cumprir a função de desintegrador etérico. Urros, gemidos e intensa gritaria pareciam vir de debaixo de nossos pés, de regiões ainda mais profundas.

– Não se preocupe, Ângelo. Tudo isso é necessário. Ocorre que a energia mental densa e as substâncias tóxicas emanadas de emoções e pensamentos, tanto de encarnados quanto de desencarnados, acumularam-se e enrijeceram-se de tal maneira que formam uma crosta difícil de romper até para nós. Somente a desintegração, com energias superiores de tamanha agressividade, poderá sanear e restabelecer a salubridade do local, favorecendo a futura ação regeneradora de entidades especializadas. Fenômenos como esse acontecem com relativa frequência em âmbito menor, mas, agora, cada vez mais assistiremos a eventos semelhantes. Certamente, no plano físico, também se verão fenômenos correspondentes, que em alguma medida deixarão os habitantes do plano material em polvorosa; contudo, tais fatos são fundamentais para a limpeza e higiene do globo.

Novos rumores, estampidos e trovoadas se fizeram ouvir. A partir daquele momento, as diversas fraternidades, os grupos de espíritos e guardiões colocaram-se de sobreaviso prontamente, pois teriam de agir em paralelo com as forças desencadeadas por seres superiores. O objetivo era um só: ajudar na relocação de entidades e na higienização do ambiente, preparando tudo para a reurbanização do local, no plano extrafísico.

De repente, diante da fúria da natureza, dos estampidos causados pelos trovões e raios das energias higienizadoras, surgem do alto, de todos os lados, cavalos brancos montados pelos caboclos, que vinham auxiliar no processo de limpeza energética. Imenso contingente de entidades, comandado pelo cacique Tupinambá, assim como pelo Caboclo Roxo e por Lua Nova, desce de regiões superiores, da Aruanda dos caboclos. Em meio ao turbilhão de fogo e de energias que higienizavam o local, realizam uma operação com o objetivo de aumentar a eficácia das tarefas de limpeza energética.

Girando como piões, lembrando um remoinho entre os elementos em dispersão, os caboclos comandam os elementais. Salamandras e outros mais, abastecidos vibratoriamente com o teor energético do turbilhão de forças, saem por todo canto onde o fogo devorador não alcançou em minúcia. Destroem, queimam e desmaterializam formas mentais destrutivas, cascões astrais, parasitas energéticos e outras criações enfermiças eventualmente sobreviventes, fruto do pensamento desorganizado. Enquanto isso, igualmente sob a batuta dos caboclos, as ondinas – elementais das águas – envolvem os espíritos necessitados, aqueles que estavam preparados para o resgate, suavizando-lhes as emoções, os sentimentos e liberando as cargas energéticas densas de seus corpos espirituais, porém de uma maneira mais suave e num nível mais profundo. Tupinambá e os demais caboclos trabalhavam em meio ao fogo, à força bruta da natureza, e dali comandavam os espíritos da natureza,[7] enviando-os aos diversos alvos mentais previamente determinados.

De outro lado, uma falange de pais-velhos arremessa-se lamaçal adentro, onde os raios desintegradores desciam vorazes, e abrem caminho em meio aos fluidos materializados, daninhos e nocivos em forma de lama astral. À medida que Pai João de Aruanda, Pai Joaquim de Aruanda, Vovó Maria Conga e o velho conhecido Vovô Rei Congo movimentavam seus cajados naquela lama pútrida, abriam-se brechas largas, espécie de caminhos vibratórios, por onde espíritos necessitados, que denotavam forte potencial de reeducação, pudessem passar e ser socorridos sem sofrer a ação intensa dos raios desintegradores. Logo mais, a falange numerosa de pais-velhos subia ou emergia daquele lodaçal. Trazia em seus braços, arrastando em sua aura e agregados a

---

[7] *Espíritos da natureza* é o nome genérico que a filosofia espírita dá aos espíritos superiores, auxiliares diretos de Jesus, que administram os fenômenos da natureza em nível planetário, mas também aos princípios inteligentes, que ainda não se tornaram humanos e operam com esses mesmos fenômenos (cf. ibidem. p. 337-340, itens 536-540). Os que pertencem a esta última classe, atualmente são chamados, por essas razões, de *espíritos de transição, espíritos elementais* ou simplesmente, e de modo mais corrente, *elementais*. O nome é tomado de

suas energias, centenas e centenas de espíritos, de almas quase desfalecidas, que eram depositadas aos pés dos samaritanos e de outras entidades socorristas. Em seguida, retornava às profundezas para buscar mais seres, mais filhos de Deus, não os maus, mas aqueles que pediam por socorro e não tinham força própria para sair do ambiente insalubre das regiões inferiores.

Todos trabalhavam unidos no propósito traçado pelo Alto e de acordo com sua especialidade. Cada espírito desempenhava o papel que lhe cabia, a tarefa que conhecia, a função com a qual se identificava, sob o comando do espírito solar conhecido por todos nós com o nome de Jesus.

Anton e Jamar dedicavam-se à comunicação e à organização dos diversos setores e grupos que abraçavam cada etapa e cada detalhe da obra monumental – que tão somente principiava. Fora dada a largada da remodelação divina do astral; a reurbanização extrafísica do planeta Terra começara, e todos ali atuavam plenamente conscientes disso. Trabalhavam em perfeita sintonia, parecendo-me que tudo ocor-

---

empréstimo de escolas esotéricas, o que parece apropriado, visto que a terminologia espírita original não distingue ambas as categorias. O fato de que Kardec não pôde se aprofundar no tema não é razão para rejeitar contribuições coerentes e que resistam à experiência (cf. PINHEIRO, Robson. Pelo espírito Pai João de Aruanda. *Aruanda*. 13ª ed. rev. Contagem: Casa dos Espíritos, 2011. p. 89-98, cap. 7).

ria num ritmo mais acelerado do que eu jamais presenciara. Jamar e Anton não perdiam a calma, a serenidade. Evitei incomodá-los com minhas perguntas e resolvi apenas observar e auxiliar no pouco que eu podia ou sabia.

Foi exatamente neste momento que vi ondas de lama sendo arremessadas ao alto. Do cerne desses detritos de matéria mental, em meio ao barulho causado pelo choque das energias higienizadoras com a semimatéria daquele plano, surgiam entidades sendo lançadas sobre tudo, catapultadas pelo turbilhão de forças, que pareciam descontroladas, embora soubéssemos que de fato obedeciam a um gerenciamento superior. Era o resultado do trabalho dos pais-velhos, que liberaram forte energia condensada na natureza astral usando seus cajados, de modo a produzirem aquele fenômeno que expelia os espíritos para fora do ambiente astral infectado, agora em processo de higienização. Enquanto isso, grupos de guardiões especializados, a um comando de Jamar, atiravam-se no seio das energias em revolução e, munidos de instrumentos apropriados, arrebanhavam as entidades enfurecidas e as retiravam do meio de sua própria criação mental em forma de lama.

Quando os guardiões saíam do olho do furacão com centenas de entidades amparadas por instrumentos de tecnologia superior, depositavam-nas aos pés dos espíritos socorristas, que imediatamente tomavam providências para que tais seres fossem conduzidos a lugar apropriado e para ali não mais voltassem. Os resgatados gritavam, protestavam e amaldiçoavam ou, simplesmente, choravam um pranto desolador, pois pensavam se tratar do juízo final, segundo expressavam em palavras atormentadas. Antes de serem transportados até os hospitais e postos de socorro, os caboclos envolviam-nos na força dos elementais do fogo, as salamandras, e em seguida, na ação suavizante das ondinas, liberando-lhes da aura o restante das criações mentais de teor vibratório incompatível com o local aonde seriam levados. Concluída a limpeza profunda a que eram submetidos, saíam do meio do fenômeno bem mais livres dos cascões de fluidos densos que haviam se acumulado na forma espiritual de cada um. Após o pranto, as emoções mais leves faziam com que ficassem sensíveis à ação dos bons espíritos, que, assim, podiam zelar pela recuperação de tais entidades com maior eficácia. Exímios magnetizadores da dimensão superior faziam com que os mais endurecidos adormecessem, magnetizando-os, o que facilitava seu transporte e reacomodação.

O fogo higienizador representava o recurso de emergência para os casos mais graves, porém ainda passíveis de solução no ambiente do planeta Terra. Como se numa violenta explosão, as irradiações das energias poderosas destruíam cúmulos de criações mentais e astrais de caráter inferior, incluindo aí certas edificações da paisagem astral na qual nos encontrávamos em atividade. O fogo espalhava-se de tal maneira que muitas cidadelas, construídas por magos e cientistas voltados ao mal, eram completamente arrasadas ou aniquiladas com a passagem das energias que a tudo atingiam.

Os samaritanos começaram a cantar um hino de louvor ao Criador. Imediatamente foram seguidos por alguns espíritos que se erguiam do lamaçal, quase sem forças, mas inspirados pelo canto das entidades benévolas. Esses poucos eram seres com desejos de melhora e realmente preparados para receber o socorro naquele momento.

Os raios desintegradores desciam com força total, quando Anton e Jamar foram chamados por Apophis com extremo senso de urgência:

– Estou melhor, guardiões. Peço-vos que me libereis para ir ao meu antigo reduto de poder. Devo reunir meus antigos servidores.

Jamar olhou Anton, desconfiado do pedido de Apophis. Afinal de contas, a única lembrança que tinham dele é que era um dos grandes e poderosos opositores do Cordeiro; um dos príncipes mais próximos e da mais alta confiança dos *daimons*. Participara de um combate acirrado quando, na ocasião, Apophis tentou invadir um dos postos dos guardiões na Crosta, com o intuito de ferir os representantes do Cordeiro que ali militavam, no plano físico. Vencido, foi arrebatado ao plano superior para antever o reino de Cristo. No auge da batalha, Apophis foi pego totalmente de surpresa e, derrotado, fora levado pelos emissários do Alto. Agora, aparecia justamente em meio a um processo de higienização de determinada região do plano extrafísico. Então, diante de todos os fatos conhecidos, o pedido do ex-príncipe era no mínimo estranho; era algo que deveria ser visto com cuidado. Apophis, talvez sabendo intuitivamente da dificuldade dos guardiões em liberá-lo, sabia também o que ele representava para esses espíritos, ou melhor, estava ciente de que seu histórico não era nada confiável. Assim, pediu novamente, reformulando sua rogativa:

— Sei muito bem o que fiz no passado. Conheço meus desacertos e crimes hediondos, mas agora não temos muito tempo, pois o fogo higienizador atingirá aquilo que foi, um dia, meu mais secreto reduto. E lá, tenho certeza, embora transcorrido um tempo relativamente longo, encontram-se muitos de meus antigos servidores e aliados. Deixai-me ir, e junto comigo um ou quantos guardiões quiserdes. Mas, por favor, preciso retirar meus antigos servos de lá, e eles poderão ajudar, sob meu comando, nos desafios que os guardiões enfrentam nesta hora grave.

Após curto intervalo de silêncio, que, para o antigo príncipe dos *daimons*, parecia dilatado demais, Anton e Jamar resolveram liberar Apophis.

— Daremos um voto de confiança a você, príncipe dos *daimons*. Não destacaremos nenhum dos guardiões para escoltá-lo, pois já temos sua assinatura energética e podemos seguir-lhe o rastro magnético por onde for. Vá e faça o que tem de ser feito.

Apophis apenas reverenciou Anton e Jamar e acrescentou:

– Não mais sirvo a falsos deuses como outrora. Conheço agora a natureza dos *daimons* e tenho um vislumbre de um reino imortal. Provarei que não sou mais o antigo príncipe, embora, por pouco tempo ainda, deva envergar a indumentária que me caracterizava como tal. Retornarei e vereis como estou disposto a me modificar. Agradeço o voto de confiança e de maneira alguma vos decepcionarei, poderosos guardiões do Cordeiro.

Enquanto Anton e Jamar retomavam o trabalho, que requeria cada vez mais sua atenção, Apophis deixou aquele ambiente rumo a um lugar, para nós, desconhecido: seu velho reduto e centro de poder.

O antigo representante dos *daimons* desceu vertiginosamente as dimensões da subcrosta rumo ao local onde se aquartelara no passado. Assim que chegou bem próximo, já notou que nem todos estavam como de costume. Noutros tempos, haveria atalaias tomando conta do caminho secreto e, certamente, das torres de vigia do seu quartel-general. Agora, porém, tudo estava desguarnecido. Adentrou um ambiente após o outro, e viu tudo absolutamente vazio. Apophis, vestido e paramentado como um dos principados, ouviu ao longe um burburinho. Seguiu para o salão principal, onde outrora se reunia com seus subordinados e especialistas. Lá se encontravam cerca de 2,5 mil espíritos discutindo em alto volume, quase aos berros, órfãos da figura de seu comandante, que, para eles, fora abduzido por uma força oculta, a respeito da qual nada sabiam. Exasperavam-se com a notícia da proximidade do fogo devorador.

Quando Apophis chegou àquele ambiente, foi como deitar água sobre uma fogueira. Os ânimos se acalmaram, apesar das muitas dúvidas e dos questionamentos que foram engolidos perante a autoridade do príncipe dos demônios, conforme era conhecido o espírito que se apresentava como Apophis, antigo iniciado do Egito e senhor de espíritos do submundo.

Sem perder a velha pose, mas sustentando outro padrão vibratório, o antigo príncipe tomou uma tribuna improvisada pelo bando de seres que o serviam e, altivo como outrora, anunciou:

– Estou de volta, meus antigos servidores! Sou aquele que desde séculos vos mantenho unidos, a quem servis como a um deus. Como sabem, não temos tempo para explicações. Sei que muitos se foram, pois aqui temos talvez apenas a terça parte de meus antigos colaboradores.

– Queirais perdoar-me, amado príncipe. Sabíamos que voltaríeis e resolvemos vos esperar, mas agora não temos aonde ir, pois ouvimos que o fogo que vem do alto está a caminho, prestes a destruir tudo, e atingirá a todos. Faremos o que o divino Apophis falar. Estamos prontos a obedecer, como antes.

A palavra de Vossa Majestade é uma ordem.

– Se estais aqui, confiais em mim – falou o príncipe. – Então, ouvi-me. Não mais obedeço aos antigos deuses, os *daimons*. Estais certos, precisamos sair imediatamente deste local, pois será tudo incinerado mediante a passagem do fogo devorador. Vinde comigo, pois vos apresentarei um novo propósito de vida e sereis livres para sempre. Não vos curveis mais diante de mim, pois agora compreendo coisas que antes não conhecia. Vinde e, na caminhada, falar-vos-ei de um novo reino e de algumas de suas leis. Preciso que auxilieis alguns novos companheiros sem questionar, ao menos desta vez. Após o trabalho que temos pela frente, tereis tempo para perguntas e recebereis as respostas que esperais. Vinde, segui-me!

A multidão de espíritos apenas ouviu as palavras do seu príncipe e nem sequer tiveram coragem de questioná-las. Mesmo Apophis sendo sutil ao máximo, aqueles espíritos tinham fortemente impressas na mente as lembranças do dominador, do antigo senhor que os guiava com braço impiedoso. Sabiam com quem lidavam. Seguiram-no tanto por medo quanto por falta de opção, uma vez que o príncipe apareceu justamente no momento em que estavam encurralados diante do fenômeno desconhecido e, por desconhecido, igualmente temido. Andavam após o chefe, mesmo sem compreender o que significava a tarefa a que ele se referira, junto a novos companheiros. Apenas o seguiram como escravos, obedientes ao comando de um soberano que, ao menos de acordo com suas lembranças recentes, era implacável.

Mas algo estava mudado em Apophis, talvez algo que aqueles espíritos demorassem a entender. Não obstante, havia um quê diferente, após visitar o reino superior, ou as dimensões que os olhos humanos comuns ainda não haviam alcançado. A situação do antigo príncipe dos *daimons* lembrava um texto atribuído ao apóstolo Paulo: "Conheço um homem em Cristo que há quatorze anos foi arrebatado até o terceiro céu. Se no corpo não sei, se fora do corpo não sei, Deus o sabe. E sei que o tal homem – se no corpo, se fora do corpo, não sei, Deus o sabe – foi arrebatado ao paraíso, e ouviu palavras inefáveis, as quais não é lícito ao homem referir".[8]

Os raios desintegradores continuaram fazendo seu trabalho, à proporção que liberavam cargas tóxicas do ambiente e consumiam larvas mentais, e à medida que desagregavam criações do pensamento cristalizadas e dotadas de vida artificial. Também provocavam o colapso de formas-pensamento destrutivas e uma série de outros seres, cuja existência temporária estava adstrita ao plano astral inferior.[9]

---

[8] 2Co 12:2-4.

[9] No que tange ao processo que dota de vida artificial as criaturas de caráter mental e emocional, compreendendo também as distinções entre

Ribombavam trovões, relâmpagos apareciam para logo depois descarregarem sua força no lamaçal, que abrigava formas horripilantes. No cerne dessa operação de desintegração astral, as diversas equipes trabalhavam como podiam. Os guardiões, quase sem fôlego, iam e vinham entre as manifestações da natureza astral, procedendo à seleção e à relocação, dessa forma liberando a área demarcada para a ação do fogo que tudo higienizava.

Do meio de tudo isso, surge Apophis com seu séquito, que a princípio parecia tímido ou, mais provavelmente, temeroso ante o fenômeno singular. Eles nunca haviam visto nada igual, e toda a movimentação de espíritos no âmago do aparente caos figurava, para os súditos do príncipe, como um acontecimento apocalíptico, digno do juízo final. Foi Jamar quem primeiro avistou Apophis com os espíritos que o seguiam. Imediatamente dirigiu-se a ele, pois o fato de regressar era significativo; demonstrava haver cumprido a palavra.

– Trago meus antigos servidores. Embora a maioria tenha debandado, ainda resta um número expressivo de escravos, cuja liberdade proclamo agora, em nome do reino do Cordeiro, o Cristo de Deus.

---

elementais artificiais e naturais, o espírito Joseph Gleber oferece oportunas explicações (PINHEIRO, Robson. Pelo espírito Joseph Gleber. *Além da matéria*. 10ª ed. rev. Contagem: Casa dos Espíritos, 2011. p. 69-75, 151-161, caps. 6, 16).

Curvo-me aos desígnios dele e coloco-me a serviço dos guardiões – declarou Apophis, em meio ao barulho ensurdecedor das forças da natureza coordenadas por especialistas do Alto.

– Então, vamos, que não temos muito tempo – falou Jamar. – Leve seus compatriotas para auxiliar os samaritanos. Quantos puderem e tiverem coragem e força, que auxiliem os guardiões, pois com sua ajuda o trabalho será muito menos penoso e terminará em pouco tempo. É crucial que você permaneça como referência para estes espíritos, até que tenhamos tempo de conversar, passado o evento.

A princípio um tanto hesitantes e outro tanto receosos, os seguidores de Apophis se encorajaram ao observarem seu soberano depondo a indumentária real e atirando-se ao resgate e à remoção de espíritos. Após verem os samaritanos e as diversas fraternidades de espíritos trabalhando incessantemente, assim como os guardiões, caboclos e pais-velhos levitando, literalmente voando em meio às chamas e raios, trovões e relâmpagos que marcavam a passagem do fogo devorador, os súditos recém-libertos pouco a pouco se integraram e souberam auxiliar. Representavam um aumento considerável da força de trabalho, acelerando a relocação e a renovação da paisagem extrafísica. À medida que colaboravam, eles mesmos eram ajudados, pois as irradiações do fogo higienizador lhes atingiam beneficamente o corpo espiritual, ao passo que os caboclos, sob o comando de Tupinambá e do Caboclo Roxo, induziam as salamandras e ondinas a rodearem os antigos servos de Apophis. Gradativamente, viam-se livres dos fluidos mais densos e daninhos, enquanto eram queimadas as formas-pensamento alimentadas pelo medo e pelo sentimento de culpa. Curiosamente, o processo não lhes causava nenhuma sensação ruim, como se alguém de mais Alto soubesse com antecedência que esses espíritos cooperariam naquele sítio e houvesse programado tudo para beneficiá-los também, liberando-lhes o corpo astral de fluidos nocivos e cargas tóxicas densas.

Jamar voltou-se para onde Anton estava e ambos se entreolharam, trocando pensamentos num padrão mais elevado. Conectavam-se por meio de uma sintonia fina, devido à ligação estreita que mantinham com os propósitos e a política do Reino.

Apophis, exibindo postura renovada, personificava como poucos uma derrota significativa para os *daimons,* que não só perderam mais um dos seus excelentes estrategistas e comandantes, como este se convertera em estandarte dos princípios do Cordeiro, baseados em respeito, novas oportunidades e trabalho regenerador. Apresentara-se para se redimir dos males que fizera ao longo dos séculos. Muito embora soubesse da forte probabilidade de ser degredado, era movido, acima de tudo, pela vontade de contribuir para a reurbanização e a pacificação do plano extrafísico tanto quanto do mundo físico. Segundo cria, praticava gestos de pacificação ao submeter-se à autoridade dos guardiões. Ainda assim, pedira encarecidamente para atuar no nordeste do continente africano, particularmente na área que se estende do Egito à Tunísia, passando por Líbia e regiões circunvizinhas, pois tinha bastante experiência com os povos dali. Anton concordou, mas propôs ao antigo comandante dos *daimons* que, primeiramente, fizesse um estágio entre os guardiões e, assim, pudesse se instrumentalizar tanto com conhecimentos quanto com os demais recursos que os emissários do Cordeiro dispunham. Depois, então, atuaria conforme desejava.

Apophis retornara de sua visita ao plano superior completamente renovado e conseguira, graças à proximidade do evento conhecido como fogo higienizador, arrebanhar o séquito de antigos escravos e seguidores – agora, como parceiros em sua nova proposta de vida. Mais tarde, certamente Apophis contaria os pormenores de sua visita e daquilo que vira e ouvira nas regiões sublimes. Por ora, teríamos de conceder-lhe um tempo, a fim de que o homem novo tivesse contato com a realidade enfrentada pelos guardiões. Era a vitória do bem sobre o mal, o triunfo do Cordeiro e da política divina do "Amai-vos uns aos outros".[10]

O trabalho continuava a todo vapor, com o má-

---

[10] Jo 15:17.

ximo de organização e sob a supervisão dos guardiões, os amigos da humanidade.

Além, em outros recantos do mundo, sucediam outros lances – talvez menos drásticos, mas não de menor grau de intensidade ou importância –, no intuito de auxiliar espíritos aprisionados em diversas situações aflitivas. Não somente isso, tais eventos possibilitavam aos guardiões a liberação de zonas inteiras do plano astral que pudessem ceder lugar à construção de hospitais, postos de socorro e bases de apoio do plano superior. Chegava a reurbanização aonde antes havia vales de sofrimento, de dependentes de drogas; áreas amplas, que congregavam almas viciadas e sujeitas a grande dor. Estabelecia-se a relocação onde viviam entidades voltadas para a maldade e nos locais em que havia bases de espíritos sombrios, especializados em artimanhas de obsessões das mais simples às mais complexas. Em diversos recantos do plano astral e em outros do submundo, via-se o trabalho das almas que foram chamadas e responderam ao chamado do Alto. Era a "grande multidão (...) de todas as nações, tribos, povos e línguas"[11] em ação.

No plano físico, a população revoltava-se contra os governos totalitários, os ditadores que caíam um a um. As comoções sociais, econômicas e políticas fa-

[11] Ap 7:9.

ziam com que o panorama do mundo físico também começasse a sofrer sensíveis modificações. A princípio, levadas a cabo por meio de confrontos e levantes, da indignação e da insubordinação; entretanto, à medida que o tempo passa, tais mudanças instam a civilização e os países do mundo à revisão da forma de viver, governar e conviver. A natureza não dá saltos. Aguardamos as transformações em todos os sentidos, pois elas virão, e a humanidade precisa estar atenta. E os seguidores do Cristo, mais alertas ainda, e com as mentes menos engessadas, de modo que possam dar as mãos a quantos se colocarem como instrumentos de transformação no mundo. Foi ele quem indagou: "Se amardes os que vos amam, que recompensa tereis? Até os pecadores amam os que os amam".[12]

A convite de Jamar, saí com um grupo de espíritos para ver, em alguns recantos do planeta, o trabalho oculto aos olhos humanos, que se opera no invisível. E foi exatamente um mês antes do Rock in Rio,[13] quando avistamos grande movimentação de espíritos artistas, que pisaram um dia os palcos do mundo, com o objetivo de realizar, na dimensão extrafísica, um evento semelhante. Porém, teria repercussões muitíssimo mais amplas, pois visava ao

---

[12] Lc 6:32.

[13] O autor refere-se à 4ª edição do evento no Brasil, realizado entre os dias 23/9 e 2/10/2011, na cidade do Rio de Janeiro (cf. www.rockinrio. com.br. Acessado em 11/4/2012).

despertamento, ao socorro, ao relocamento; enfim, à transformação de milhares de seres ainda prisioneiros dos sentidos e do sofrimento. O evento de proporções espetaculares, programado por espíritos especializados nessa área, sob a tutela de alguns guardiões, tinha por finalidade resgatar multidões de espíritos passíveis de serem auxiliados e reeducados, sensibilizando-os por meio da arte, antes que atingissem situação irreversível, que lhes impusesse o expatriamento sideral. A ideia era evitar que sofressem a transmigração, recolhendo-os às instituições de apoio do plano astral, onde seriam submetidos ao devido tratamento.

Em nossa jornada, avistei vasto palco sendo montado pelos espíritos peritos em construção extrafísica. Era uma espécie de teatro sensitivo, no qual as imagens seriam transmitidas em três dimensões e em tamanho muito maior do que comumente se vê nos telões do plano físico. Além disso, os equipamentos trazidos pelos guardiões para ocasiões como estas tinham a propriedade de acentuar as emoções positivas, tanto dos artistas que se apresentam quanto dos espíritos que estivessem ali presentes; na plateia, digamos. As emoções tomariam corpo na forma de elementos riquíssimos do plano astral, de modo que, quanto mais acentuadas fossem as que emergissem mediante o estímulo da música e de outros recursos, mais esses mesmos elementos quintessenciados desceriam sobre a multidão de almas aptas ao resgate. Sobre o mar, entre as matas e, notadamente, na região da mata atlântica, na dimensão astral, simultaneamente se erguiam abrigos, casas de apoio e de transição, além de hospitais, no plano adjacente ao dos encarnados, a fim de receber a multidão de seres que seriam recolhidos.

Muitos artistas que, quando encarnados, usaram drogas e participaram de situações das quais hoje se envergonham e se arrependem, agora eram incentivados a colaborar, em virtude do chamado do Alto. Além de interpretarem sua música para a multidão de espíritos, movimentando energias que tirassem as almas do ostracismo, contariam sua história de vida, a redenção que cada um experimentou. A história antes e depois do desencarne, somada à música, agora era orientada a tocar os corações necessitados. Os artistas seriam os principais instrumentos usados pelos guardiões e pelas outras equipes espirituais, visando à sensibilização de entidades em sofrimento, alvo prioritário daquele *show* a que o mundo astral assistiria. Ademais, a oportunidade de se apresentarem à multidão de seres das regiões inferiores, humanos sem os corpos físicos, para muitos artistas, consistiria numa espécie de terapia para suas próprias almas. Também se beneficiariam durante todo o concerto, sobretudo devido à satisfação de serem parceiros de espíritos mais esclarecidos, no resgate e na execução da grande obra divina. Eram trabalhadores da última hora; aqueles que foram contratados pelo senhor da vinha para os momentos finais.[14]

Ao lado dos músicos, também atuariam compositores, equipe técnica, dançarinos e bailarinas da dimensão extrafísica, lançando mão de todos os recursos disponíveis a fim de tocar corações e dar o impulso final, espiritual, que fazia despertar a beleza latente em cada ser, que temporariamente pode adormecer o sono da culpa, do sofrimento e do medo. Em resumo, todas as habilidades seriam usadas naquele grande festival de música, visando auxiliar os espíritos na obra de reurbanização do mundo extrafísico e na reeducação de quantos estiverem minimamente preparados, nos dois lados da vida.

Os espíritos Cássia Eller, Cazuza, Elis Regina, Dinho – dos Mamonas Assassinas –, Raul Seixas, Renato Russo, Tim Maia, Clara Nunes, Vinícius de Moraes, Freddie Mercury, John Lennon, Nat King Cole, entre tantos outros artistas da imortalidade, iriam se apresentar naquele evento multicultural, multiespiritual e humanitário. Todos responderam ao chamado divino para a grande hora de transformação da humanidade. Não eram almas santificadas, longe disso; tampouco portavam títulos e dotes espirituais. Mas eram humanos e traziam em si um talento valioso: a capacidade de movimentar multidões, de animar corações, de trazer alegria, de arrebatar o espírito humano e conduzi-lo para onde pudessem e quises-

[14] Cf. Mt 20:1-16.

sem, por meio da arte e da música. Responderam ao chamado divino e colocaram-se como instrumentos das forças evolucionistas, ao passo que eles mesmos seriam largamente beneficiados pelo trabalho.

Outros artistas de procedência norte-americana, europeia e africana também se apresentariam. Da América do Sul, Ary Barroso, Noel Rosa, Adoniram Barbosa, Carlos Gardel, Mercedes Sosa e diversos representantes da música, da arte e da beleza, expressão da cultura e da alma humana de vários países, resolveram tomar parte nesse grande espetáculo. Objetivavam despertar espíritos ligados a inúmeros vícios, às drogas em particular, e aqueles cujos corpos espirituais carregavam os efeitos pesados do sexo vivido de maneira libertina e desequilibrada, entre outras dificuldades semelhantes. Usariam a música para atrair tais seres, bem como todos que tinham afinidade ou apreciavam sua música, enquanto guardiões e outras equipes agiriam para relocar esses espíritos. Ao liberar o ambiente onde se fixavam, os vales de dor, o lugar seria cedido a hospitais do astral e mesmo a vilas e cidades inteiras a serem erguidas, onde tais seres poderiam ser amparados e tratados com a dignidade de filhos de Deus.

Segundo Jamar me informou, o evento teria tal proporção, que os equipamentos trazidos pelos guardiões teriam como transmitir o *show* para as regiões espirituais de toda a América do Sul, e mobilizaria equipes socorristas e trabalhadores do âmbito extrafísico de todos os países envolvidos.

Em outras cidades pelo mundo afora, principalmente em nações como Reino Unido, França, Portugal, Espanha, Alemanha, México, Canadá e alguns outros mais, artistas desencarnados – ainda que no passado, em sua última experiência física, houvessem se comportado de maneira a comprometer a própria consciência –, neste novo momento, conscientes da relevância do chamado divino, agiam e ajudavam como podiam. Empregando variado leque de dons e habilidades, além da vontade firme, eram auxiliados enquanto equipes de seres mais esclarecidos conseguiam, mediante o entusiasmo que infundiam em suas plateias, lograr êxito em operações de limpeza e renovação ambiental. Nos locais onde tais artistas davam sua contribuição, o astral podia ser reurbanizado mais facilmente, tudo ocorrendo de acordo com o plano do Alto.

Não apenas artistas ligados à música, mas aqueles voltados às artes plásticas também elaboravam apresentações belíssimas, de quadros e esculturas, numa profusão de cores que retratava as belezas da imortalidade. Instaurava-se uma era de trabalho intenso, envolvendo todos os que responderam ao chamado do Mundo Maior com a disposição para colaborar, para servir, lembrando mais uma vez a parábola do festim das bodas. "Então disse aos seus servos: O banquete, na verdade, está preparado, mas os convidados não eram dignos. Ide às encruzilhadas e convidai para as bodas a todos os que encontrardes".[15]

Enquanto se dilatavam os recursos da dimensão astral, processo sempre coordenado pelos espíritos mais esclarecidos, pelos guardiões e prepostos de Cristo, os religiosos também, como podiam, faziam a parte que lhes compete.

Em outro ambiente, totalmente distinto, num continente que não o americano, presenciei um evento singular, que merece referência. Uma mulher simples, trajando apenas um manto a lhe emoldurar o corpo espiritual, pequenina na aparência, mas gigante na alma e na espiritualidade. Escondendo a grandeza de seu espírito por detrás do sári branco de barrados azuis, dirigiu-se a um dos representantes de Cristo, recolhido em oração. Trazia ela, nas mãos pequeninas, as vestimentas que lhe foram oferecidas, noutra ocasião, pelo religioso que agora rezava e que fora, na Terra, um dos maiores representantes espirituais de centenas de milhões de pessoas.

– Está na hora, Karol Wojtyla, está na hora de vestir novamente suas vestes sacerdotais. Cristo precisa que você se apresente novamente como Giovanni Paolo II.

O espírito levantou-se de sua atitude genuflexa, encarou a mulher que o chamava com o máximo

---

[15] Mt 22:8-9. Cf. Mt 22:1-14; Lc 14:16-24.

de respeito e quase veneração – a mesma mulher de quem um dia ele havia beijado as mãos, quando ainda encarnado.

– Que é isso, Teresa? Já me despi dos títulos, dos paramentos, e não mais sou servidor da Igreja romana, terrena. Agora pertenço à igreja cósmica, à assembleia dos libertos, e este paramento me traz à memória fatos e cenas que não tenho necessidade de lembrar.

– Sei disso, sei muito bem do que fala, Józef – disse Teresa com familiaridade. – Porém agora precisamos de sua ajuda para resgatar milhares de espíritos em cujas mentes ainda haja sementes plantadas pela ideologia e pela doutrina católicas, mesmo que tenham agido de maneira oposta à fé que abrigaram, um dia, em seus corações. Esses espíritos são nosso objetivo. Não estará sozinho, prometo. Milhares de servidores estarão com você. Eu mesma irei com uma equipe comprometida com Cristo e sua missão de mestre da humanidade. Mas lhe pergunto, Karol, quem poderia reunir em melhores condições o carisma e o poder de persuasão que você representa para aquelas almas? A quem os milhares de espíritos vivendo mentalmente na forma medieval, a que figura eles ouviriam com maior interesse?

– Não sei, Teresa, não sei! Com efeito, você me pegou de surpresa.

– Pois eu sei. Nem mesmo a figura do pobre carpinteiro de Nazaré lhes falaria mais alto que o papa em pessoa! Sendo assim, tome as vestes e envergue a indumentária completa com a qual ficou conhecido na Terra, ainda que seja por breves momentos. Precisamos ir até aqueles que estão na escuridão, equivocados, porém trazendo sementes que têm grandes chances de germinar em seus corações. São as ovelhas desgarradas que nos chamam, Józef!

Não havia como ignorar a simplicidade dos argumentos da servidora humilde que se apresentava ali. Também não era possível deixar de atender à vontade firme expressa em suas palavras recheadas de força moral, de um poder tão intenso e irresistível.

Quando os espíritos, já preparados, chegaram ao ambiente onde tudo estava planejado, cada qual assumiu seu lugar no anfiteatro que se improvisara em meio à atmosfera nada acolhedora daquela natureza astral. Em torno do lugar demarcado para o evento de caráter espiritual, os guardiões fizeram campos de proteção, que impediriam a entrada de espíritos vândalos ou de entidades violentas. O palco estava iluminado por luzes projetadas do Alto; não somente de cima, mas de regiões sublimes da espiritualidade. Juntamente com Teresa, espíritos como Dom Bosco, Monsenhor Horta, Padre Eustáquio, Irmã Dulce, entre muitos outros, que um dia tiveram compromisso com a doutrina e a forma católica de pensar, estavam presentes para auxiliar quando fosse a hora e, também, para receber o antigo servidor de Cristo, Giovanni Paolo II, no momento em que aparecesse. Recursos semelhantes aos empregados pelos guardiões na apresentação dos artistas seriam usados para a recepção do Papa João Paulo II naquele recanto de dor e sofrimento, onde deveria falar à multidão de dementados e necessitados de socorro.

Ao longe, observavam-se tendas brancas, aos milhares, improvisadas pelas equipes de socorro – os franciscanos e demais espíritos que mantinham vínculo com a visão de mundo e o pensamento católico, nalgum nível, muito embora despertos para a vida de espiritualidade. Via-se enorme contingente de antigos padres e freiras reunido em torno de Teresa de Calcutá e Irmã Dulce, as quais orientavam os clérigos quanto à forma de abrigar e receber os convidados de Jesus que respondessem ao apelo e fossem tocados pelas palavras do orador, que era venerado por todos.

Quando soou a hora, equipes de música religiosa contemporânea, assim como corais de música sacra se apresentaram, antes que o convidado especial chegasse e se dirigisse à multidão. Foram atraídos espíritos de diversos recantos e de diversas nações onde o catolicismo tinha representatividade considerável. Eram almas com forte teor de religiosidade, e outros tantos que nem sequer haviam despertado para as ideias de espiritualidade. Na grande maioria, haviam se equivocado na forma de agir, adotando conduta incoerente com a fé que um dia abrigaram em seus corações. Vinham seres em variadas condições, tanto aqueles que se dispunham a servir quanto espíritos ainda arraigados à matéria, ofuscados pela multidão que emergia de regiões mais profundas, em situação lamentável. Nem todos estariam aptos ao socorro. Bom número acorria por curiosidade, outro tanto por trazer pesada a consciência e amargurado o coração; todos imaginavam achar ali o perdão para seus erros antigos e recentes. Enfim, era uma multidão considerável de seres de todos os aspectos e procedências.

A música de conotação religiosa os mobilizou, de tal maneira que muitos encontraram forças para sair do transe temporário do medo e da culpa. Receberam auxílio dos benfeitores religiosos, que os amparavam e conduziam a lugares preparados na plateia. Teresa e os servidores mais abnegados abrigavam nos braços aqueles doentes mais graves; enquanto passavam as mãos luminosas em suas cabeças, numa espécie de passe magnético, rezavam por eles, fazendo com que se sentissem melhor.

No momento em que aproximadamente 90% da capacidade do ambiente estava preenchida, contando-se mais de 30 mil espíritos presentes, ouviu-se um som como o de trombetas, uma música diferente, que vinha do alto. Todos olharam para cima e viram. Um cortejo de espíritos descia de regiões mais altas, trazendo o emissário da palavra de Deus. A cena trazia leve ar da pompa de outrora, incluindo os trajes e paramentos, até mesmo para que Sua Santidade, o Papa, fosse assim reconhecido e respeitado pelos espíritos presentes. Uma luz especial enfocava a equipe espiritual que o acompanhava, e, no grande palco, havia uma espécie de trono iluminado, com os devidos adornos e adereços, como o sumo pontífice costumava se apresentar aos fiéis. Giovanni Paolo II, no entanto, surpreendeu a quem esperasse que ele se comportasse como antes. Ao lado do trono iluminado, jazia uma cadeira simples, tosca, de material semelhante a palha, destoando de todo o resto. E foi exatamente ali, naquela cadeira, que João Paulo II depositou a tiara, que havia retirado da cabeça tão logo chegou e foi reconhecido pela grande maioria da multidão. Lentamente, à frente de todos, e em completo silêncio, trocou as vestes vistosas e portentosas por algo bem mais comedido. Todos aguardavam, também em silêncio, a atitude do líder católico, desencarnado como todos ali presentes.

Quando o antigo papa dirigiu-se à multidão, foi imediatamente ovacionado, e o som de milhares de vozes o recepcionou, entoando uma canção que falava imensamente ao coração. Teresa se preparava, então, para o socorro daqueles que ofereciam condições favoráveis. O convidado de Teresa falou como nunca antes falara, e suas palavras eram ouvidas muito mais com o sentimento e a emoção do que com qualquer outro recurso. Resultou que mais da metade daqueles espíritos foram tocados, comovidos e sensibilizados pelas palavras de João Paulo II. O pontífice invo-

329

cava a figura de Cristo e recordava a mensagem sublime de amor do Evangelho, enfatizando a necessidade de todos confiarem suas vidas ao Divino Salvador, ao médico das almas. Não falou mais do que 40 minutos, mas o fato é que os efeitos esperados foram alcançados muito mais pelos pensamentos, sentimentos e emoções despertadas, do que pelas palavras proferidas.

Os espíritos socorristas entraram em ação tão logo a música novamente preencheu o ar, direcionando as emoções dos ouvintes para receberem o socorro tão esperado. Muito embora grande parte da multidão estivesse emocionada, bom número de fiéis preferiu retornar aos antros de dor e sofrimento, permanecer prisioneiro da culpa e da dor, a ceder e permitir o socorro e o amparo dos abnegados servidores. Apesar disso, os espíritos comandados por Teresa serviram sem cessar. O próprio João Paulo, abandonando o palco erguido para que ele falasse à multidão, desceu em vestes simples e, escondendo a verdadeira identidade espiritual para não criar celeuma, pôs-se ao lado de Teresa e Dulce, a fim de dispensar o atendimento cristão e fraterno, o amor e os cuidados àqueles convidados de Jesus que, embora em situação difícil, requeriam a presença da caridade pelas mãos dos servidores do Senhor.

Após longo tempo de serviço, de doação, o acampamento improvisado com barracas estava lotado de seres resgatados. O suor nos rostos dos trabalhadores denotava quanto estavam cansados, ao passo que o sorriso discreto em sua face, quanto estavam satisfeitos com os resultados. Todos se reuniram, após, para rezarem agradecendo ao seu Mestre e Senhor, ofertando aquelas vidas como vitória do bem sobre o mal, da luz sobre a escuridão.

Pelo menos ali, naquele recanto do plano astral, entre as sombras dos vales de dor, conseguiram recolher espíritos que não precisavam se incluir entre aqueles que seriam deportados, no porvir. Ainda havia, na Terra, uma chance para aquelas almas. A partir de então, dependia delas aproveitar ou não a oportunidade que lhes fora concedida. Teresa estava radiante. Agora, depois do socorro aos necessitados e aflitos, deveriam conduzir aqueles espíritos a hospitais, colônias, postos de enfermagem e outros espaços preparados para lidar com uma multidão tão grande. Uns seriam encaminhados a novas experiências reencarnatórias; outros, relocados para cidades e postos de amparo na dimensão extrafísica; outros, ainda, levados a realizar tarefas reeducativas no mesmo plano em que se encontravam.

Em todo caso, os emissários do bem, que responderam ao grande chamado para a hora da colheita, faziam cada um a sua parte, em conformidade com aquilo que sabiam, com a especialidade que detinham, com o entendimento e as peculiaridades que lhes eram próprias. Afinal, de ninguém eram exigidos títulos de perfeição ou de santidade, nem se impunha que fossem doutrinariamente corretos. Jesus não esperava nada disso de nenhum dos servidores, dos enfermeiros que convocava. Ele não pediu que escalassem o Monte Everest, tampouco que descessem à profundeza dos oceanos. Os convidados para a grande ceia do Senhor não foram chamados para transformar o mundo, tampouco para alçar voo aos planos sublimes, às paragens celestiais; nem mesmo para convencer ou converter os demônios do inferno. Nada disso esperava de seus servidores. Ele pediu apenas uma coisa: que colocassem em prática o "Amai-vos uns aos outros como eu vos amei".[16] Nada além.

[16] Jo 15:12.

CAPÍTULO 10

> Como caíste do céu, ó estrela da manhã, filha da alva!
> Como foste lançado por terra, tu que debilitavas as nações!
> Tu dizias no teu coração:
> Eu subirei ao céu; acima das estrelas de Deus
> exaltarei o meu trono; no monte da congregação
> me assentarei, nas extremidades do norte.
> Subirei acima das mais altas nuvens; serei semelhante
> ao Altíssimo. Mas serás levado à cova,
> ao mais profundo do abismo.
> *Isaías 14:12-15*

Entrementes, o dragão número 1 convocou uma reunião de urgência com os demais componentes do concílio tenebroso. Eram sete os maiorais, e ele, o número 1, conhecia a identidade de todos, embora nenhum dos outros seis soubesse quem, na verdade, era o número 1. Sua sagacidade, além de tremenda inteligência e perspicácia, lhe deram condições, ao longo dos séculos e milênios, de controlar os demais componentes de sua raça. Reinava soberano até aparecerem os guardiões e o próprio Miguel, o príncipe das hostes do Cordeiro. Miguel feriu duramente o sistema de poder dos *daimons,* levando o senhor da guerra, o número 2 dos sete maiorais a regiões ignotas da espiritualidade, onde entraria em contato com a realidade sublime do plano superior, entre outras questões com as quais precisava ser confrontado. Desde então, o concílio dos sete maiorais ficara abalado; o império do número 1 passara a ser questionado e se esfacelava. Agora, mais uma vez, com a intervenção dos guardiões e o ultimato que recebera, precisava reunir-se com os cinco dominadores restantes e definir estratégias urgentes, numa investida contra as obras do progresso da humanidade, a fim de atrasar quanto pudesse o degredo dos espíritos milenares para mundos ainda mais primitivos.[1]

Além de dominar os seis outros com artimanhas dignas de um demônio, no verdadeiro sentido do termo, o maioral conservava prisioneiras as mentes de 659 espíritos, dos mais experientes e inteligentes de sua raça, também degredados para a Terra há milhares de anos.[2] Por mecanismos invulgares, os tais espíritos perderam a forma espiritual e eram conservados prisioneiros, ligados uns aos outros por processos que somente uma ciência ultradesenvolvida seria capaz de forjar. O número 1 subjugava

[1] "Pelo que alegrai-vos, ó céus, e vós que neles habitais. Ai dos que habitam na terra e no mar, porque o diabo desceu a vós, e tem grande ira, *sabendo que pouco tempo lhe resta*" (Ap 12:12. Grifo nosso). Cf. Ap 12 e "A mulher e o dragão" (in: PINHEIRO. *Apocalipse*. Op. cit. p. 155-169, cap. 9).

[2] Sobre o famigerado número da besta – "666" (Ap. 13:18) – e suas coincidências com o cenário descrito pelo autor espiritual, recorra-se ao texto e à nota nº 6 do livro anterior da saga (in: PINHEIRO. *A marca da besta*. Op. cit. p. 454-457, cap. 8).

completamente os espíritos infelizes; submetera-os a uma experiência, unindo seus corpos ovoides e dando origem a uma espécie de consciência coletiva, por assim dizer. Conservava-os em local ignorado pelos demais *daimons* ou dragões. Somente ele, o número 1, sabia onde estavam, e controlava suas mentes como se fosse um computador potentíssimo, programado hipnoticamente para servi-lo a bel prazer. Por meio desse engenho execrável, recorria ao conhecimento arquivado em suas memórias espirituais quando bem entendesse. As inteligências submetidas a esse estado inumano de existência viam-se obrigadas a obedecer e servir ao famigerado número 1, o principal dos dragões e maioral dos infernos, como ele próprio se denominava.

Como se não bastasse, os dragões mantinham, na superfície do planeta, seres completamente escravizados à sua vontade. Desenvolvidos a mando dos *daimons*, eram *agêneres* – aparições tangíveis, espíritos que se materializavam de modo intermitente no mundo físico.[3] No entanto, estes em parti-

---

[3] Definido pelo codificador como *aparição tangível*, o termo *agênere* continua, ainda hoje, passados mais de 150 anos, a suscitar grande polêmica, mesmo entre estudiosos do espiritismo. Dado à raridade e à excentricidade do fenômeno, entre outros motivos, permanece envolto em tabu, à espera de investigação e pesquisa mais aprofundada. Não obstante, não só o codificador lidou razoável número de casos, como o autor espiritual vai além, descrevendo a técnica sombria para a ela-

cular se encontravam infiltrados em posições estratégicas de certos governos e corporações ou, então, em algumas famílias poderosas, que exerciam influência extraordinária no mundo, atuando nos bastidores da política.

Tendo por base essa realidade é que o número 1 resolvera intrometer-se com mais tenacidade ainda no cenário político internacional, como forma de vingar-se da derrota vergonhosa que sofrera e do abandono de número expressivo de príncipes e demônios, os chefes de legião.

Quando os cinco dragões restantes reuniram-se no pavilhão, a situação era tensa. Como sempre, o número 1 não aparecia em pessoa; apenas se fazia representar por seu símbolo, duas serpentes entrelaçadas que se projetavam no ar, e pela voz portentosa que o caracterizava. Soando como o legítimo imperador daqueles domínios, declarou:

– Temos de tomar uma atitude inadiável, pois os guardiões detêm o conhecimento de nossas mais importantes bases de poder: as cidades milenares controladas por cada um de nós. Proponho lançarmos mão de mais agêneres, além daqueles já em ação no

---

boração de agêneres, bem como o emprego que ganham na tenebrosa política dos espectros e *daimons* (cf. idem. p. 382-384, 392-471, caps. 7-8. Este último traz, como apêndice, a reprodução de excerto do texto fundamental a respeito: cf. "Os Agêneres". In: KARDEC. *Revista espírita*. Op. cit. p. 61-68. v. 2, 1859, fev).

mundo físico.

– Não vejo como novos agêneres poderão servir-nos como instrumentos contra os guardiões do Cordeiro – ousou falar o número 3.

– Sabemos que aqueles agêneres que se materializam no mundo físico interferem em alguns redutos políticos, e de lá não poderão se afastar sem prejudicar a tarefa a eles designada. Portanto, precisamos de outros mais para enviar ao Oriente Médio, precipitando crise ainda mais aguda naquela região incendiária, a tal ponto que seja capaz de fomentar a guerra total entre os humanos encarnados. A outros agêneres caberá influenciar drasticamente alguns países da Europa, tomando parte ativa na formação do governo dessas nações, de maneira que a economia, que já experimenta instabilidade, encontre o caos total e irreversível. Ainda outros poderão nos servir junto ao Conselho de Segurança da ONU, afora três mais, para os quais reservei o papel principal em meus planos. É claro que não poderei falar abertamente do que planejo como fator central em nossa investida, pois sabem que os abomináveis guardiões podem muito bem ter implantado alguma tecnologia em nossa dimensão, que lhes permita escutar nossa conversa. De forma que os manterei informados através de recursos específicos, que explicarei a cada um dos maiorais em privado. As ofensivas aos países e instituições sobre os quais me referi anteriormente, muito embora não sejam o alvo principal, servirão

341

para manter os guardiões ocupados, uma vez que causarão verdadeira revolução em todo o planeta, enquanto agiremos na surdina, naquilo que nenhum deles espera. Reservei o trunfo maior para esta hora, em que os representantes do Cordeiro estivessem prestes a agir ostensivamente contra nossa política e nossa forma de governo no mundo.

– Com efeito, a criação desses novos agêneres atrasará em séculos o abominável processo iniciado pelos guardiões, naquilo que chamam de limpeza energética. Não disporão de tempo para se dedicar à higienização do planeta – complementou o número 4 dos maiorais dos dragões.

– Isso sem falar que um conflito armado de proporções internacionais na região mais instável do planeta, do ponto de vista geopolítico, seria uma fatalidade para os planos dos poderosos guardiões. Pois quando a guerra geral iniciar, os seguidores encarnados do Cordeiro ficarão alarmados, e sua fé infantil será abalada. Uma contenda de âmbito tão amplo seria de todo desejável para nossos projetos, e certamente abortaria muitos planos dos defensores da política do Cordeiro. Consigo antever o caos econômico e social que provocaria uma guerra de grande penetração, em que muitos países participassem. Logo, logo a desgraça assolaria o planeta, e os pretensiosos seguidores do programa divino seriam abatidos em seus fundamentos. Economicamente arruinados, muitos abandonarão a fé em troca da subsistência, da necessidade de assegurar-se financeiramente. A produção de livros e da cultura em geral, mas principalmente da cultura espiritual, será devastada e demandará anos e anos até se erguer de novo.

– Sim – resoou a voz do maioral, o número 1 dos *daimons*. – Mas não se esqueçam de que esses recursos que empregaremos ou a situação instaurada por eles no mundo não é nossa ação principal. São apenas subterfúgios para despistar os guardiões de nosso projeto maior. Mesmo que seja abortado o rastro de destruição que pretendemos causar, isso de nada adiantará para os guardiões e seus auxiliares, pois o alvo é bem outro, e a peça chave, o grande conflito, será de qualquer forma desencadeado, independentemente do quadro vigente entre as nações da Terra. Então, estejam preparados, pois transferirei para as bases de vocês todo o conteúdo dos planos de ação contra a civilização do planeta Terra. Evidentemente, os diversos eixos da ação abrangerão e corresponderão, respectivamente, à área de especialidade de cada um dos *daimons*. Na verdade, neste momento já está sendo transmitido para as pirâmides negras, para o centro de controle e comunicação de cada um dos maiorais aqui reunidos, todo o planejamento estratégico que venho aperfeiçoando há milênios, guardado a sete chaves em meu reduto principal.

O que o maioral não sabia é que também havia, programada pelo Alto, uma investida mais intensa na dimensão da qual os dragões eram cativos. Apenas alguns minutos após a fala do número 1 – que já estava abalado com a reviravolta do poder, as deserções dos principados e os novos governos insurgentes no próprio âmago das sombras, estabelecidos após o abatimento moral e a perda de *status* perante as potestades do submundo –, um exército de espíritos sob o comando de seu general adentrou os domínios dos dragões.

Uma luz fortíssima, de procedência espiritual, varreu todo o domínio dos *daimons*, adentrando cada reduto, cada recanto outrora desconhecido. Os maiorais, incluindo o maior dentre os maiores dragões, o número 1, conheciam muito bem a natureza dessa luz. Entretanto, por um tempo mais ou menos prolongado, ficaram em completo silêncio, pois em suas mentes percebiam uma mensagem não articulada, uma transmissão telepática, advinda de um ser muito superior a todos ali reunidos, os donos do poder nas regiões ínferas.

Enquanto a mensagem era transmitida a cada um, de modo a que não pudessem se enganar quanto ao conteúdo, a luz sideral penetrou num dos recantos mais preciosos dos *daimons*, causando uma das maiores derrotas vividas pelos opositores do bem e da política divina. As pirâmides negras mencionadas pelo número 1, e avistadas antes pelos guardiões, constituíam exatamente o quartel-general de cada um dos *daimons* em suas ofensivas contra as obras da civilização. Nelas havia um eficiente e complexo sistema de comunicação com os representantes dos dragões na esfera física tanto quanto em outras dimensões do astral, próximas à Crosta. Quando a luz sideral penetrou uma a uma das nefastas construções, de negrume aterrador, a matéria-prima na qual foram estruturadas não resistiu à natureza daquele fulgor advindo de dimensões superiores. Um efeito devastador foi desencadeado em todas as sete pirâmides, cada qual foco de atenção exclusivo de um dos sete maiorais, então reduzidos a seis em atuação. Um a um explodiram os centros de controle e poder dos dragões, como as pirâmides eram conhecidas pelos principados e demais chefes de legião, causando enorme estrago na paisagem do submundo das prisões eternas.

Como consequência, as informações transmitidas pelo maioral a cada uma das centrais de poder e comunicação perderam-se para sempre, abortando os planos dos *daimons* quanto ao derradeiro surto de ataques que seriam perpetrados contra as obras da civilização. Outra consequência desastrosa para os orgulhosos dragões foi a perda dos mecanismos capazes de acessar os agêneres materializados na superfície, bem como outros comparsas, chefes de legião e demais servidores diretos, que estavam a serviço na crosta do planeta. O sistema de comunicação fora não somente danificado, mas esfacelado completa e irreversivelmente, com um agravante terrível: o único entre os dragões que saberia como reconstruí-lo era justamente o número 2 dos *daimons*, aquele que fora arrebatado ao reino superior havia certo tempo. Era o ápice de mais uma derrota das trevas frente ao poder do bem e da luz. A escuridão cedia, passo a passo, às irradiações luminosas das estrelas, dos filhos de Deus.

Sobrevoando de ponta a ponta a dimensão sombria, os emissários de um reino sublime proclamaram a todos os seguidores dos dragões a mensagem final, o ultimato, esclarecendo que o reino de Cristo, do bem e do amor estava próximo, e que lhes restava pouco tempo. Agora, não somente os dragões, os maiorais e seus principados saberiam do que se passava nas dimensões próximas à Terra, acerca da proximidade do juízo geral e da possibilidade do degredo de cada um deles. A informação era transmitida também a todos os subordinados, a todo espírito que estivesse prisioneiro daquela dimensão infernal. Devidamente avisados, não poderiam mais se manter na ignorância, sob os enganos e a falácia do maioral.

Vi outro anjo voando pelo meio do céu, tendo um evangelho eterno para proclamar aos que habitam sobre a terra e a toda nação, e tribo, e língua, e povo, dizendo com grande voz: Temei a Deus, e dai--lhe glória, porque é chegada a hora do seu juízo.[4]

Os anjos rebeldes, os seguidores e adoradores dos falsos deuses – os dragões – ouviram a mensa-

[4] Ap 14:6-7.

gem; jamais poderiam alegar que foram enganados ou pegos de surpresa, desprevenidos.

Então vi descer do céu um anjo que tinha a chave do abismo e uma grande cadeia na mão. Ele prendeu o dragão, a antiga serpente, que é o diabo e Satanás, e o amarrou por mil anos.[5]

Assim que os emissários do Alto proclamaram aos espíritos rebeldes a mensagem do juízo próximo, ocorreu um fenômeno dos mais importantes naquela dimensão, selando definitivamente os destinos dos dragões e seus coadjuvantes. Foi avistada uma luz com amplitude, calor e intensidade ainda maiores que os das outras luzes, vistas momentos antes. Clarão monumental, como muitíssimo raramente presenciado ali, como que soterrava as prisões eternas, descendo de regiões elevadas da espiritualidade.

Ao passo que o fogo higienizador empreendia a limpeza entre os elementos das dimensões vizinhas à Crosta, próximas à habitação dos encarnados, Miguel, o príncipe dos exércitos celestes, desceu pessoalmente ao mundo dos *daimons*. Pousou com a luz imortal, que lhe era própria, numa das mais altas montanhas daquelas paragens. Enquanto descia, os *daimons* foram elevados por uma força que não podiam compreender, tampouco controlar, pairando acima do local onde se reuniam os seis maiorais.

Neste momento, outra derrota grave foi impin-

[5] Ap 20:1-2.

gida ao pretensioso número 1. O maior e mais caro de seus segredos, a preciosa identidade, guardada há milênios, que nenhum dos *daimons* do concílio conhecia, muito menos os principados e potestades, ficou estampada, à mostra, na presença de todos. Não mais havia como enganar os representantes do concílio tenebroso. O número 1, impotente diante da força moral de Miguel, teve a identidade revelada diante do espanto dos demais dragões. O maior trunfo que possuía contra os outros *daimons* era exatamente o fato de enganá-los por séculos e milênios, deixando-os ignorantes quanto à sua figura, ocultando quem realmente era. Assim que Miguel pousou no cume da montanha, o próprio magnetismo celeste e a luz espiritual que irradiava, assim como os efeitos decorrentes desses elementos sobre os dragões, acabaram por expor o mais inumano de todos os *daimons*, patenteando para todos de quem se tratava. A partir de então, o cruel entre os cruéis, o atroz entre os atrozes não mais poderia agir na surdina, diante dos integrantes da cúpula do poder nas regiões infernais.

Mais do que um urro de dor e ódio, um grito de desespero ou um brado de revolta fez se ouvir por todos. A voz mental do poderoso número 1 foi percebida enquanto Miguel confabulava com alguns representantes de seus exércitos da esfera sideral naquela dimensão obscura, onde os maiores representantes do mal haviam sido confinados há séculos, pelo próprio Cristo. Mesmo ali, num mundo ignorado pela maioria dos mortais, dentro da própria esfera de ação do planeta Terra, em seus planos mais densos e obscuros, os dragões influenciavam a política e o modo de vida da população do planeta como um todo, ainda que indiretamente, através de seus aliados.

Miguel descera, desta vez, com ordens expressas dos dirigentes espirituais da humanidade, o governo oculto do mundo, para impor limites ainda mais severos às ações dos espíritos em prisão, dos seres rebeldes à política divina. Agora cerceava para sempre a capacidade de influenciarem em tão grande medida a vida na superfície.[6] Não havia mais como deter o fluxo dos acontecimentos. A Terra seria finalmente renovada, e o bem, representando a política divina do *amai-vos uns aos outros*, seria estabelecido na morada terrena no decurso dos próximos milênios.

Uma forma vaporosa de contornos humanos era vista, diluindo-se em meio à luminosidade quase insuportável à visão espiritual dos dragões, que pairavam na atmosfera acima dos seus exércitos de seguidores. Era Miguel em pessoa, proclamando uma mensagem puramente mental:

– Venho como representante do governo oculto do mundo, do próprio Cordeiro e do sistema de vida representado por ele. A partir de agora, estabelecerei aqui, nesta dimensão, meu quartel-general. Aqui permanecerei orando e vigiando pessoalmen-

[6] Cf. Ap 20:7-10.

te os ditadores do abismo, os dragões, seus aliados e aqueles que representam os *daimons* junto aos renegados. Aqui será meu local de trabalho até que a Terra seja completamente renovada e que os pretensiosos *daimons* reconheçam publicamente a grandiosidade do reino de Deus e da sua justiça.[7] Daqui somente sairei quando todos vocês forem desterrados para o novo lar, que, desde séculos, está preparado para recebê-los, abrigando-os entre as estrelas da imensidão. Então, eu mesmo irei conduzindo os dragões, e lá, junto às estrelas da imensidade, farei também a minha nova morada, sob as bênçãos do Altíssimo, para recebê-los em meus braços e conduzi-los, ao longo dos milênios, às propostas de renovação que serão prodigalizadas pelo Pai amantíssimo aos seus filhos rebeldes.

"A partir de agora até a consumação deste milênio, estarão acorrentados ao abismo, e não mais influenciarão os destinos das nações do mundo. Que os nossos irmãos encarnados acertem ou errem por conta própria, mas jamais, a partir deste momento, serão manipulados pelos *daimons*, cuja ação será restrita somente a esta dimensão ínfera. Aqui ficarei e orarei e trabalharei, preparando a quem quiser e sentir-se inspirado, para a grande viagem do degredo

---

[7] "Deus fez isto para que o buscassem, e talvez, tateando, o pudessem achar, ainda que não está longe de cada um de nós. Pois nele vivemos, e nos movemos, e existimos" (At 17:27-28). Cf. Mt 6:33.

cósmico. É chegada a hora do juízo!

"Este milênio será de suma importância, a fim de que revejam as ações que praticam, reavaliem a política que professam e reconheçam, para todo o sempre, que não se pode enganar a justiça divina. Pois tanto neste mundo dos infernos, nas regiões ínferas do globo, quanto na Terra, nos biomas abissais e nos altiplanos superiores da espiritualidade, todos, absolutamente todos os seres hão de reconhecer que Jesus é o Senhor e o Cristo de Deus, para toda a eternidade."[8]

A voz de Miguel calou-se, e os *daimons* desceram à superfície do seu mundo infeliz, derrotados, abalados e abatidos, diante da impossibilidade de combater, muito menos sobrepujar os desígnios divinos. O número 1 viu-se compelido a dar explicações aos demais maiorais, revelando por que havia escondido tão habilmente a própria identidade ao longo dos milênios.

Antes mesmo que eles se recuperassem do abatimento moral, Miguel ergueu sua espada em direção a determinado recanto do submundo, direcionando seus exércitos de emissários celestes para o local onde o número 1 mantinha aprisionados espíritos em forma ovoide, à revelia dos demais *daimons* – os mais de 650 seres que formavam a mente coletiva, aqueles que perderam o corpo espiritual e eram

[8] Cf. Rm 14:11.

mantidos em cativeiro, em absoluto segredo, pelo maioral número 1; espíritos componentes do grupo de antigos dragões, que fora deportado para o planeta Terra há milênios e que o mais infernal de todos dos *daimons* mantinha sob estrito controle, até a presença de Miguel naquela dimensão.

Enfim, em vez de se ouvir um demônio gritar, sentir mais uma dor inominável ou bradar impropérios, blasfemando contra a sentença do Altíssimo por meio de seu representante, Miguel, ouviu-se, pela primeira vez em milênios, um dos mais perigosos seres do mundo, um dos mais hediondos espíritos do mal, simplesmente chorar. O *daimon* número 1, o maioral que teve a identidade revelada e o poder não somente questionado, mas aniquilado, chorou. Chorou como nunca chorara de revolta, de impotência diante das leis divinas e da força do progresso, que fatalmente seguiria seu destino. Chorou de desespero, pois não dispunha de meios para impedir que Miguel permanecesse naquela dimensão durante todo o próximo milênio; a atitude do príncipe dos exércitos celestes, orando e vigiando como se fora o mentor do próprio número 1 em pessoa, decerto influenciaria diretamente os milhares ou milhões de seres que estiveram, até então, sob o império do dragão dos dragões, do maioral dos infernos.

Com o avanço das tropas celestiais de Miguel, os mais de 600 seres foram libertos. Ali mesmo, naquela dimensão, seriam amparados pelos auxiliares do arcanjo. Deviam receber, eles também, a derradeira mensagem enviada pelo governo oculto do mundo, noticiando o degredo que se aproximava e o pouco de tempo que lhes restava.

A mensagem trazia grande preocupação aos espíritos degredados, mas, para os que ficariam na Terra, para os habitantes do planeta, era uma mensagem de esperança, de recomeço, de uma nova era que se instauraria no orbe terreno, após as mudanças necessárias. O milênio que ora se iniciava seria uma época de trabalho e reconstrução, preparando o mundo para a regeneração, o progresso e a paz entre os povos.

Os habitantes da morada planetária poderiam se tranquilizar, mesmo em meio aos desafios assinalados, pois o próprio Miguel ficaria de prontidão nas regiões inferiores, enquanto os espíritos esclarecidos e os superiores percorriam os umbrais de um canto a outro, varrendo o velho mundo e reconstruindo, reformulando, reurbanizando e esvaziando o local; preparariam as zonas astrais para a completa reformulação, até que se transformasse em um lugar de onde os espíritos do bem pudessem trabalhar, mais de perto, pelo bem da humanidade.

Ouvireis de guerras e rumores de guerras, mas cuidado para não vos alarmardes. Tais coisas devem acontecer, mas ainda não é o fim.
Mateus 24:6

E aos anjos que não guardaram o seu principado, mas deixaram a sua própria habitação, ele os tem reservado em prisões eternas, na escuridão, para o juízo do grande dia.

Judas 1:6

Então vi um novo céu e uma nova terra, pois já o primeiro céu e a primeira terra passaram, e o mar já não existe.

Apocalipse 21:1

Deus enxugará de seus olhos toda lágrima. Não haverá mais morte, nem pranto, nem clamor, nem dor, pois já as primeiras coisas são passadas. E o que estava assentado no trono disse: Faço novas todas as coisas. E disse-me: Escreve, pois estas palavras são verdadeiras e fiéis. Disse-me mais: Está cumprido. Eu sou o Alfa e o Ômega, o princípio e o fim. A quem tiver sede, de graça lhe darei da fonte da água da vida. Quem vencer herdará todas as coisas, e eu serei seu Deus, e ele será meu filho.

Apocalipse 21:4-7

Então olhei, e ouvi a voz de muitos anjos ao redor do trono, e dos seres viventes, e dos anciãos; e o número deles era milhões de milhões e milhares de milhares, proclamando com grande

*voz: Digno é o Cordeiro, que foi morto, de rece-
ber poder, e riqueza, e sabedoria, e força, e honra, e glória, e louvor. Então ouvi a toda criatura
que está no céu, e na terra, e debaixo da terra,
e no mar, e a todas as coisas que neles há, dize-
rem: Ao que está assentado sobre o trono, e ao
Cordeiro, seja o louvor, e a honra, e a glória, e o
poder para todo o sempre.*

Apocalipse 5:11-13

Cayce, o fenômeno profético e a liberdade
por Leonardo Möller EDITOR

Na **segunda metade** do capítulo 3 de O fim da escuridão, o espírito Edgar Cayce,[1] ao tomar a palavra, como personagem da obra, fornece descrição sumária do fenômeno profético. Este artigo – de curta extensão se for considerada a complexidade do tema – quer auxiliar na discussão sobre o assunto, sobretudo tendo-se em vista a controvérsia que cerca o fenômeno profético, bem como os fatos preditos pelo personagem. Como foi dito na nota nº 23 daquele

---

[1] Paranormal norte-americano, Edgar Cayce (1877-1945) nasceu no estado de Kentucky e morreu em Virginia, EUA. Embora seus trabalhos

capítulo, nosso objetivo é lançar ideias e estimular o debate e a reflexão, e não analisar a fundo o assunto, que se mantém cercado de tabus mesmo em círculos espíritas e permanece pouco estudado, especialmente no aspecto prático. Além de nos faltar ilustração para tal aprofundamento, ele fugiria ao escopo desta obra; de mais a mais, Kardec o fez de maneira notável, lançando as bases teóricas da filosofia espírita sobre predições na principal fonte que fundamenta este texto.[2]

No mundo contemporâneo, a premonição e a predição ganharam *status* de coisa mística, quando não de charlatanismo e mera superstição. Essa situação talvez se verifique sobretudo desde o advento das ideias positivistas do século XIX, consolidando-se durante todo o século que lhe seguiu, com o fortalecimento da ciência experimental como método de conhecimento e compreensão da realidade.

de caráter premonitório tenham sido os que mais projeção lhe conferiram, sua sensibilidade mediúnica era primordialmente voltada às questões de saúde. Edgar Cayce (espírito) aparece como personagem também do livro anterior de Ângelo Inácio (Cf. PINHEIRO. *A marca da besta*. Op. cit. p. 120-171).

[2] "Teoria da presciência". In: KARDEC. *A gênese...* Op. cit. p. 452-467, cap. 16.

Na atualidade, comumente tais fenômenos se restringem, no Brasil, a videntes que anunciam seus préstimos em pequenos cartazes, colados nos postes de iluminação pública de cidades por todo o país, ou então às previsões do horóscopo, que sobrevivem firmes até mesmo nas principais publicações diárias, incluindo as que gozam de maior projeção e prestígio, como *Folha de S. Paulo* e *O Estado de S. Paulo*, assim como em muitas revistas e nas rádios. Numa vertente mais elaborada, o tema costuma dar um ar pitoresco às pautas jornalísticas de fim de ano, quando há uma curiosidade quase frívola, que torna as previsões não só aceitáveis, mas abordá-las conquista até certa simpatia. Perto do Ano-Novo, vale até mesmo render-se a exercícios de futurologia e conselhos astrológicos ou numerológicos, que nessa hora ganham rede nacional. Em meio a tudo isso, como separar o joio do trigo, isto é, o que é sério e merece análise daquilo que é fantasia, má-fé ou puro delírio?

O codificador do espiritismo também viveu num mundo extremamente crítico e preconceituoso com relação às previsões e, no limite, com relação à própria mediunidade. Ele escreve nas décadas de 1850 e 1860, na França que fundara o laicismo estatal moderno e fora palco da revolução que proclama na carta magna a Razão como deusa, rejeitando o catolicismo da monarquia absolutista. Como intelectual que era, ao sistematizar e dar corpo à filosofia espírita Allan Kardec observa com rigor o princípio da fé segundo o espiritismo. As palavras que ele grifa tornaram-se célebres; figuram como inscrição, nas páginas iniciais de sua obra:

> "A criatura então crê, porque tem certeza, e ninguém tem certeza senão porque compreendeu. (...) *Fé inabalável só o é a que pode encarar de frente a razão, em todas as épocas da Humanidade*".[3]

Ao enfocarmos o controverso tema das predições, o cuidado não poderia ser menor. Afinal, toda sorte de abuso se vê no uso das faculdades mediúnicas e, notadamente, premonitórias, ao longo da história. Mas daí é correto inferir que toda profecia não passa de mera crendice, especulação, bobagem, e por não ter substância deve ser deixada de lado? Chama atenção a forma como Kardec, em um estudo sobre o tema, justifica a abordagem das predições bíblicas quanto ao fim dos tempos. Na primeira parte, a seguir, ele toma como exemplo o célebre sermão profético de Jesus (Mt 24), entre outras passagens mais, e então faz menção à teoria.

> "É de notar-se que, entre os antigos, os tremores de terra e o obscurecimento do Sol eram acessórios forçados de todos os acontecimentos e de todos os presságios si-

---

[3] KARDEC. *O Evangelho...* Op. cit. p. 388, cap. 19, item 7.

nistros. (...) Aqui, acrescenta-se a *queda de estrelas do céu*, como que a mostrar às gerações futuras, mais esclarecidas, que não há nisso senão uma ficção, pois que agora se sabe que as estrelas não podem cair. *Entretanto, sob essas alegorias, grandes verdades se ocultam*".[4]

"Como é possível o conhecimento do futuro? (...) São, no entanto, em grande número os casos de predições realizadas, donde forçosa se torna a conclusão de que *ocorre aí um fenômeno para cuja explicação falta a chave, porquanto não há efeito sem causa*. É essa causa que vamos tentar descobrir e é ainda o Espiritismo, já de si mesmo chave de tantos mistérios, que no-la fornecerá, mostrando-nos, ao demais, que o próprio fato das predições não se produz com exclusão das leis naturais".[5]

Como se pode ver, ressalta de sua análise a convicção de que é preciso desvendar as imagens e figuras metafóricas do texto bíblico, usando para isso as ferramentas que o próprio espiritismo fornece, somando-as ao raciocínio dedutivo e ao estudo do contexto histórico em que ocorrem as previsões. Ou seja, Kardec estabelece os fundamentos para uma hermenêutica bíblica espírita, abrindo caminho para espíritos como Estêvão[6] e Cayce.

---

[4] KARDEC. *A gênese...* Op. cit. p. 500-501, cap. 17, itens 55-56. Grifos nossos.

[5] Ibidem. p. 453. cap. 16, item 1. Grifo nosso.

[6] Cf. PINHEIRO. *Apocalipse.* Op. cit.

Transcendendo o domínio das Escrituras, no que tange às previsões de caráter científico, o Codificador lhes dá grande valor, na medida em que lançam mão do raciocínio para, a partir do quadro presente, deduzir o futuro. Aliás, ele vai ainda mais longe, pois não apenas vê com bons olhos o exercício a que os intelectuais se entregam, como em parte atribui o sucesso relativo que muitas vezes obtêm a "uma especial clarividência inconsciente, ou de uma inspiração vinda do exterior".[7] Isto é, ele rompe a barreira entre as faculdades intelectual e cognitiva, de um lado, e medianímica, de outro, afirmando que todas concorrem para o progresso humano. Usadas em conjunto, permitem que o homem anteveja parcialmente o futuro e se planeje para tirar dele maior proveito. Eis a comparação que estabelece:

"A Humanidade contemporânea também conta seus profetas. Mais de um escritor, poeta, literato, historiador ou filósofo hão traçado, em seus escritos, a marcha futura de acontecimentos a cuja realização agora assistimos".[8]

Paradoxalmente, a mesma sociedade atual, que rejeita a futurologia de videntes e sensitivos de modo geral, aprecia previsões climáticas e, talvez com mais

[7] KARDEC. *A gênese...* Op. cit. p. 466-467, cap. 16, item 18.

[8] Ibidem. p. 466, cap. 16, item 18.

ardor, econômicas. Tem-se a impressão de que, em razão de economia e meteorologia gozarem do *status* de ciência, as predições que fazem se revestem automaticamente de credibilidade perante o público, que presume haver em todas elas embasamento, critério e rigor, unicamente porque se apresentam como fruto de análise científica. Afinal, a população não valida esses campos porque conhece seus métodos; ao contrário, não costuma demonstrar interesse por estes. A tal ponto é a leniência perante esses ramos do conhecimento, que eles podem errar inúmeras e consecutivas vezes, mesmo em avaliações de tendências, e não de especificidades, sem que isso lhes relegue ao campo do descrédito. Aliás, a credibilidade que têm não é abalada, salvo vez ou outra muito timidamente. A mitologia da verdade científica parece tão sedutora na sociedade moderna que conseguiu dissociar a validade de determinado campo científico da concretização ou do sucesso de suas previsões.

Um dos exemplos mais flagrantes na história recente é a atuação da agência econômica de classificação de risco Standard & Poor's (s&p) durante a crise mundial deflagrada em 2007, com os *subprimes*, e que explode em setembro de 2008, a partir da falência do tradicional banco de investimentos norte--americano Lehman Brothers. Quando do estopim da crise, cuja face mais visível foi a "bolha" imobiliária nos EUA, a agência classificava o banco com nota máxima,[9] mesmo dias antes de ele ir à bancarrota. Não obstante ter sido alvo de críticas na ocasião, a instituição não apenas parece ter superado eventuais manchas de reputação como, em agosto de 2011, ao rebaixar a nota de títulos do Tesouro desse país, a s&p foi capaz de instaurar nova onda de pânico pelas bolsas e mercados ao redor do mundo.[10]

Esse mesmo comportamento tolerante não se aplica a médiuns e profetas, como se sabe, sobre os quais paira previamente uma aura de suspeição. A tendência geral é oposta: mesmo quando acertam, há que buscar alguma evidência que os desmascare, que exponha o engodo de suas previsões.

Publicar ou não?

Tendo essas reflexões em mente, passamos a meditar sobre os eventos ora marcantes, ora até mesmo atemorizantes, que o espírito Cayce descreve no capítulo *Reurbanizações*. A dúvida que se apresentava no momento era relativa a dar ou não publicidade a esse trecho da psicografia, cercado de polêmica. Sobretudo, porque a Casa dos Espíritos *assina embaixo* das ideias que constam dos livros que edita; nesse caso, como *apostar as fichas* num franco exercício de futurologia de um espírito conhecido, mas que

[9] Cf. http://bit.ly/fecomerciospoor. Acessado em 8/4/2012.

[10] Cf. http://bit.ly/HusyYD. Acessado em 8/4/2012.

nem ao menos pertence ao círculo mais íntimo de orientadores espirituais da instituição? Sim, com o autor espiritual da obra, Ângelo Inácio, nos relacionamos há tempos; trata-se de alguém com quem desenvolvemos familiaridade e por quem nutrimos grande confiança. Ademais, sabemos que atua na exata medida ou como intérprete do pensamento de Joseph Gleber e Alex Zarthú, e nas questões editoriais conta com a chancela deles, que são os espíritos responsáveis pela direção do trabalho da Universidade do Espírito de Minas Gerais (UniSpiritus), da qual a Editora é um dos núcleos. No entanto, a partir do momento que Ângelo empresta sua pena a Cayce na qualidade de personagem, este expressa um ponto de vista não necessariamente compartilhado pelo próprio autor espiritual, quanto mais por aqueles benfeitores espirituais.

Três fatores nos levaram a publicar as premonições do paranormal anglo-americano, a saber: 1) a imprecisão ou o não estabelecimento de datas para as ocorrências citadas; 2) o fato de que o próprio Cayce atribui a um espírito superior a ele, um emissário do Alto, a origem das percepções que tem; 3) e o critério de liberdade de expressão, que é tão caro para nós e, a nosso ver, deve ser estimulado no trato com a dimensão extrafísica. Neste último caso, foi inspiração para nós a atitude que a Federação Espírita Brasileira (FEB) adota diante de ideias expressas pelo reputado orientador espiritual Emmanuel através da mediunidade de Chico Xavier, na obra *O consolador*. Além disso, nossa decisão é fruto da adesão aos fundamentos teóricos espíritas que dão substância ao fenômeno premonitório, pela coerência que apresentam.

Previsões e datas: casamento difícil

Ao contrário do que o senso comum tende a supor, a validade de uma previsão não está necessariamente associada a datas anunciadas com precisão para o cumprimento daquilo que se prediz. Voltamos ao paralelo traçado anteriormente: se as estimativas de caráter científico ou econômico são imprecisas quanto ao prazo que estipulam para o desenrolar dos acontecimentos, atendo-se geralmente a distinguir entre curto, médio e longo prazos, por que a validade de uma profecia de caráter mediúnico estaria condicionada ao índice de acerto absoluto a respeito do instante em que ocorrerão os fatos prenunciados?

Ora, se aos economistas se reserva o direito de falar que "o dólar apresenta *tendência* de queda", por que não estender semelhante concessão aos sensitivos? Possivelmente, haverá quem argumente: "Mas a economia não é uma ciência exata e, como tal, não se lhe pode exigir tamanho grau de acerto, fidelidade ou precisão". Ao que cabe redarguir: "Se mesmo reclamando tal nível de compreensão a ciência econômica não perde o caráter científico e a validade, por que haveria o exercício do vaticínio ser taxado de crendice, quando não generalizado sob a pecha de fraude e oportunismo, tão somente porque pede igual tolerância?".

Allan Kardec mais uma vez é quem esclarece acerca dos obstáculos que se interpõem entre as percepções do médium ou animista e o estabelecimento claro de datas ou prazos para que se cumpra o que foi prenunciado. Sem considerar que, entre os dois extremos do processo, há incontáveis dificuldades a enfrentar na decodificação do que o sensitivo viu ou captou, no momento em que sai do transe e volta à consciência normal. Desse ponto em diante, depara com as barreiras de linguagem, que devem ser transpostas para que consiga expressar o que entendeu ou, ainda, o fruto de sua elaboração a partir do que efetivamente captou.

Antes de esclarecer a dificuldade com a fixação de prazos, é preciso compreender ao menos superficialmente como opera a faculdade premonitória. O texto a seguir oferece uma explicação de seus mecanismos por meio de uma comparação, que traz a vantagem de ser simples e desmistificar o processo. Além disso, por causa de sua coerência, torna patente por que aderimos à explicação consistente que a filosofia espírita oferece ao fenômeno.

"Suponhamos um homem colocado no cume de uma alta montanha, a observar a vasta extensão da planície em derredor. Nessa situação, o espaço de uma légua pouca coisa será para ele, que poderá facilmente apanhar, de um golpe de vista, todos os acidentes do terreno, de um extremo a outro da estrada que lhe esteja diante dos olhos. O viajor, que pela primeira vez percorra essa estrada, sabe que, caminhando, chegará ao fim dela. (...) Entretanto, os acidentes do terreno, as subidas e descidas, os cursos d'água que terá de transpor, os bosques que haja de atravessar, os precipícios em que poderá cair, as casas hospitaleiras onde lhe será possível repousar, os ladrões que o espreitem para roubá-lo, tudo isso independe da sua pessoa; é para ele o desconhecido, o futuro, porque a sua vista não vai além da pequena área que o cerca."[11]

Seja no estado de desprendimento da alma ou desdobramento, seja na condição de médium que vê ou ouve descrições de inteligências extrafísicas, é dado ao homem estabelecer contato com aquele que está no alto da montanha, que pode representar o espírito desencarnado ou o próprio médium desdobrado e, por isso, com maior alcance de visão.

Na continuação do trecho, pode-se compreender a questão dos prazos:

"Quanto à duração, mede-a pelo tempo que gasta em perlustrar [ou *percorrer*] o caminho. *Tirai-lhe os pontos de referência e a duração desaparecerá.* Para o ho-

---

[11] KARDEC. *A gênese...* Op. cit. p. 454, cap. 16, item 2.

mem que está em cima da montanha e que o acompanha [o viajante] com o olhar, tudo aquilo está [no] presente. Suponhamos que esse homem desce do seu ponto de observação e, indo ao encontro do viajante, lhe diz: 'Em tal momento, encontrarás tal coisa, serás atacado e socorrido.' Estará predizendo o futuro, *mas futuro para o viajante*, não para ele, autor da previsão, pois que, para ele, esse futuro é presente."[12]

"Se, agora, sairmos do âmbito das coisas puramente materiais e entrarmos, pelo pensamento, no domínio da vida espiritual, veremos o mesmo fenômeno produzir-se *em maior escala*. Os Espíritos desmaterializados são como o homem da montanha; *o espaço e a duração não existem para eles*."[13]

"Muitas vezes, as pessoas dotadas da faculdade de prever, seja no estado de êxtase, seja no de sonambulismo,[14] veem os acontecimentos como que

---

[12] Idem. Grifos nossos.

[13] Ibidem. p. 455, cap. 16, item 3. Grifo nosso.

[14] *Sonambulismo* é a nomenclatura kardequiana para o fenômeno hoje denominado *desdobramento* ou *projeção da consciência*, ao passo que *êxtase* é a classificação do sonambulismo mais intenso ou apurado. Para Kardec, era chamado *sonâmbulo* o médium ou paranormal que se prestava ao exercício da faculdade sonambúlica – isto é, capaz de atuar com razoável lucidez e destreza na dimensão extrafísica e, durante o transe, transmitir orientações e percepções, conservando ainda recordação total ou parcial acerca do ocorrido, exatamente como os personagens Raul e Irmina (cf. KARDEC. *O livro dos espíritos*. Op. cit. p. 286-294,

desenhados num quadro, o que também se poderia explicar pela fotografia do pensamento.[15] (...) [Tudo isso] pode formar uma imagem para o vidente; mas, como a sua realização pode ser apressada ou retardada por um concurso de circunstâncias, *este último vê o fato, sem poder, todavia, determinar o momento em que se dará*. Não raro acontece que aquele pensamento não passa de um projeto, de um desejo, que se não concretizem em realidade, *donde os frequentes erros de fato e de data nas previsões.*"[16]

Tirai-lhe os pontos de referência e a duração desaparecerá. (...) Os Espíritos desmaterializados são como o homem da montanha; o espaço e a duração não existem para eles. Essas frases, grifadas nas citações anteriores, explicam o que hoje não só se sabe ser realidade para a dimensão extrafísica, com relação à relatividade do tempo e do espaço, como é ponto pacífico ao observar-se a vida no muito pequeno – conforme demonstra a física das partículas, ou seja, a que estuda o plano intra-atômico –, assim como o mundo do muito grande – no que

itens 425-446. Destaque para "Resumo teórico do sonambulismo, do êxtase e da dupla vista". In: KARDEC. Ibidem. p. 296-303, item 455).

[15] Cf. "Ação dos espíritos sobre os fluidos. Criações fluídicas. Fotografia do pensamento". In: KARDEC. *A gênese...* Op. cit. p. 359-362, cap. 14, itens 13-15.

[16] Ibidem. p. 458, cap. 16, item 7. Grifos nossos.

tange à astronomia e aos ramos da física que se ocupam dos corpos celestes, como a astrofísica. Isso esclarece por qual razão é delicado traduzir em dias e anos as percepções de outra dimensão, quando na própria dimensão material a ciência demonstra que esses parâmetros têm validade relativa.

É interessante notar que o próprio espírito Cayce, ao descrever as percepções que experimentou, afirma: "Minha mente pairou *entre o tempo e o espaço* e o que vi me espantou".[17]

Além disso, Kardec afirma, na última frase da citação, que não apenas as datas revelam uma dificuldade inerente ao vaticínio, mas a própria percepção e elaboração dos fatos por parte do paranormal precisam ser entendidos com a devida cautela. Isso equivale a dizer que estão sujeitos a equívocos de interpretação que ele classifica como *frequentes*. No trecho a seguir, o Codificador discorre um pouco mais a respeito e encerra recomendando a principal, senão única maneira de lidar com as particularidades e riscos das predições.

> "*Necessariamente incompleta e imperfeita é a vista espiritual nos Espíritos encarnados e, por conseguinte, sujeita a aberrações*. Tendo por sede a própria alma,

---

[17] PINHEIRO, Robson. Pelo espírito Ângelo Inácio. *O fim da escuridão: reurbanizações extrafísicas*. Contagem: Casa dos Espíritos, 2012. p. 115. Crônicas da Terra, v. 1. Grifo nosso.

o estado desta há de influir nas percepções que aquela vista faculte. Segundo o grau de desenvolvimento, as circunstâncias e o estado moral do indivíduo, pode ela dar, quer durante o sono, quer no estado de vigília: 1) a percepção de certos fatos materiais e reais, como o conhecimento de alguns que ocorram a grande distância, os detalhes descritivos de uma localidade, as causas de uma enfermidade e os remédios convenientes; 2) a percepção de coisas igualmente reais do mundo espiritual, como a presença dos Espíritos [e a consequente transmissão de fatos que lhe anunciem]; 3) imagens fantásticas criadas pela imaginação, análogas às criações fluídicas do pensamento (...). *Estas criações se acham sempre em relação com as disposições morais [e culturais] do Espírito que as gera.* É assim que o pensamento de pessoas fortemente imbuídas de certas crenças religiosas e com elas preocupadas lhes apresenta o inferno, suas fornalhas, suas torturas e seus demônios, tais quais essas pessoas os imaginam. Às vezes, é toda uma epopeia. Os pagãos viam o Olimpo e o Tártaro, como os cristãos veem o inferno e o paraíso. Se, ao despertarem, ou ao saírem do êxtase, conservam lembrança exata de suas visões, *os que as tiveram tomam--nas como realidades confirmativas de suas crenças, [mesmo] quando tudo não passa de produto de seus próprios pensamentos.* Cumpre, pois, se faça uma distinção muito rigorosa nas visões extáticas,[18] *antes que*

---

[18] Notável exemplo de êxtase é o que motiva o autor do Apocalipse a

se lhes dê crédito. A tal propósito, o remédio para a excessiva credulidade é o estudo das leis que regem o mundo espiritual."[19]

Ora, levando-se em conta tais recomendações, é seguro receber as profecias, seja as de Cayce[20] ou as de qualquer outro, fazendo as devidas ressalvas que o espiritismo mesmo aponta. Como se pode ver na clara exposição kardequiana, os itens 1 e 2 de sua enumeração mostram que os médiuns podem ser portadores de percepções espirituais gerais ou vaticínios muito ricos, dos quais se pode tirar imenso proveito.

escrevê-lo, conforme ele mesmo relata: "Eu, João, irmão vosso e companheiro convosco na aflição, no reino e na perseverança em Jesus, estava na ilha chamada Patmos por causa da palavra de Deus e do testemunho de Jesus. *Eu fui arrebatado em espírito* no dia do Senhor, e *ouvi detrás de mim uma grande voz,* como de trombeta" (Ap 1:9-10. Grifos nossos).

[19] KARDEC. *A gênese...* Op. cit. p. 372-373, cap. 14, item 27. Grifos nossos.

[20] Cayce-espírito oferece riquíssimas explicações ao ser indagado, em oportunidade anterior, sobre acertos e desacertos das previsões que fez enquanto estava encarnado. Eis a pergunta que lhe é feita, cuja extensa resposta consta da fonte indicada: "Durante sua última existência física, diversas vezes você recebeu informações (...) classificadas como proféticas. Como explica *os acertos das predições em que não foram fixadas datas específicas* para os acontecimentos e, por outro lado, *a falha naquelas em que se estabeleceram datas* para sua concretização?" (PINHEIRO. *A marca da besta.* Op. cit. p. 125-126).

Desse modo, não é por causa dos perigos arrolados no item 3 que se recusará toda e qualquer premonição por ser espúria ou falaciosa, embora mereça toda a ênfase o alerta que ali está.

Bem se vê que o exercício da mediunidade, para Kardec, não é mero transe ou arrebatamento; não basta entregar-se ao fenômeno para dele extrair informações úteis e consistentes. Conforme se vê, ao rejeitar toda forma de fanatismo e de simples entrega às sensações mediúnicas, bem como ir na direção contrária da concepção tradicional de supervalorização do enlevo místico, o espiritismo funda toda uma nova tradição no trato com os fenômenos outrora caracterizados como sobrenaturais. Para a doutrina dos espíritos, durante e depois das comunicações de qualquer espécie, a análise embasada é essencial e indispensável. Terá o objetivo de esmiuçar as revelações transmitidas, refletir sobre os pormenores e a coesão das percepções, além de cotejar as teses eventualmente apresentadas com o que já existe de concreto e reiterado na grande construção que é a filosofia e ciência espírita.

Espíritos também são médiuns: Cayce e "a voz"

No princípio da fala do espírito Cayce, podem-se ler observações tanto do narrador, que o apresenta, quanto do personagem, que merecem ser reproduzidas aqui, para análise. Ambos fazem referência ao espírito esclarecido que parece orientar Cayce em suas percepções de caráter premonitório.

> "Cayce falava ardorosamente, como que impulsionado por uma força superior, como um médium de espíritos que, mesmo para nós, estavam invisíveis.
>
> – Desde há algum tempo que uma voz se tem manifestado em minha mente, falando-me e induzindo-me a ver e ouvir aquilo que nem sempre é agradável, mas também outras coisas e situações que refletem um futuro promissor."[21]

Note-se que o narrador, Ângelo Inácio, participava de uma reunião no astral superior, onde naquele momento se reuniam espíritos das mais diversas procedências, tanto encarnados em desdobramento como habitantes da erraticidade. A despeito disso, os orientadores espirituais de Cayce eram invisíveis a Ângelo. Esse aspecto sugere a intervenção superior nas visões que o personagem tem, pois o narrador necessariamente perceberia espíritos que estivessem na mesma faixa vibracional que ele, como percebera o próprio Cayce.

Estabelecer, pelos meios possíveis, alguma indicação da elevação do espírito comunicante é de capital importância quando se trata de previsões em geral – quanto mais nas de caráter escatológico.

---

[21] PINHEIRO. *O fim da escuridão*. Op. cit. p. 115. Grifos nossos.

Em certa medida, esse ponto ilustra a razão da credibilidade do Apocalipse de João, numa época em que apareciam diversos apocalipses por todos os lados. Ressaltam desse livro profético dois fatores que lhe conferem distinção. Em primeiro lugar, a autoria é atribuída a um apóstolo que, além de fazer parte do grupo dos 12, gozou de proximidade com Jesus comparável apenas à de Pedro e Tiago.[22] Tão ou mais importante que isso é sua convivência com Maria de Nazaré – sendo João o mais novo dos apóstolos e, também, o mais longevo –, a partir do episódio no Gólgota, que, por si só, constitui-se numa concessão do Mestre galileu, uma espécie de deferência especial e exclusiva. Narra o evangelista:

> "Vendo Jesus ali a sua mãe, e que o discípulo a quem ele amava estava presente, disse a sua mãe: *Mulher, eis o teu filho*. Depois disse ao discípulo: *Eis a tua mãe*. Dessa hora em diante o discípulo a recebeu em sua casa."[23]

O segundo aspecto é que o autor do livro profético trata logo de esclarecer quem o orienta nas visões

---

[22] Pedro é incontestavelmente o apóstolo que recebe mais menções dos evangelistas – mais de 20 em cada um dos evangelhos sinópticos –, contra 5 a 10 menções de Tiago e João em cada um deles. Contudo, os 3 partilharam de momentos de maior intimidade com Jesus (cf. Mt 17:1; Mc 1:29; 5:37; 10:35,41; 14:33; Lc 8:51; 9:54).

[23] Jo 19:26-27.

de seu Apocalipse, o que faz deste último livro da Bíblia o único cuja autoria se atribui ao próprio Jesus, o Cordeiro ou Filho do Homem:

> "Revelação de Jesus Cristo, que Deus lhe deu, para mostrar aos seus servos as coisas que brevemente devem acontecer (...). Eu fui arrebatado em espírito no dia do Senhor, e ouvi detrás de mim uma grande voz (...). E voltei-me para ver quem falava comigo. (...) E no meio dos sete candeeiros alguém semelhante a um filho de homem (...). Ele pôs sobre mim a sua mão direita, dizendo: Não temas. Eu sou o primeiro e o último. Eu sou o que vivo; fui morto, mas estou vivo para todo o sempre! E tenho as chaves da morte e do inferno."[24]

Como se pode observar, é possível que desde o surgimento das ideias cristãs esteja claro que a legitimidade do que é anunciado está ligada, de alguma forma, à percepção de elevação e sabedoria daquele que responde, em última instância, pelo teor da comunicação – isto é, o espírito que o inspira. A filosofia espírita, e particularmente a ciência espírita, por meio do laboratório experimental da mediunidade, consagrou também esse princípio, porém revestindo-o de explicações detalhadas. Uma delas Kardec expõe no trecho a seguir, ainda discorrendo sobre a teoria da presciência:

[24] Ap 1:1,10,12-13,17-18.

"Mas *a extensão e a penetração da vista [dos espíritos] são proporcionais à depuração deles e à elevação que alcançaram na hierarquia espiritual.* Com relação aos Espíritos inferiores, aqueles são quais homens munidos de possantes telescópios, ao lado de outros que apenas dispõem dos olhos. Nos Espíritos inferiores, a visão é circunscrita, não só porque eles dificilmente podem afastar-se do globo a que se acham presos, como também porque a grosseria de seus perispíritos lhes vela as coisas distantes, do mesmo modo que um nevoeiro as oculta aos olhos do corpo.

Bem se compreende, pois, que, *de conformidade com o grau de sua perfeição, possa um Espírito abarcar um período de alguns anos, de alguns séculos, mesmo de muitos milhares de anos,* porquanto, que é um século em face do infinito? Diante dele, os acontecimentos não se desenrolam sucessivamente, como os incidentes da estrada diante do viajor: ele vê simultaneamente o começo e o fim do período; todos os eventos que, nesse período, constituem o futuro para o homem da Terra são o presente para ele, que poderia então vir dizer-nos com certeza: Tal coisa acontecerá em tal época (...). Se assim não procede, é porque poderia ser prejudicial ao homem o conhecimento do futuro".[25]

Nossa conclusão, ao examinar as notícias trazidas por Cayce a partir daquela fala de abertura, é

---

[25] KARDEC. *A gênese...* Op. cit. p. 455, cap. 16, item 3. Grifos nossos.

que há motivos de sobra para creditar a uma inteligência invulgar as noções que desenvolve, sem descambar para a leviandade, a incoerência ou a falta de originalidade em momento nenhum. À luz do esclarecimento kardequiano, pode-se também optar por colocar em perspectiva as palavras proféticas que o personagem traz, tomando-as apenas como um depoimento, uma janela que se abre e revela um ponto de vista sobre o que está por vir.

Antes de Emmanuel, Chico Xavier

Em 1941, a Federação Espírita Brasileira (FEB) lançou um livro do médium Francisco Cândido Xavier (1910–2002) que, diferentemente de muitos outros que psicografou, permanece ainda hoje como um dos mais controversos entre os que levam seu nome. Dizemos *permanece* porque, à época, boa parte das obras escritas pelo admirável médium mineiro era recebida com apreensão, resistência e, muitas vezes, com ceticismo e desconfiança – mesmo entre os espíritas. Trata-se de *O consolador*.[26]

Para quem na atualidade participa do movimento espírita brasileiro, e até mesmo internacional, provavelmente soa estranha essa notícia. Desde as últimas duas ou três décadas do século XX e,

---

[26] XAVIER, Francisco Cândido. Pelo espírito Emmanuel. *O consolador*. 28ª ed. 1ª reimpr. Rio de Janeiro: FEB, 2008.

principalmente, após a morte de Chico Xavier, ele alçou com folga a posição de personalidade espírita mais célebre, largamente conhecida da população em geral e cultuada – quase – como um santo pela esmagadora maioria dos adeptos. Não fossem as restrições de caráter doutrinário que o espiritismo impõe, além das tradições das casas espíritas, em sua maioria bastante conservadoras, acreditamos mesmo que altares já teriam sido erguidos ao médium de Uberaba.

É tão acachapante a veneração ao médium de maior produção bibliográfica que o espiritismo já conheceu que ousar qualquer arremedo de crítica à sua personalidade tanto quanto à sua vastíssima produção textual – são mais de 400 livros – é tido, em muitos redutos do movimento espírita, como uma ofensa indesculpável, um atentado à ordem vigente, uma injúria indigna de perdão. Se possível fosse, seria lançado um anátema sobre aquele que *calunia, difama* e *ataca* a figura do "excelso médium uberabense".

Após o sucesso dos filmes em torno de sua personalidade, lançados a propósito das comemorações do centenário de nascimento de Chico, tem-se a impressão de que os espíritas de modo geral se sentiram compelidos a lhe exaltar ainda mais a figura, a fim de garantir o espaço que conquistaram no cenário nacional. Chico Xavier é genuinamente a primeira celebridade espírita festejada pela população brasileira como um todo, inclusive pela maioria de não espíritas. Não é para menos: entre 2010 e 2011, os filmes relacionados a ele levaram quase 10 milhões de pessoas aos cinemas, batendo recordes de público e arrecadação,[27] ao passo que apenas o livro *Nosso lar*, a obra mais vendida do médium, já superou a marca de 2,3 milhões de exemplares.[28]

É louvável o esforço por tornar a produção, a obra e o trabalho dele reconhecidos e valorizados, sobretudo depois de tanto sarcasmo, crítica e menosprezo que recebeu ao longo da maior parte do século passado. Entretanto, o objetivo deste quadro que pintamos é destacar o desequilíbrio entre essa postura de veneração e exaltação e, de outro lado, a atitude que Allan Kardec adotava perante os médiuns que colaboraram consigo.

Há quem não hesite em caracterizar a contribuição de Chico como *insuperável, a maior que o*

---

[27] *Chico Xavier: o filme*, de Daniel Filho, levou mais de 3 milhões de espectadores às salas de cinema de todo o Brasil; *Nosso lar*, de Wagner de Assis, surpreendeu e ultrapassou a película da Globo Filmes em bilheteria, com quase 4 milhões de pessoas; enquanto isso, *As mães de Chico Xavier*, dirigido por Glauber Filho e Halder Gomes, aproximou-se da marca de 2 milhões de ingressos, números que não levam em conta as exibições na televisão, os *downloads* na internet e a comercialização de DVDs.

[28] XAVIER, Francisco Cândido. Pelo espírito André Luiz. *Nosso lar*. 61ª ed. Rio de Janeiro: FEB, 2010.

381

espiritismo já conheceu. Ora, que dizer, então, dos médiuns que auxiliaram o codificador do espiritismo diretamente, lado a lado, canalizando o pensamento do espírito Verdade e sua falange, composta por inteligências do quilate de Platão, Erasto, Santo Agostinho, São Luís e Fénelon? Que dizer? Ouso responder: nada. Aliás, todo o destaque que receberam se resume à menção no livro que traz um pouco dos bastidores do surgimento do espiritismo – *Obras póstumas*,[29] de 1890, que, como o nome esclarece, não foi publicado por Allan Kardec (1804–1869) – e a ligeira notícia aqui e ali, num ou noutro número do periódico que o professor francês publicou desde os primeiros momentos de sua pesquisa espírita até sua morte: é a *Revista espírita: jornal de estudos psicológicos*, editada pessoal e ininterruptamente por ele de janeiro de 1858 até abril de 1869, em fascículos mensais.[30]

É o próprio Kardec que, em 1864, fala da decisão que toma com relação aos médiuns, mantida até o final de sua vida. É interessante notar que apõe essa explicação justamente em nota ao texto intitulado "Controle universal do ensino dos espíritos", ao

---

[29] KARDEC, Allan. *Obras póstumas*. Tradução de Guillon Ribeiro. 1ª ed. esp. Rio de Janeiro: FEB, 2005.

[30] Cf. KARDEC, Allan. *Revista espírita*: jornal de estudos psicológicos. Tradução de Evandro Noleto Bezerra. Rio de Janeiro: FEB, 2004. 12 vol. (mais índice remissivo em separado).

falar da "Autoridade da doutrina espírita":

"Quanto aos médiuns, abstivemo-nos de nomeá-los. Na maioria dos casos, *não os designamos a pedido deles próprios* e, assim sendo, não convinha fazer exceções. Ao demais, os nomes dos médiuns *nenhum valor teriam acrescentado à obra dos Espíritos.* Mencioná-los mais não fora, então, do que satisfazer ao amor-próprio, coisa a que os médiuns verdadeiramente sérios nenhuma importância ligam. Compreendem eles que, por ser meramente passivo o papel que lhes toca, o valor das comunicações em nada lhes exalça o mérito pessoal; e que seria pueril envaidecerem-se de um trabalho de inteligência ao qual é apenas mecânico o concurso que prestam".[31]

Emmanuel, a FEB e a liberdade de expressão

Toda essa reflexão acerca do médium Chico Xavier e da atitude kardequiana perante os sensitivos foi formulada para que possamos relatar uma das controvérsias que envolvem o livro *O consolador,*[32] sem querer, com isso, *manchar a reputação* do médium nem a do benfeitor espiritual, tampouco *atacá-lo pessoalmente* – acusações que já ouvi, dirigidas a mim, como reação a críticas exatamente como esta

[31] KARDEC. *O Evangelho...* Op. cit. p. 27, Introdução, item 2.

[32] XAVIER. *O consolador.* Op. cit.

que se segue.

Ao final do livro *O consolador*, a FEB registra a "Nota à primeira edição",[33] que inicia com a reprodução do texto de Allan Kardec sobre as chamadas *almas gêmeas* ou *metades eternas*. Selecionamos a seguir os trechos mais relevantes da obra de Kardec citados pela FEB, na tradução de Guillon Ribeiro:

"As almas que devam unir-se estão, desde suas origens, predestinadas a essa união e cada um de nós tem, nalguma parte do Universo, sua metade, a que fatalmente um dia se reunirá? *Não; não há união particular e fatal, de duas almas (...).*'

Dois Espíritos simpáticos são complemento um do outro, ou a simpatia entre eles existente é resultado de identidade perfeita? '*(...) Se um tivesse que completar o outro, perderia a sua individualidade.*'

A teoria das metades eternas encerra uma simples figura, representativa da união de dois Espíritos simpáticos. Trata-se de uma expressão usada até na linguagem vulgar e que se não deve tomar ao pé da letra. Não pertencem decerto a uma ordem elevada os Espíritos que a empregaram. Necessariamente, limitado sendo o campo de suas ideias, exprimiram seus pensamentos com os termos de que se teriam utilizado na vida corporal. Não se deve, pois, aceitar a ideia de que, criados um para o outro, dois Espíritos tenham, fatalmente,

---

[33] Ibidem. p. 323-327.

que se reunir um dia na eternidade, depois de haverem estado separados por tempo mais ou menos longo".[34]

Adiante, a FEB cogita a possibilidade de ter havido "falha na captação mediúnica"[35] nas respostas que o espírito Emmanuel dá às questões sobre o tema.[36] (Fico intrigado com o fato de que se imagine a falha decorrente *do médium*, porém nem sequer se ventile a hipótese de *o espírito* ter se enganado. Mas isso é assunto para outro debate...) Nas teses que levanta, o mentor de Chico Xavier afirma e reafirma a existência das almas gêmeas, em flagrante contraste com o que defende a falange do espírito Verdade. Escolhemos apenas os excertos mais emblemáticos:

"Será uma verdade a teoria das almas gêmeas?

No sagrado mistério da vida, *cada coração possui no Infinito a alma gêmea da sua*, companheira divina para a viagem à gloriosa imortalidade. *Criadas umas para as outras*, as almas gêmeas se buscam, sempre que separadas. A união perene é-lhes a aspiração su-

---

[34] KARDEC. *O livro dos espíritos*. Op. cit. p. 233-235, itens 298, 301, 303. Os grifos correspondem às respostas dadas pelos espíritos, ao passo que o último parágrafo consiste no comentário à série de questões sobre o assunto (itens 298-303), em que Kardec sintetiza a posição dos espíritos superiores.

[35] XAVIER. *O consolador*. Op. cit. p. 324.

[36] Ibidem. p. 256-260, itens 323-328.

385

prema e indefinível."[37]

"Para todos nós, o primeiro instante da criação do ser está mergulhado num suave mistério, assim como também *a atração profunda e inexplicável que arrasta uma alma para outra*, no instituto dos trabalhos, das experiências e das provas, no caminho infinito do Tempo. (...) As almas irmãs caminham, ansiosas, pela união e pela harmonia supremas, *até que se integrem*, no plano espiritual, onde se reúnem *para sempre*".[38]

Mas as discrepâncias não se resumem a isso. Escapa à análise da FEB que o próprio autor de *O consolador* parece indeciso, pois linhas abaixo se contradiz, ao teorizar:

"Todas as expressões afetivas se irmanam na conquista do amor divino. *O amor das almas gêmeas*, em suma, *é aquele que o Espírito*, um dia, *sentirá pela Humanidade inteira*."[39]

Mas, afinal, se as almas gêmeas se integrarão *para sempre* e o amor que lhes move é o que, um dia, todos sentirão entre si, a conclusão inexorável é que todos virarão uma só massa, integrando-se *no caminho infinito do Tempo*. De mais a mais, que di-

[37] Ibidem. p. 256, item 323. Grifos nossos.

[38] Ibidem. p. 258, item 325. Grifos nossos.

[39] Ibidem. p. 259, item 326. Grifos nossos.

ferencia, então, o que sentem mutuamente as almas *criadas umas para as outras* do que nutrirão pelos demais, se a manifestação *da atração profunda e inexplicável* – inexplicável! – entre elas produzirá uma atração de mesma espécie entre os espíritos da *Humanidade inteira*? Como uma ligação tão especial pode, num dado momento evolutivo, igualar-se ao propalado e explicável amor?

E não é só esse o ponto espinhoso. Entendemos que o autor espiritual ensina, ainda, que, na culminância evolutiva, não nos assemelharemos a Jesus. Embora, em Kardec, o Cristo constitua "o tipo da perfeição moral a que a Humanidade pode aspirar na Terra",[40] Emmanuel afirma, pouco adiante, indagado sobre a eventual alma gêmea de Jesus:

"Não julgamos acertado trazer a figura do Cristo para *condicioná-la aos meios humanos, num paralelismo injustificável*, porquanto em Jesus temos de observar a finalidade sagrada dos gloriosos destinos do espírito. *Nele cessaram os processos*".[41]

Afinal de contas, em linhas atrás, não se afirma que as almas gêmeas se uniriam *para sempre*? Acaso Jesus não está sujeito ao *para sempre, ao caminho infinito do Tempo, à união perene*? Quem sabe

[40] KARDEC. *O livro dos espíritos*. Op. cit. p. 380, item 625.

[41] XAVIER. *O consolador*. Op. cit. p. 259, item 327. Grifos nossos.

as regras que valem para o "guia e modelo"[42] da humanidade não se apliquem à humanidade? Seria, de fato, uma comparação *injustificável*?

Em sentido completamente oposto, as palavras a seguir, atribuídas ao próprio Nazareno, inspiram em Kardec nada menos que o capítulo de abertura de *O Evangelho segundo o espiritismo*, a fim de deixar bem às claras essa controvérsia, sem margem para dúbia interpretação:

> "Não penseis que eu tenha vindo destruir a lei ou os profetas: não os vim destruir, mas cumpri-los".[43]

Deixando de lado o cotejo das passagens incongruentes de autoria do espírito Emmanuel, passemos ao debate que a FEB institui, apresentando objeções ao autor. Repare que a Editora apresenta clara e detalhadamente, com louvável sensatez, a incompatibilidade entre os postulados espíritas e a tese das almas gêmeas, que o autor espiritual defende, além de insinuar ligeiramente as incoerências no tocante a Jesus e às almas gêmeas.

> "Esta teoria, ou hipótese, afigura-se-nos aqui algo obscura. Não satisfaz, e, da forma por que é apresen-

---

[42] KARDEC. *O livro dos espíritos*. Op. cit. p. 380, item 625.

[43] Mt 5:17 apud "Não vim destruir a lei". In: KARDEC. *O Evangelho...* Op. cit. p. 59, cap. 1, item 1.

tada, parece-nos ilógica e contraditória. De fato, essa criação original, dúplice, induz a concluir que as almas surgem incompletas. É ilação incompatível com a onisciência de Deus. Aliás, a ideia é recusada por Allan Kardec, em *O Livro dos Espíritos*. A afinidade espiritual deve ser extensiva a todas as criaturas e, se esse sistema de gênese binária pudesse justificar-se, a comunhão universal jamais seria uma e integral. (...) Parece-nos, seria um dualismo excepcional, barreira oposta à lei do amor, que deve abranger todas as criaturas de Deus em perfeita identidade de origem e de fins. De resto, o nosso grande amigo e lúcido Instrutor é presto ao afirmar que Jesus escapa ou transcende à sua concepção. Ora, assente como postulado incontroverso [no âmbito da doutrina espírita], que há muitos Cristos, achamos nós que a teoria, ou sistema das *almas gêmeas*, deixa de ter cunho universal e desnecessário será equacioná-la."[44]

O benfeitor que orienta os passos de Chico Xavier responde longamente, embora, como se verá, suas explicações não convençam a equipe editorial da FEB.

"Pediria a conservação, no texto, da humilde exposição relativa à tese das 'almas gêmeas', ainda que, em consciência, sejam os amigos da Casa de Ismael compelidos à apresentação de uma ressalva, em obediência

[44] XAVIER. *O consolador.* Op. cit. p. 324-325.

à lealdade de respeitável ponto de vista. A tese, todavia, é mais complexa do que parece ao primeiro exame, e sugere mais vasta meditação (...), mesmo porque, *com a expressão 'almas gêmeas', não desejamos dizer 'metades eternas'* (...). No caso do Cristo, devemos invocar toda a veneração para o trato de sua personalidade divina, motivo pelo qual apenas tratei do assunto com referência aos homens (...)".[45]

Deduz-se que a Editora julgou por bem não estender o debate, uma vez que caberia, no mínimo, uma réplica visando confrontar a frase grifada acima com o início da primeira resposta que o espírito dá sobre o assunto. Não desejou dizer *metades eternas*? Não é plausível tal argumento. Além de sinônimas na abordagem kardequiana,[46] é o próprio Emmanuel quem não deixa dúvidas a respeito daquilo a que se refere: *almas criadas uma para a outra, companheiras divinas que se buscam até a união perene, na imortalidade.* Se isso não é a definição exata de *metades eternas*... Relembremos como ele é cristalino:

"No sagrado mistério da vida, cada coração possui no Infinito a *alma gêmea da sua*, companheira divina para a viagem à gloriosa *imortalidade. Criadas umas*

[45] Ibidem. p. 326-327.

[46] KARDEC. *O livro dos espíritos*. Op. cit. p. 233-235, itens 298-303.

para as outras, as almas gêmeas se buscam, sempre que separadas. A união *perene* é-lhes a aspiração suprema e indefinível."[47]

Além do mais, restaria perguntar por que a veneração a Cristo é razão para deixar de relacionar o assunto a ele, já que é o próprio Emmanuel quem estabelece essa relação ao invocar, em sua abordagem, expressões como *imortalidade, união perene*, entre outras. Afinal, se a união entre as almas gêmeas é *perene*, então dura para sempre e, assim, refere-se a qualquer espírito, por mais evoluído que seja.

Provavelmente, questões como as que levantamos e raciocínios análogos a esses é que levaram a FEB a encerrar a nota com um texto que não demonstra a mínima adesão à tese de Emmanuel, tampouco contém qualquer espécie de retratação, donde se infere que a Editora mantém tudo aquilo que defendeu na objeção apresentada ao espírito, conforme transcrito há pouco. Eis a íntegra da conclusão da nota, que são as últimas palavras de *O consolador:*

> "Aí têm os leitores a ressalva que visa conciliar a fidelidade do nosso programa integral[48] com a veneração e reconhecimento, mais que merecidos, ao emérito

---

[47] XAVIER. *O consolador*. Op. cit. p. 256, item 323. Grifos nossos.

[48] Deduzo que, ao falar de "programa integral", o texto se refira à *defesa dos postulados espíritas*.

e sábio cultor da *Seara Cristã* [Emmanuel], para que cada qual possa interpretar e decidir de foro íntimo, *com aquela prerrogativa de liberdade que é apanágio maior da nossa Doutrina*". [Assina] "A Editora (FEB)".[49]

Como não comemorar quando a maior instituição do movimento espírita, que tem a mais ampla representação em âmbito nacional e internacional, publica uma ideia como esta: *aquela prerrogativa de liberdade que é apanágio maior da nossa Doutrina*? Liberdade! Liberdade de discordar, liberdade de expressar a discordância, liberdade de manifestar pontos de vista diversos. Liberdade que possibilita mostrar que Emmanuel, talvez o espírito mais respeitado na atualidade, entre os adeptos da doutrina, nem sempre foi fiel ao pensamento do espírito Verdade, expresso em Allan Kardec.

Se a FEB – já no ano de 1941 – julgou por bem acatar o pedido do orientador de Chico Xavier e resolveu manter inalterada a redação do controverso trecho sobre almas gêmeas em *O consolador*, mesmo quando existe uma contradição patente e flagrante entre Emmanuel e Kardec; se a "Casa-Máter do Espiritismo"[50] decide publicar uma ideia frontalmente contrária aos postulados espíritas – como ela

[49] XAVIER. *O consolador*. Op. cit. p. 327. Grifos nossos.

[50] Ibidem. p. 4. (Todo livro da FEB apresenta essa mesma nomenclatura na página de créditos.)

assim mesmo reconhece[51] –, lançando mão, para tal, do argumento da liberdade de expressão e de consciência, então tenho plena convicção de que todos temos a porta aberta para seguir-lhe os passos. Por imperativo de coerência, isso impele qualquer crítico a condenar também a FEB, caso deseje repreender quem quer que, em nome do espiritismo, publique algo diverso do que ensinam suas páginas basilares. No mínimo, por certo todos somos livres para, à luz do pensamento espírita, tratar de áreas cinzentas ou nebulosas, isto é, abordar aqueles assuntos que não puderam ser tão bem desenvolvidos e explorados na codificação kardequiana.

Quem diria? Em 1941, em plena ditadura do Estado Novo, a FEB revogou qualquer suposta manifestação de censura espírita então existente e promulgou a liberdade de expressão nas fileiras mais íntimas, nas entranhas mesmo do movimento espírita. Enquanto isso, mais de 70 anos depois, em muitos redutos espíritas ainda há comissões que se ocupam de distinguir o que consideram ou não espírita, baseando-se para isso em critérios geralmente subjetivos, particulares e amplamente discutíveis.

Nenhum desses processos de avaliação e censura – chamados de submissão ao "crivo doutrinário" – é transparente, o que leva a crer que não partem de

---

[51] Cf. "Aliás, a ideia [das almas gêmeas] é recusada por Allan Kardec", citado anteriormente (Ibidem. p. 324).

critérios objetivos. Tanto assim que toda editora espírita ou espiritualista sabe muito bem que um livro rejeitado hoje pode ser aprovado daqui a um ou dois anos, caso seja submetido a novo exame, bastando para isso haver eleições e troca de diretoria. Como se não bastasse, partindo dessas premissas obscuras, tais órgãos aprovam ou reprovam livros – meu Deus, estamos em que século mesmo? –, decidindo o que merece ou não a chancela de espírita e, com isso, o que deve ou não deve constar do acervo de uma livraria ou biblioteca que ostente esse nome.

Graças a Deus, ninguém detém a patente da palavra *espírita*. Graças a Deus, a liberdade de expressão está exposta de forma incontestável numa das fontes mais clássicas ou conservadoras da produção bibliográfica espírita, que os conservadores deviam conhecer bem e venerar. *O consolador*, célebre livro do médium Chico Xavier, pelo espírito Emmanuel, com mais de 270 mil exemplares impressos pela Federação Espírita Brasileira, tem nota assinada pela própria FEB dizendo – vamos repetir, que vale a pena:

"Que cada qual possa interpretar e decidir de foro íntimo, *com aquela prerrogativa de liberdade que é apanágio maior da nossa Doutrina*".[52]

Numa só frase, a exaltação ao livre-arbítrio e ao

[52] Ibidem. p. 327. Grifo nosso.

exercício do julgamento individual a respeito das posições às quais se deve aderir. É motivo de exultação perceber como um agente com a representatividade da FEB proclama, alto e bom som, que a ninguém cabe decidir o que o outro deve ou não professar, ler, pensar, tampouco no que vai acreditar; que essa é uma decisão *de foro íntimo*, que ninguém pode tomar pelo outro. Além de incitar a liberdade de consciência, a nota defende que a liberdade é *apanágio maior* da doutrina espírita. Salve!

Diante do exposto, é fácil entender por que permanecemos firmes e ratificamos nossa decisão de publicar as palavras polêmicas, quase incendiárias do espírito Edgar Cayce em *O fim da escuridão*. Não há nelas uma menção sequer que constitua oposição frontal e declarada a qualquer aspecto da codificação espírita. Muito embora as ideias ali expressas, pela própria natureza do exercício profético, suscitem o debate e estejam abertas ao questionamento e, sobretudo, à prova do tempo, que mostrará ou não sua validade, e em que medida. É o risco de vaticinar, que Cayce corajosamente assume – e Ângelo Inácio, Robson Pinheiro e a Casa dos Espíritos, com ele.

Com Kardec de um lado – "Proibir um livro é provar que o tememos"[53] – e a FEB de outro – "Que

---

[53] KARDEC. *Revista espírita*. Op. cit. p. 79. v. 4, 1861, fev.

cada qual possa interpretar e decidir de foro íntimo"[54] –, prosseguimos de braços dados com ambos, bem como com Ângelo Inácio e Cayce, que resolveram instigar nossa capacidade de lidar com as verdades mutáveis ou com aquilo que ainda não está tão claramente posto, tão terminantemente estabelecido. (Alguma coisa está, afinal? Como gosta de lembrar o espírito Alex Zarthú: Jesus, ao ouvir de Pilatos a pergunta "Que é a verdade?",[55] preferiu se calar.)

Ah! O futuro, o desconhecido... que venham! E viva o fim da censura! E viva a liberdade! E viva o direito de se publicar o que não é consensual! E viva a controvérsia! E viva a liberdade de expressão! E viva a liberdade de consciência! Viva!

---

[54] XAVIER. *O consolador*. Op. cit. p. 327.

[55] Jo 18:38.

Referências bibliográficas

BÍBLIA de referência Thompson. Edição contemporânea de Almeida. Tradução de João Ferreira de Almeida. São Paulo: Vida, 1995.

BÍBLIA de referência Thompson. Nova Versão Internacional (NVI). São Paulo: Vida, 1995.

KARDEC, Allan. *A gênese, os milagres e as predições segundo o espiritismo.* 1ª ed. esp. Rio de Janeiro: FEB, 2005.

___. *O Evangelho segundo o espiritismo.* 1ª ed. esp. Rio de Janeiro: FEB, 2005.

___. *O livro dos espíritos.* 1ª ed. esp. Rio de Janeiro: FEB, 2005.

___. *O livro dos médiuns* ou guia dos médiuns e evocadores. 1ª ed. esp. Rio de Janeiro: FEB, 2005.

___. *Obras póstumas.* Tradução de Guillon Ribeiro. 1ª ed.

esp. Rio de Janeiro: FEB, 2005.

___. *Revista espírita*: jornal de estudos psicológicos. Tradução de Evandro Noleto Bezerra. 2ª ed. Rio de Janeiro: FEB, 2004. 12 vol.

PEREIRA, Yvonne. *Memórias de um suicida*. 7ª ed. Rio de Janeiro: FEB, 2009.

PINHEIRO, Robson. Pelo espírito Alex Zarthú. *Gestação da Terra*. Belo Horizonte: Casa dos Espíritos, 2022.

___. Pelo espírito Ângelo Inácio. *A marca da besta*. Contagem: Casa dos Espíritos, 2010.

___. Pelo espírito Ângelo Inácio. *Legião:* um olhar sobre o reino das sombras. 11ª ed. rev. Contagem: Casa dos Espíritos, 2011. O reino das sombras, v. 1.

___. Pelo espírito Ângelo Inácio. *Senhores da escuridão*. 2ª ed. Contagem: Casa dos Espíritos, 2008. O reino das sombras, v. 2.

___. Pelo espírito Estêvão. *Apocalipse:* uma interpretação espírita das profecias. 5ª ed. rev. Contagem: Casa dos Espíritos, 2005.

___. Pelo espírito Joseph Gleber. *Além da matéria*. 10ª ed. rev. Contagem: Casa dos Espíritos, 2011.

___. Pelo espírito Pai João de Aruanda. *Aruanda*. 13ª ed. rev. Contagem: Casa dos Espíritos, 2011.

XAVIER, Francisco Cândido. Pelo espírito André Luiz. *Missionários da luz*. 3ª ed. esp. Rio de Janeiro: FEB, 2009.

___. Pelo espírito André Luiz. *Nosso lar*. 61ª ed. Rio de Janeiro: FEB, 2010.

___. Pelo espírito Emmanuel. *O consolador*. 28ª ed. 1ª reimpr. Rio de Janeiro: FEB, 2008.

Na internet

http://esporte.uol.com.br/rio-2016/ultimas-noticias/2011/09/06/time-chama-pacificacao-de-favelas-no-rio--de-maquiagem-pre-olimpica.jhtm. Acessado em 9/3/2012.

http://g1.globo.com/rio-de-janeiro/noticia/2011/11/pacificacao-leva-cariocas-e-turistas-favelas-e-faz-negocios-crescerem.html. Acessado em 9/3/2012.

http://direito.folha.com.br/4/post/2011/12/para-entender-o-processo-de-pacificao-das-favelas-do-rio.html, publicada em 16/12/2011. Acessado em 9/3/2012.

http://pt.wikipedia.org/wiki/Acordo_de_Schengen. Acessado em 9/3/2012.

http://en.wikipedia.org/wiki/Edgar_Cayce. Acessado em 28/3/2012.

http://en.wikipedia.org/wiki/Solar_wind. Acessado em 8/4/2012.

http://bit.ly/fecomerciospoor. Acessado em 8/4/2012.

http://bit.ly/HusyYD. Acessado em 8/4/2012.

www.rockinrio.com.br. Acessado em 11/4/2012.

www.misteriosantigos.com/hermetic.htm. Acessado em 13/4/2012.

Transcenda-se. Para o catálogo completo, acesse www.casadosespiritos.com

Tambores de Angola | *Coleção Segredos de Aruanda, vol. 1*
EDIÇÃO REVISTA E AMPLIADA | A ORIGEM HISTÓRICA DA UMBANDA E DO ESPIRITISMO | ROBSON PINHEIRO *pelo espírito Ângelo Inácio*

O trabalho redentor dos espíritos – índios, negros, soldados, médicos – e de médiuns que enfrentam o mal com determinação e coragem. Nesta edição revista e ampliada, 17 anos e quase 200 mil exemplares depois, Ângelo Inácio revela os desdobramentos dessa história em três capítulos inéditos, que guardam novas surpresas àqueles que se deixaram tocar pelas curimbas e pelos cânticos dos pais-velhos e dos caboclos.

ISBN: 978-85-99818-36-7 • ROMANCE MEDIÚNICO • 2015 • 256 PÁGS. • BROCHURA • 16 X 23CM

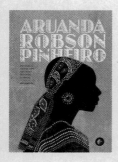

Aruanda | *Coleção Segredos de Aruanda, vol. 2*
UM ROMANCE ESPÍRITA SOBRE PAIS-VELHOS, ELEMENTAIS E CABOCLOS
ROBSON PINHEIRO *pelo espírito Ângelo Inácio*

Por que as figuras do negro e do indígena – pretos-velhos e caboclos –, tão presentes na história brasileira, incitam controvérsia no meio espírita e espiritualista? Compreenda os acontecimentos que deram origem à umbanda, sob a ótica espírita. Conheça a jornada de espíritos superiores para mostrar, acima de tudo, que há uma só bandeira: a do amor e da fraternidade.

ISBN: 978-85-99818-11-4 • ROMANCE MEDIÚNICO • 2004 • 245 PÁGS. • BROCHURA • 16 X 23CM

Corpo fechado | *Coleção Segredos de Aruanda, vol. 3*
ROBSON PINHEIRO *pelo espírito W. Voltz, orientado pelo espírito Ângelo Inácio*

Reza forte, espada-de-são-jorge, mandingas e patuás. Onde está a linha divisória entre verdade e fantasia? Campos de força determinam a segurança energética. Ou será a postura íntima? Diante de tantas indagações, crenças e superstições, o espírito Pai João devassa o universo interior dos filhos que o procuram, apresentando casos que mostram incoerências na busca por proteção espiritual.

ISBN: 978-85-87781-34-5 • ROMANCE MEDIÚNICO • 2009 • 303 PÁGS. • BROCHURA • 16 X 23CM

Legião 1 *Trilogia O Reino das Sombras, vol. 1*
UM OLHAR SOBRE O REINO DAS SOMBRAS
ROBSON PINHEIRO *pelo espírito Ângelo Inácio*

Veja de perto as atividades dos representantes das trevas, visitando as regiões subcrustais na companhia do autor espiritual. Sob o comando dos dragões, espíritos milenares e voltados para o mal, magos negros desenvolvem sua atividade febril, organizando investidas contra as obras da humanidade. Saiba como os enfrentam esses e outros personagens reais e ativos no mundo astral.

ISBN: 978-85-99818-19-0 • ROMANCE MEDIÚNICO • 2006 • 502 PÁGS. • BROCHURA • 14 X 21CM

Senhores da escuridão | *Trilogia O Reino das Sombras, vol. 2*
ROBSON PINHEIRO *pelo espírito Ângelo Inácio*

Das profundezas extrafísicas, surge um sistema de vida que se opõe às obras da civilização e à política do Cordeiro. Cientistas das sombras querem promover o caos social e ecológico para, em meio às guerras e à poluição, criar condições de os senhores da escuridão emergirem da subcrosta e conduzirem o destino das nações. Os guardiões têm de impedi-los, mas não sem antes investigar sua estratégia.

ISBN: 978-85-87781-31-4 • ROMANCE MEDIÚNICO • 2008 • 676 PÁGS. • BROCHURA • 14 X 21CM

A marca da besta | *Trilogia O Reino das Sombras, vol. 3*
ROBSON PINHEIRO *pelo espírito Ângelo Inácio*

Se você tem coragem, olhe ao redor: chegaram os tempos do fim. Não o famigerado fim do mundo, mas o fim de um tempo – para os dragões, para o império da maldade. E o início de outro, para construir a fraternidade e a ética. Um romance, um testemunho de fé, que revela a força dos guardiões, emissários do Cordeiro que detêm a propagação do mal. Quer se juntar a esse exército? A batalha já começou.

ISBN: 978-85-99818-08-4 • ROMANCE MEDIÚNICO • 2010 • 640 PÁGS. • BROCHURA • 14 X 21CM

Além da matéria
Uma ponte entre ciência e espiritualidade
Robson Pinheiro *pelo espírito Joseph Gleber*

Exercitar a mente, alimentar a alma. *Além da matéria* é uma obra que une o conhecimento espírita à ciência contemporânea. Um tratado sobre a influência dos estados energéticos em seu bem-estar, que lhe trará maior entendimento sobre sua própria saúde. Físico nuclear e médico que viveu na Alemanha, o espírito Joseph Gleber apresenta mais uma fonte de autoconhecimento e reflexão.

ISBN: 978-85-99818-13-8 • SAÚDE E MEDIUNIDADE • 2003/2011 • 320 PÁGS. • BROCHURA • 16 X 23CM

Medicina da alma
Saúde e medicina na visão espírita
Robson Pinheiro *pelo espírito Joseph Gleber*

Com a experiência de quem foi físico nuclear e médico, o espírito Joseph Gleber, desencarnado no Holocausto e hoje atuante no espiritismo brasileiro, disserta sobre a saúde segundo o paradigma holístico, enfocando o ser humano na sua integralidade. Edição revista e ampliada, totalmente em cores, com ilustrações inéditas, em comemoração aos 150 anos do espiritismo [1857-2007].

ISBN: 978-85-87781-25-3 • SAÚDE E MEDIUNIDADE • 1997 • 254 PÁGS. • CAPA DURA E EM CORES • 17 X 24CM

A alma da medicina
Robson Pinheiro *pelo espírito Joseph Gleber*

Com a autoridade de um físico nuclear que resolve aprender medicina apenas para se dedicar ao cuidado voluntário dos judeus pobres na Alemanha do conturbado período entre guerras, o espírito Joseph Gleber não deixa espaço para acomodação. Saúde e doença, vida e morte, compreensão e exigência, sensibilidade e firmeza são experiências humanas cujo significado clama por revisão.

ISBN: 978-85-99818-32-9 • SAÚDE E MEDIUNIDADE • 2014 • 416 PÁGS. • BROCHURA • 16 X 23CM

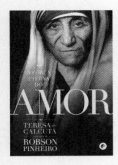

A força eterna do amor
Robson Pinheiro *pelo espírito Teresa de Calcutá*

"O senhor não daria banho em um leproso nem por um milhão de dólares? Eu também não. Só por amor se pode dar banho em um leproso". Cidadã do mundo, grande missionária, Nobel da Paz, figura inspiradora e controvertida. Desconcertante, veraz, emocionante: esta é Teresa. Se você a conhece, vai gostar de saber o que pensa; se ainda não, prepare-se, pois vai se apaixonar. Pela vida.

ISBN: 978-85-87781-38-3 • AUTOCONHECIMENTO • 2009 • 318 PÁGS. • BROCHURA • 16 X 23CM

Pelas ruas de Calcutá
Robson Pinheiro *pelo espírito Teresa de Calcutá*

"Não são palavras delicadas nem, tampouco, a repetição daquilo que você deseja ouvir. Falo para incomodar". E é assim, presumindo inteligência no leitor, mas também acomodação, que Teresa retoma o jeito contundente e controvertido e não poupa a prática cristã de ninguém, nem a dela. Duvido que você possa terminar a leitura de *Pelas ruas de Calcutá* e permanecer o mesmo.

ISBN: 978-85-99818-23-7 • AUTOCONHECIMENTO • 2012 • 368 PÁGS. • BROCHURA • 16 X 23CM

Mulheres do Evangelho
E OUTROS PERSONAGENS TRANSFORMADOS PELO ENCONTRO COM JESUS
Robson Pinheiro *pelo espírito Estêvão*

A saga daqueles que tiveram suas vidas transformadas pelo encontro com Jesus, contadas por quem viveu na Judeia dos tempos do Mestre. O espírito Estêvão revela detalhes de diversas histórias do Evangelho, narrando o antes, o depois e o que mais o texto bíblico omitiu a respeito da vida de personagens que cruzaram os caminhos do Rabi da Galileia.

ISBN: 978-85-87781-17-8 • JESUS E O EVANGELHO • 2005 • 208 PÁGS. • BROCHURA • 14 X 21CM

Negro
Robson Pinheiro *pelo espírito Pai João de Aruanda*

A mesma palavra para duas realidades diferentes. Negro. De um lado, a escuridão, a negação da luz e até o estigma racial. De outro, o gingado, o saber de um povo, a riqueza de uma cultura e a história de uma gente. Em Pai João, a sabedoria é negra, porque nascida do cativeiro; a alma é negra, porque humana – mistura de bem e mal. As palavras e as lições de um negro-velho, em branco e preto.

ISBN: 978-85-99818-14-5 • AUTOCONHECIMENTO • 2011 • 256 PÁGS. • CAPA DURA • 16 X 23CM

Sabedoria de preto-velho
Reflexões para a libertação da consciência
Robson Pinheiro *pelo espírito Pai João de Aruanda*

Ainda se escutam os tambores ecoando em sua alma; ainda se notam as marcas das correntes em seus punhos. Sinais de sabedoria de quem soube aproveitar as lições do cativeiro e elevar-se nas asas da fé e da esperança. Pensamentos, estórias, cantigas e conselhos na palavra simples de um pai-velho. Experimente sabedoria, experimente Pai João de Aruanda.

ISBN: 978-85-99818-05-3 • AUTOCONHECIMENTO • 2003 • 187 PÁGS. • BROCHURA COM ACABAMENTO EM ACETATO • 16 X 23CM

Pai João
Libertação do cativeiro da alma
Robson Pinheiro *pelo espírito Pai João de Aruanda*

Estamos preparados para abraçar o diferente? Qual a sua disposição real para escolher a companhia daquele que não comunga os mesmos ideais que você e com ele desenvolver uma relação proveitosa e pacífica? Se sente a necessidade de empreender tais mudanças, matricule-se na escola de Pai João. E venha aprender a verdadeira fraternidade. Dão o que pensar as palavras simples de um preto-velho.

ISBN: 978-85-87781-37-6 • AUTOCONHECIMENTO • 2005 • 256 PÁGS. • BROCHURA COM CAIXA • 16 X 23CM

Quietude
Robson Pinheiro *pelo espírito Alex Zarthú*

Faça as pazes com as próprias emoções.
Com essa proposta ao mesmo tempo tão singela e tão abrangente, Zarthú convida à quietude. Lutar com os fantasmas da alma não é tarefa simples, mas as armas a que nos orienta a recorrer são eficazes. Que tal fazer as pazes com a luta e aquietar-se?

ISBN: 978-85-99818-31-2 • AUTOCONHECIMENTO • 2014 • 192 PÁGS. • CAPA FLEXÍVEL • 17 x 24CM

Serenidade
Robson Pinheiro *pelo espírito Alex Zarthú*

Já se disse que a elevação de um espírito se percebe no pouco que fala e no quanto diz. Se é assim, Zarthú é capaz de pôr em xeque nossa visão de mundo sem confrontá-la; consegue despertar a reflexão e a mudança em poucos e leves parágrafos, em uma ou duas páginas. Venha conquistar a serenidade.

ISBN: 978-85-99818-27-5 • AUTOCONHECIMENTO • 1999/2013 • 176 PÁGS. • BROCHURA • 17 x 24CM

Superando os desafios íntimos
A necessidade de transformação interior
Robson Pinheiro *pelo espírito Alex Zarthú*

No corre-corre das cidades, a angústia e a ansiedade tornaram-se tão comuns que parecem normais, como se fossem parte da vida humana na era da informação; quem sabe um preço a pagar pelas comodidades que os antigos não tinham? A serenidade e o equilíbrio das emoções são artigos de luxo, que pertencem ao passado. Essa é a realidade que temos de engolir? É hora de superar desafios íntimos.

ISBN: 978-85-87781-24-6 • AUTOCONHECIMENTO • 2000 • 200 PÁGS. • BROCHURA COM SOBRECAPA EM PAPEL VEGETAL COLORIDO • 14 X 21CM

CIDADE DOS ESPÍRITOS | *Trilogia Os Filhos da Luz, vol.1*
ROBSON PINHEIRO *pelo espírito Ângelo Inácio*

Onde habitam os Imortais, em que mundo vivem os guardiões da humanidade? É um sonho? Uma miragem? Não! É Aruanda, a cidade dos espíritos, onde orientadores evolutivos do mundo vivem, trabalham e, de lá, partem para amparar, socorrer, influenciando os destinos dos homens muito mais do que estes imaginam.

ISBN: 978-85-99818-25-1 • ROMANCE MEDIÚNICO • 2013 • 460 PÁGS. • BROCHURA • 16 X 23CM

OS GUARDIÕES | *Trilogia Os Filhos da Luz, vol.2*
ROBSON PINHEIRO *pelo espírito Ângelo Inácio*

Se a justiça é a força que impede a propagação do mal, há de ter seus agentes. Quem são os guardiões? A quem é confiada a responsabilidade de representar a ordem e a disciplina, de batalhar pela paz? Cidades espirituais tornam-se escolas que preparam cidadãos espirituais. Os umbrais se esvaziam; decretou-se o fim da escuridão. E você, como porá em prática sua convicção em dias melhores?

ISBN: 978-85-99818-28-2 • ROMANCE MEDIÚNICO • 2013 • 474 PÁGS. • BROCHURA • 16 X 23CM

OS IMORTAIS | *Trilogia Os Filhos da Luz, vol.3*
ROBSON PINHEIRO *pelo espírito Ângelo Inácio*

Os espíritos nada mais são que as almas dos homens que já morreram. Os Imortais ou espíritos superiores também já tiveram seus dias sobre a Terra, e a maioria deles ainda os terá. Portanto, são como irmãos mais-velhos, gente mais experiente, que desenvolveu mais sabedoria, sem deixar, por isso, de ser humana. Por que haveria, então, entre os espiritualistas tanta dificuldade em admitir esse lado humano? Por que a insistência em ver tais espíritos apenas como seres de luz, intocáveis, venerandos, angélicos, até, completamente descolados da realidade humana?

ISBN: 978-85-99818-29-9 • ROMANCE MEDIÚNICO • 2013 • 443 PÁGS. • BROCHURA • 16 X 23CM

Encontro com a vida
Robson Pinheiro *pelo espírito Ângelo Inácio*

"Todo erro, toda fuga é também uma procura." Apaixone-se por Joana, a personagem que percorre um caminho tortuoso na busca por si mesma. E quem disse que não há uma nova chance à espreita, à espera do primeiro passo? Uma narrativa de esperança e fé — fé no ser humano, fé na vida. Do fundo do poço, em meio à venda do próprio corpo e à dependência química, ressurge Joana. Fé, romance, ajuda do Além e muita perseverança são os ingredientes dessa jornada. Emocione-se... Encontre-se com Joana, com a vida.

ISBN: 978-85-99818-30-5 • ROMANCE MEDIÚNICO • 2001/2014 • 304 PÁGS. • BROCHURA • 16 X 23CM

Canção da esperança
A TRANSFORMAÇÃO DE UM JOVEM QUE VIVEU COM AIDS
Robson Pinheiro *pelo espírito Franklim*
CONTÉM ENTREVISTA E CANÇÕES COM O ESPÍRITO CAZUZA.

O diagnóstico: soropositivo. A aids que se instala, antes do coquetel e quando o preconceito estava no auge. A chegada ao plano espiritual e as descobertas da vida que prossegue. Conheça a transformação de um jovem que fez da dor, aprendizado; do obstáculo, superação. Uma trajetória cheia de coragem, que é uma lição comovente e um jato de ânimo em todos nós. Prefácio pelas mãos de Chico Xavier.

ISBN: 978-85-99818-33-6 • ROMANCE MEDIÚNICO • 1995/2002/2014 • 320 PÁGS. • BROCHURA • 16 x 23CM

Faz parte do meu show
A TRAJETÓRIA DE UM ARTISTA EM BUSCA DE SI MESMO
Robson Pinheiro *orientado pelo espírito Ângelo Inácio*

Um livro que fala de coragem, de arte, de música da alma, da alma do rock e do rock das almas. Deixe-se encantar por quem encantou multidões. Rebeldia somada a sexo, drogas e muito *rock'n'roll* identificam as pegadas de um artista que curtiu a vida do seu jeito: como podia e como sabia. Orientado pelo autor de *A marca da besta*.

ISBN: 978-85-99818-07-7 • ROMANCE MEDIÚNICO • 2004/2010 • 181 PÁGS. • BROCHURA • 14 X 21CM

O FIM DA ESCURIDÃO | *Série Crônicas da Terra, vol.1*
REURBANIZAÇÕES EXTRAFÍSICAS
ROBSON PINHEIRO *pelo espírito Ângelo Inácio*

Os espíritos milenares que se opõem à política divina do Cordeiro – do *amai-vos uns aos outros* – enfrentam neste exato momento o fim de seu tempo na Terra. É o sinal de que o juízo se aproxima, com o desterro daquelas almas que não querem trabalhar por um mundo baseado na ética, no respeito e na fraternidade.

ISBN: 978-85-99818-21-3 • ROMANCE MEDIÚNICO • 2012 • 400 PÁGS. • BROCHURA • 16 X 23CM

OS NEPHILINS | *Série Crônicas da Terra, vol.2*
A ORIGEM DOS DRAGÕES
ROBSON PINHEIRO *pelo espírito Ângelo Inácio*

Receberam os humanoides a contribuição de astronautas exilados em nossa mocidade planetária, como alegam alguns pesquisadores? Podem não ser Enki e Enlil apenas deuses sumérios, mas personagens históricos? Desse universo em que fatalmente se entrelaçam ficção e realidade, mito e fantasia, ciência e filosofia, emerge uma história que mergulha nos grandes mistérios.

ISBN: 978-85-99818-34-3 • ROMANCE MEDIÚNICO • 2014 • 480 PÁGS. • BROCHURA • 16 X 23CM

O AGÊNERE | *Série Crônicas da Terra, vol.3*
ROBSON PINHEIRO *pelo espírito Ângelo Inácio*

Há uma grande batalha em curso. Sabemos que não será sem esforço o parto da nova Terra, da humanidade mais ciente de suas responsabilidades, da bíblica Jerusalém. A grande pergunta: com quantos soldados e guardiões do eterno bem podem contar os espíritos do Senhor, que defendem os valores e as obras da civilização?

ISBN: 978-85-99818-35-0 • ROMANCE MEDIÚNICO • 2015 • 384 PÁGS. • BROCHURA • 16 X 23CM

Os abduzidos | *Série Crônicas da Terra, vol. 4*
Robson Pinheiro *pelo espírito Ângelo Inácio*

A vida extraterrestre provoca um misto de fascínio e temor. Sugere explicações a avanços impressionantes, mas também é fonte de ameaças concretas. Em paralelo, Jesus e a abdução de seus emissários próximos, todos concorrendo para criar uma só civilização: a humanidade.

ISBN: 978-85-99818-37-4 • ROMANCE MEDIÚNICO • 2015 • 464 PÁGS. • BROCHURA • 16 X 23CM

Você com você
Marcos Leão *pelo espírito Calunga*

Palavras dinâmicas, que orientam sem pressionar, que incitam à mudança sem engessar nem condenar, que iluminam sem cegar. Deixam o gosto de uma boa conversa entre amigos, um bate-papo recheado de humor e cheiro de coisa nova no ar. Calunga é sinônimo de irreverência, originalidade e descontração.

ISBN: 978-85-99818-20-6 • AUTOAJUDA • 2011 • 176 PÁGS. • CAPA FLEXÍVEL • 16 X 23CM

Trilogia O reino das sombras | *Edição definitiva*
Robson Pinheiro *pelo espírito Ângelo Inácio*

As sombras exercem certo fascínio, retratado no universo da ficção pela beleza e juventude eterna dos vampiros, por exemplo. Mas e na vida real? Conheça a saga dos guardiões, agentes da justiça que representam a administração planetária. Edição de luxo acondicionada em lata especial. Acompanha entrevista com Robson Pinheiro, em cd inéditos, sobre a trilogia que já vendeu 200 mil exemplares.

ISBN: 978-85-99818-15-2 • ROMANCE MEDIÚNICO • 2011 • LATA COM *LEGIÃO, SENHORES DA ESCURIDÃO, A MARCA DA BESTA* E CD CONTENDO ENTREVISTA COM O AUTOR

Responsabilidade Social

A Casa dos Espíritos nasceu, na verdade, como um braço da Sociedade Espírita Everilda Batista, instituição beneficente situada em Contagem, MG. Alicerçada nos fundamentos da doutrina espírita, expostos nos livros de Allan Kardec, a Casa de Everilda sempre teve seu foco na divulgação das ideias espíritas, apresentando-as como caminho para libertar a consciência e promover o ser humano. Romper preconceitos e tabus, renovando e transformando a visão da vida: eis a missão que a cumpre com cursos de estudo do espiritismo, palestras, tratamentos espirituais e diversas atividades, todas gratuitas e voltadas para o amparo da comunidade. Eis também os princípios que definem a linha editorial da Casa dos Espíritos. É por isso que, para nós, responsabilidade social não é uma iniciativa isolada, mas um compromisso crucial, que está no DNA da empresa. Hoje, ambas instituições integram, juntamente com a Clínica Holística Joseph Gleber e a Aruanda de Pai João, o projeto denominado Universidade do Espírito de Minas Gerais — UniSpiritus —, voltado para a educação em bases espirituais [*www.everildabatista.org.br*].

**Quem enfrentará o mal
a fim de que a justiça prevaleça?
Os guardiões superiores
estão recrutando agentes.**

COLEGIADO DE GUARDIÕES DA HUMANIDADE
por Robson Pinheiro

FUNDADO PELO MÉDIUM, terapeuta e escritor espírita Robson Pinheiro no ano de 2011, o Colegiado de Guardiões da Humanidade é uma iniciativa do espírito Jamar, guardião planetário.

Com grupos atuantes em mais de 10 países, o Colegiado é uma instituição sem fins lucrativos, de caráter humanitário e sem vínculo político ou religioso, cujo objetivo é formar agentes capazes de colaborar com os espíritos que zelam pela justiça em nível planetário, tendo em vista a reurbanização extrafísica por que passa a Terra.

Conheça o Colegiado de Guardiões da Humanidade. Se quer servir mais e melhor à justiça, venha estudar e se preparar conosco.

PAZ, JUSTIÇA E FRATERNIDADE
www.guardioesdahumanidade.org

Responsabilidade Social

A Casa dos Espíritos nasceu, na verdade, como um braço da Sociedade Espírita Everilda Batista, instituição beneficente situada em Contagem, MG. Alicerçada nos fundamentos da doutrina espírita, expostos nos livros de Allan Kardec, a Casa de Everilda sempre teve seu foco na divulgação das ideias espíritas, apresentando-se como caminho para libertar a consciência e promover o ser humano. Romper preconceitos e tabus, renovando e transformando a visão da vida: eis a missão que a cumpre com cursos de estudo do espiritismo, palestras, tratamentos espirituais e diversas atividades, todas gratuitas e voltadas para o amparo da comunidade. Eis também os princípios que definem a linha editorial da Casa dos Espíritos. E por isso que, para nós, responsabilidade social não é uma iniciativa isolada, mas um compromisso crucial, que está no DNA da empresa. Hoje, ambas instituições integram, juntamente com a Clínica Holística Joseph Gleber e a Aruanda de Pai João, o projeto denominado Universidade do Espírito de Minas Gerais — UniSpíritus —, voltado para a educação em bases espirituais [www.everildabatista.org.br].

TRILOGIA O REINO DAS SOMBRAS | *Edição definitiva*
Robson Pinheiro *pelo espírito Ângelo Inácio*

As sombras exercem certo fascínio, retratado no universo da ficção pela beleza e juventude eterna dos vampiros, por exemplo. Mas e na vida real? Conheça a saga dos guardiões, agentes da justiça que representam a administração planetária. Edição de luxo acondicionada em lata especial. Acompanha entrevista com Robson Pinheiro, em cd inédito, sobre a trilogia que já vendeu 200 mil exemplares.

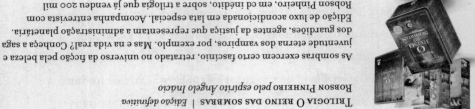

ISBN: 978-85-99818-15-2 • ROMANCE MEDIÚNICO • 2011 • LATA COM LEGIÃO, SENHORES DA ESCURIDÃO, A MARCA DA BESTA E CD CONTENDO ENTREVISTA COM O AUTOR

VOCÊ COM VOCÊ
Marcos Leão *pelo espírito Calunga*

Palavras dinâmicas, que orientam sem pressionar, que incitam à mudança sem engessar nem condenar, que iluminam sem cegar. Deixam o gosto de uma boa conversa entre amigos, um bate-papo recheado de humor e cheiro de coisa nova no ar. Calunga é sinônimo de irreverência, originalidade e descontração.

ISBN: 978-85-99818-20-6 • AUTOAJUDA • 2011 • 176 PÁGS. • CAPA FLEXÍVEL • 16 X 23CM

OS ABDUZIDOS | *Série Crônicas da Terra, vol. 4*
Robson Pinheiro *pelo espírito Ângelo Inácio*

A vida extraterrestre provoca um misto de fascínio e temor. Sugere explicações a avanços impressionantes, mas também é fonte de ameaças concretas. Em paralelo, Jesus e a abdução de seus emissários próximos, todos concorrendo para criar uma só civilização: a humanidade.

ISBN: 978-85-99818-37-4 • ROMANCE MEDIÚNICO • 2015 • 464 PÁGS. • BROCHURA • 16 X 23CM